Elmar Nass

Utopia christiana –
Vom Kirche- und Christsein heute

D1668949

KirchenZukunft konkret

herausgegeben von

Prof. Dr. Dr. Michael N. Ebertz

(Freiburg)

Band 11

LIT

Elmar Nass

Utopia christiana –
Vom Kirche- und Christsein heute

Zwei kirchenutopische Dialoge

Mit einem Geleitwort von
Erzbischof Dr. Ludwig Schick

LIT

Umschlagbild: Annette Neuendorf

Gedruckt auf alterungsbeständigem Werkdruckpapier entsprechend
ANSI Z3948   DIN ISO 9706

Bibliografische Information der Deutschen Nationalbibliothek
Die Deutsche Nationalbibliothek verzeichnet diese Publikation in der
Deutschen Nationalbibliografie; detaillierte bibliografische Daten sind
im Internet über http://dnb.d-nb.de abrufbar.

ISBN 978-3-643-14221-4 (br.)
ISBN 978-3-643-34221-8 (PDF)

© LIT VERLAG Dr. W. Hopf Berlin 2019
Verlagskontakt:
Fresnostr. 2   D-48159 Münster
Tel. +49 (0) 2 51-62 03 20
E-Mail: lit@lit-verlag.de   http://www.lit-verlag.de

Auslieferung:
Deutschland: LIT Verlag, Fresnostr. 2, D-48159 Münster
Tel. +49 (0) 2 51-620 32 22, E-Mail: vertrieb@lit-verlag.de
E-Books sind erhältlich unter www.litwebshop.de

Geleitwort

„Kirchen, wollt ihr euch behaupten?", so lautet der Titel eines kleinen Büchleins von Klaus Hemmerle und Wilfried Hagemann, das 1970 publiziert wurde. Bereits als Student habe ich es mit großem Interesse gelesen und es auch in den Jahren danach - bis heute - immer wieder einmal in die Hand genommen und daraus zitiert. Der christliche Glaube und somit das Christsein, so macht das Büchlein deutlich, ist ein großer Schatz für unser persönliches Leben und auch für die Gesellschaft. Der Glaube bereichert in guten Zeiten und trägt auch durch Lebenskrisen hindurch. Das Christsein gibt Hoffnung in Leid und deutet den Tod als Weg zum neuen Leben. Es befreit vom Druck, auf Erden in knapper Zeit alles genießen zu müssen, was das Leben zu bieten hat, was zu einem ungezügelten Konsum verleitet und das ganze Dasein in Hetze bringt. Der Glaube befreit den Menschen von Ängsten und ruft dazu auf, den Armen, Schwachen und Kranken zu helfen, er stiftet Gemeinschaft und gibt Sinn. Er lässt angstfrei Gastfreundschaft und interkulturellen Austausch praktizieren. Das Christsein stärkt die konstruktiven Kräfte für jede Gesellschaft und fördert das soziale Leben.

Der Schatz des christlichen Glaubens braucht das Gefäß ‚Kirche' als Gemeinschaft der Christen mit gesellschaftlichen Strukturen. Denn in der Kirche wird der Glaube bewahrt und das Christsein gelebt, in der Kirche werden Glaube und Christsein apostolisch und missionarisch, kommunikativ und karitativ wirksam. Professor Dr. Elmar Nass will mit seinen beiden kirchenutopischen Dialogen, „Utopia christiana – Vom Kirche- und Christsein heute", Christsein und Kirche als Wert für unser persönliches und gesellschaftliches Leben darstellen und dazu aufrufen, dass die Christen und die Kirche sich neu aufstellen und auch behaupten müssen für das gute Leben der Menschen heute und in Zukunft. Unsere Mitmenschen sollen eine attraktive Kirche erleben, aus deren Schätze des Glaubens, der Liturgie und der karitativen Gemeinschaft sie für ihr Leben Vertrauen und Zuversicht, Kraft und Orientierung schöpfen können.

Ich wünsche dem Buch von Professor Dr. Elmar Nass, „Utopia christiana – Vom Kirche- und Christsein heute", viele interessierte Leser und dass diese im Kirche- und Christsein einen Mehrwert für ihr Leben empfangen.

Bamberg, im November 2018

+ Ludwig Schick

Dr. Ludwig Schick
Erzbischof von Bamberg

Gedanke zur Einführung

Auch wenn der Haupttitel dieses Buches uns an den Bestseller des englischen Lordkanzlers und Heiligen Thomas Morus erinnert, so handelt es sich keineswegs um ein Plagiat. Zwar orientiert sich der Aufbau grob an dem großen Vorbild: mit einer Vorrede und zwei Hauptteilen des Erzählers, ebenso die Form des Dialogs. Doch hier geht es nicht um ein gesellschaftliches Zusammenleben auf einer fernen Insel Utopia, über das bis heute nicht nur von linken Schwärmern heiß diskutiert wird. Stattdessen ist Utopia nunmehr in Deutschland angekommen, und zwar als ein neu zusammengelegtes Bistum, in dem die dort umgesetzte Vision einer wieder lebendigen, einladend gewinnenden Kirche als Realität vorgestellt ist. Die katholische Perspektive ist dabei – der Herkunft des Autors geschuldet – zwar gewählt, doch wird der ökumenischen Sicht ein breiter Raum gegeben. Das Bistum Utopia soll also gerne auch über die katholischen Grenzen hinaus diskutiert werden. Unmittelbare Bezüge zu realen Bistümern oder Personen unserer Zeit sind dabei nicht beabsichtigt. Viele der Beispiele sind in der realen Glaubenskultur in Deutschland oder zumindest in Mitteleuropa verortet. Das Bistum Utopia ist kein Himmelreich auf Erden, wie ja auch auf der Insel Utopia von Thomas Morus je nach Blickwinkel manche Fehler auffindbar sind. Deshalb kann und soll über dieses Bistum auch gerne kontrovers gestritten werden: Was davon könnte ein Ziel sein? Was ist abzulehnen? Was bleibt utopisch und warum das? Das Bistum Utopia ist aber nicht bloß virtuell gedacht oder als kurze Irritation in einer Zeit digitaler Reizüberflutung. Es ist nicht mehr und nicht weniger als eine nachhaltig angelegte, in einen fiktiven Kontext eingebettete Anfrage an die Realität des erlebbaren Kirche- und Christseins. Auch wenn es so niemals Wirklichkeit wird, ist es mein Wunsch und meine Hoffnung, dass die für Utopia bestimmte Vision manche Wege in eine reale Zukunft von lebendigem Kirche- und Christsein von morgen zeigen und zugleich vor Irrwegen warnen kann.

Mein Dank richtet sich an den LIT Verlag und den Herausgeber der Reihe, Herrn Professor Dr. Michael N. Ebertz, für die Aufnahme des Bandes in diese Reihe. Herausheben möchte ich Herrn Dr. Michael J. Rainer, Cheflektor des LIT Verlages. Er hatte die Idee dazu und begleitete das Projekt als stets aufgeschlossener Gesprächspartner mit vielen wertvollen Hinweisen. Besonders freut und ehrt mich das Geleitwort des Bamberger Erzbischofs Dr. Ludwig Schick, in dem er mit der Referenz an Bischof Klaus Hemmerle eine persönliche Brücke zu meinem Heimatbistum Aachen schlägt. Auch danke ich Annette Neuendorf für die kreative Gestaltung des Buchcovers, Katharina Sonntag für das gründliche Lektorat und Stephanie Heid für die passgenaue Formatierung.

Das Buch widme ich vor allem meinen Nichten und Neffen und ihren künftigen Nachkommen, auf dass sie wieder eine gewinnende Kirche erleben werden.

Fürth, 1. Advent 2018

Elmar Nass

V

Übersicht

Personen

Gabi:	Missions-Gefährtin von Thomas
Günter:	Erzbischof in Rom und Förderer von Martin
Ich:	Erzähler
Jan:	Freund des Erzählers
Martin:	Bischof von Utopia
Mia:	Missions-Gefährtin von Thomas
Micha:	Missions-Gefährte von Thomas
Thomas:	Missionar im Auftrag des Bischofs

Vorrede

Zuerst muss ich erklären, wie alles kam. Am Anfang stand meine noch lebendig gebliebene Hoffnung für die Kirche. Ein positiv ausstrahlender und überzeugend einladender christlicher Glaube in der Mitte der Gesellschaft, das ist für mich keine ortlose Utopie, sondern eine große Vision, die ihren Ort in dieser Welt haben kann und soll. Das ist deshalb nicht mehr als eine Vision, weil wir davon derzeit in unserem Land und in der so genannten westlichen Welt (aber ich glaube auch anderswo) davon weit entfernt sind, trotz aller immer mal wieder aufkeimenden Funken von Hoffnung. Das ist deshalb nicht weniger als eine Vision, weil auch heute noch genug an Potential dafür da ist, diese Idee auch tatsächlich zu realisieren, trotz aller Rückzugs-szenarien von Kirche und persönlichen Enttäuschungen hie und da.

Ich sehe mit einer solchen Vision Kirche und gelebten Glauben ungetrennt verbunden. Dabei meine ich jetzt nicht zuerst die Kirche in einem theologisch-abstrakten Sinne. Ekklesiologie ist nicht das Thema. Das können andere besser. Vielmehr meine ich, wenn ich hier von Kirche rede, einfach den von Menschen gelebten und geteilten Glauben im Kontext der real existierenden Institution Kirche. Vielleicht erscheint das manchem etwas volkstümlich, aber das nehme ich in Kauf. Vielleicht sollte ich hier besser nur vom christlichen Glauben statt auch von Kirche sprechen, also dann vom Christsein ohne das Kirche-Sein. Aber mir geht es darum, beides zusammen zu denken, es nicht auseinander zu sezieren nach dem Motto: Jesus ja,

Kirche nein. Natürlich gibt es gut meinende Menschen, die möglicherweise sogar Jesus Christus verehren und vielleicht sogar ihm nachfolgen, ohne Mitglied der Kirche zu sein. Wenn aber jeder sich nur alleine für sich mit dem dreifaltigen Gott beschäftigt, wie vielen Selbsttäuschungen sind da Tor und Tür geöffnet? Wieviel geht dabei auch verloren, was etwa in den Sakramenten geschenkt wird? Und es fehlt der wichtige gemeinschaftliche Aspekt des christlichen Glaubens. Wir leben jetzt im Jahr 2040, und ich kann mit Fug und Recht sagen: Das ‚Weiter so' hat in den letzten Jahren keinen großen Schwung gebracht. Doch jetzt hat mich die Begegnung mit meinem Freund Jan aufgerüttelt, dass es noch einen anderen Weg für die Kirche gibt.

Ist stelle am Anfang kurz meinen Freund vor:

Jan

Jan kennt meine größte Freude, Sehnsucht und Angst. Er freut sich mit mir, fiebert mit mir, hört mir aufrichtig zu, tröstet mich und sagt mir ehrlich seine Meinung, weil er mir damit wahrhaftig helfen will. Das beruht auf Gegenseitigkeit. Er hat mich schon mal richtig aus dem Dreck gezogen. Er war auch in manchen der schönsten Momente an meiner Seite. Er ist ein neugieriger Zeitgenosse und hat das Herz am rechten Fleck. Seine Leidenschaft habe ich immer schon geschätzt. So haben wir schon als Jugendliche über Gott und die Welt diskutiert. Er war immer schon der Begeisterungsfähige, der bisweilen übers Ziel hinausschoss. Jan wohnt im Bistum Utopia im Herzen Deutschlands. Die Veränderungen dort haben ihn so gepackt, dass er jetzt Freunde wie mich mitreißen möchte.

Vor über zwanzig Jahren wurde das Bistum Utopia ge-
gründet als Zusammenschluss mehrerer Diözesen. Denn
der Rückgang des Christentums in Europa hatte es nötig
gemacht, überall Synergieeffekte optimal zu nutzen. Im
Bereich des jetzt neuen Bistums hatte das Christentum vor
seiner Gründung eine lange, inzwischen verblasste Tradition, geprägt durch einige ökumenische Kontakte vor allem zwischen katholischer und evangelischer Kirche.
Auch einige aktive Freikirchen gab es im Territorium,
ebenso eine altehrwürdige theologische Fakultät mit einer
damals nur noch überschaubaren Studentenzahl, so mein
alter Wissensstand von vor zwanzig Jahren. Das alles von
damals klingt jetzt erstmal mehr nach defensiver Norma-
lität oder Rückzug statt nach gewinnender Strahlkraft. Jan
berichtete mir jetzt aber davon, dass die große Vision dort
tatsächlich Wirklichkeit geworden ist. Es wurden also im
Bistum Utopia tatsächlich Schritte unternommen in die
Richtung einer realen Vision, so behauptet er. Und die Ini-
tiatoren sind keine wirren oder besessenen Schwärmer,
sondern glaubensfrohe, in dieser Welt geerdete Christen.
Falls das stimmen sollte, wäre es für mich ein Hoffnungs-
schimmer dafür, dass es mit der dort real gewordenen Vision auch an anderen Orten und zu anderen Zeiten etwas
werden kann, vielleicht auch bei uns, die wir außerhalb
von Utopia leben. Bei mancher der Ideen bin ich noch etwas skeptisch, ob das wirklich so funktionieren kann und
ob es wirklich im Sinne Jesu und zum Wohl der Menschen
ist. Anderes scheint mir noch nicht ausgereift, noch zu
frisch, um es wirklich auf seine Nachhaltigkeit an anderen
Orten und bei anderen Menschen hin bewerten zu können.
Und überhaupt kann ich gar nicht beurteilen, wie das Glaubensleben dort wirklich ist in diesem Bistum, von dem mir
zuerst mein Freund und dann auch Gabi und die anderen

Missionare dieser Vision später so begeistert berichtet haben. Und doch, so steckt in diesen beiden Büchern hier Sprengkraft. Ich ahne, dass in den visionären Vorstellungen und dem Reden davon wirklich Richtungen gewiesen werden könnten, den nächsten Schritt zu einem wieder lebendig einladenden christlichen Glauben im Herzen unserer Gesellschaft zu tun.

Es scheint mir möglich, dass auch ich und viele andere Christen sich aus dem alten Verharren in einem ernüchterten Kirche- und Christsein von gestern zu einem wieder begeisterten Christsein von heute aufmachen.

Ich beginne mit einer kurzen Vorstellung der Hauptpersonen, in der Reihenfolge ihres Auftretens in den beiden Büchern. Dann geht es los!

Erstes Buch

Gespräch über das Werden einer Vision von Kirche- und Christsein

1. Von der Begegnung mit einem Freund

Jan habe ich es zu verdanken, dass ich wieder berechtigte Hoffnung habe für eine lebendige Zukunft der Kirche bei uns und anderswo. Die war nämlich in eine tiefe Krise geraten. Und Jan zeigte mir einen Weg auf, dass jetzt Schluss ist mit Krise und dem Gejammer darüber. Die ja durchaus noch in mir schlummernde Hoffnung auf eine Wende der Krise schien also Wirklichkeit zu werden, wenn es stimmte, was er erzählt.

Und so war es jetzt endlich wieder weg: diese nervend unbestimmte Flauheit, wenn ich mir Gedanken über die Zukunft der Christen und der Kirche hierzulande, in Europa und auch darüber hinaus machte. Irgendwie beschlich mich in den letzten Jahren immer öfter das ungute Gefühl, es gehe ungebremst bergab. Und als Christ konnte ich das wohl haben, wenn ich so mit offenen Augen in unsere Welt schaute. Natürlich gab und gibt es hie und da viele erfreuliche Lichtblicke: positiv ausstrahlende Päpste, eine aktive Jugendgruppe hier, ein glaubwürdiger Pfarrer dort, tolle soziale Projekte mit Obdachlosen hier und in den Armengebieten der Großstädte dort usw. Daran kann man sich immer wieder mal aufrichten. Das ist großartig. Das macht Mut. Stimmt. Doch das täuscht nicht über den anhaltenden Trend hinweg, nach dem es mit der Kirche insgesamt schon lange abwärts geht. Und so half es mir wenig, immer mal wieder kurz einen solchen Strohhalm zu packen, der mir suggeriert, alles ist gut. Neulich riss mich der Vortrag eines Geistlichen aus meinen letzten tröstlichen Bildern des vermeintlichen Aufbruchs heraus. Er stellte eine steile These auf, die doch so plausibel wie re-

signiert klingt: „Das römische Reich hatte eine Geburts-
stunde. Dann ist es gewachsen. Es hatte seine Blüte. Dann
folgte der Niedergang. So ist es mit dem Christentum …"
Das bestärkte mich vollends in meinem Gefühl vom un-
weigerlichen Niedergang. Und es mischten sich seitdem
noch mehr solcher resignativen Anwandlungen dazu.
Etwa in Gedankenspielen mit düsteren Konsequenzen:
Dann kann ich ja auch nichts ändern, weil alles ganz einfach seinen Lauf nimmt. Und ja, dachte ich: Man muss
doch gar kein Prophet sein: Wer die Zeichen der Zeit wirklich erkennt in den letzten Jahren und heute, der sieht doch,
in welche Richtung es geht. Das ist eben alles andere als
eine Blüte. Schönrederei wirkt wie eine hoffnungslose
Durchhalteparole. Ich könnte mich dann allenfalls an den
noch verbliebenen Überresten der vergangenen Blüte aufrichten. Denn noch gibt es ja an manchen Stellen funktio-
nierende Inseln kirchlichen Lebens. Die nehme ich eben
noch mit. Und nach mir die Sintflut. Vielleicht hat der
liebe Gott ja wirklich genug mit uns Menschen, weil wir
uns so von ihm dauernd und immer weiter entfernen. Ich
dachte auch an so viele Sünden des Menschen, seien es die
grausamsten Verbrechen in Kriegen und Terror, seien es
die schlimmen Christenverfolgungen unserer Zeit, seien es
Folgen von Gier und Arglist, sei es das immer aggressi-
vere Bestreben, selbst am Anfang und Ende des Lebens
Gott zu spielen, natürlich auch Verbrechen in der Kirche.
Auch denke ich an reichlich öffentlich zur Schau gestell-
ten Spott der modernen Avantgarde nicht nur über die Kirche, sondern auch über Gott und diejenigen, die auf ihn
vertrauen. Wenn ich mir das alles so anschaue und noch
manches mehr, dann hat der Schöpfer wirklich gute
Gründe, bald mit uns Menschen hier Schluss zu machen
… So jedenfalls dachte ich manchmal. Es verstärkte sich

mehr und mehr mein Eindruck, dass es kontinuierlich bergab geht mit Gottesfurcht, Kirche und Christentum, jetzt erstmal bei uns, und dann wohl auch woanders.

MEIN TREFFEN MIT JAN
(SOMMER 2040)

Jetzt wurde ich von Jan aus dem müden Fatalismus herausgerissen. Ich hatte ihn schon einige Zeit nicht mehr gesehen. Von seinem Bistum hatte er nie Besonderes berichtet. Das war auch nie so sein Thema. Das hatte sich auf einmal gewandelt. Er berichtete mir jetzt begeistert von einer wachsenden Kirche, welche die Menschen wieder mitreißt. Als er zu berichten begann, dachte ich zuerst, jetzt komme er auch mit einer von diesen verklärten Aufbruchstories, die nur den realen Abbruch verschleiern. Aber schnell spürte ich: Das war mehr als Wolke-Sieben-Nostalgie. Nein, hier ging es offenbar nicht bloß um ein Strohfeuer. Das merkte ich, je länger Jan mir davon erzählte.

Bei seinem Bericht aus dem Bistum blitzte und strahlte es aus Jans Augen, etwa, als er sagte: „Utopia kann ein Vorbild sein nicht nur für Deutschland und die Katholiken, sondern weit darüber hinaus."

Hm, das klingt wirklich utopisch, dachte ich. Aber da ich mit meinem bisherigen Fatalismus auch nicht so recht glücklich war, kam mir diese neue Perspektive als Option gerade recht. Eine solche Utopie konnte mir zumindest ein inspirierender Denkanstoß sein. So war mein erster Gedanke, und ich ließ mich zumindest etwas neugierig auf diese Geschichte ein. Ich dachte: Schaden tut es also nichts, sich das jetzt mal anzuhören. Und so ermutigte *ich* meinen alten Freund: „Gut, dann erzähl mir mehr vom Bistum Utopia!"

Und schon legte *Jan* los:

„Ich persönlich sehe mit eigenen Augen eine neue Blüte des Glaubens. Weißt Du, dort entsteht gerade wieder eine anziehende Kirche, wie sie sonst heutzutage und hierzulande kaum mehr zu erleben ist: erfolgreich einladend, begeisternd, mit Jung und Alt in der Mitte des Lebens, in Theologie, Pastoral, Liturgie, Diakonie und Zeugnis. Das anzustoßen war ganz am Anfang vor gut zwanzig Jahren die zunächst geheime Vision von Martin, dem damals neuen Bischof von Utopia: zugegebenermaßen ein ehrgeiziges Ziel, aber natürlich nicht ganz neu. Auch andere träumten schon oder träumen noch davon. Doch immer wieder lagen dann diese oder jene Steine im Weg, oder sie wurden in den Weg gerollt. Martin geht es nicht um bloße Träume. Er meinte es wirklich ernst. Und er hat ernst gemacht damit. Ergebnisse können wir jetzt schon im Leben von Kirche und Christen beobachten. Martin wollte und will seine Vision in Utopia nachhaltig verwirklichen: Das klingt für uns vernünftig-aufgeklärte Zeitgenossen in der Mitte des 21. Jahrhunderts paradox, wissen wir doch, dass auch die gleichnamige Insel Utopia des Thomas Morus ein ortloses Hirngespinst blieb. Diese durchaus fragwürdige wie herausfordernde Insel ist nicht einfach das Vorbild für unser Bistum. Ihr visionärer Anspruch hingegen schon."

„Stimmt, die Parallele zu dieser anderen Utopia ist interessant", meinte *ich*. „Der Name der neuen Diözese klingt so etwas wie ein auch bewusst so gewähltes provokantes Programm, oder täusche ich mich?"

Jan entgegnete: „Genau. Auf den Namensvorschlag verständigten sich die Gläubigen des neuen Bistums, weil sie das ‚Weiter so' satt waren und deshalb auf einen neuen Geist hofften, mit dem sie ein Vorbild für andere sein könnten. Bischof Martin nahm diesen Wunsch der Gläubigen ernst und machte ihn zum Programm. Mit Unterstützung von Erzbischof Günter, dem Förderer von Martin, fand dieser Wunsch der Gläubigen in Rom Zustimmung. Weil Martin die Menschen kennt wie sie sind, war er in der Umsetzung seiner Vision behutsam. So hielt er seine Pläne zunächst weitgehend geheim. Heute zeigen sich die ersten Früchte. Ich möchte auch Dich dafür begeistern."

Ich war skeptisch: „In der Vergangenheit haben diejenigen, die vermeintlich alles besser machen, oft allerlei Unheil über die Menschen gebracht. Da ist eher ein kühler Kopf gefragt."

Jan entgegnete: „Du hast natürlich recht. Hier sollten wir achtsam sein und die Geister unterscheiden. Doch glaube mir: Sehenden Auges und mit wachem Verstand betrachtet, entwickelt sich in Utopia jetzt wirklich eine neue Kultur gelebten Glaubens, ein neuer guter Geist, der dem Heiligen Geist breiten Raum lässt. Ich sehe es mit eigenen Augen, mit Herz und Vernunft."

„Du bist immer noch der Alte und redest jetzt wie ein euphorisierter Prophet", wandte *ich* ein. „Und die selbst ernannten Propheten sind oft fanatische Eiferer. Doch gibt es ja im realen Leben auch des Glaubens viele Grautöne. Also glaube ich nicht, dass in Utopia jetzt alles einfach gut, und anderswo alles einfach schlecht ist. Gedanklich müssen wir versuchen, immer wieder die neutrale Perspektive eines Dritten einzunehmen und aus dieser Warte dann noch einmal alles, was wir sehen zu deuten."

Jan konterte: „Ich bin nur ein einfacher gläubiger Mann, der berichtet, was er sieht. Ich habe ja auch nur eher einen naiven Glauben, dafür aber großes Gottvertrauen. Keineswegs ist im Bistum Utopia alles gut und woanders alles schlecht. Das stimmt. Aber vieles ist dort jetzt in einem positiven Sinne anders, so dass mein lange vorhandenes Gefühl des Niedergangs jetzt endlich wieder verflogen ist."

Ich entgegnete: „Das ist gut. So sehe auch ich unser Verstehen von Welt. Und keine Sorge, mir geht es ja gerade darum, jetzt das zu hören, was du gesehen hast und wie du es deutest. Also benutze den Verstand, aber sei dabei auch nicht zu vorsichtig und wäge bitte nicht so viel und so lange, bis am Ende deine eigene Sicht auf der Streckte bleibt. Das tun nämlich manche so genannte moderne Denker. Dann müsstest du vor jeder eigenen Position, die du vertrittst, schon immer alles gegeneinander abwägen, wie man es auch und anders deuten könnte. Dann kannst du besser ganz schweigen. Solche Uniformierung des Denkens sehen wir in weiten Teilen der Gesellschaft, wenn Menschen ihre eigene Meinung einer scheinbar mächtigen kollektiven Wahrheit unterordnen. Das aber widerspricht auch der Idee von Demokratie und Freiheit. So also mache es bitte nicht. Nein, ich interessiere mich für das Neue und damit für deine Position, auch wenn man es immer auch anders sehen kann und mag. Steh also mit Vernunft und Gottvertrauen ganz zu deiner Deutung. Und nun berichte. Ich bin gespannt auf das Kirchsein von heute in Utopia?"

2. Vom Bischof und dem Missionar

So legte *Jan* also los: „Im Ganzen ist es im Bistum Utopia so: Vieles ist heute anders als noch vor zwanzig Jahren. Die große Vision vom Anfang ist wirklich schon in weiten Teilen aufgegangen. Ich weiß bloß nicht, wo ich anfangen soll. Folgende Idee: Ich erzähle heute etwas über die Anfänge. Dann verstehst Du, wie alles kam. Und nächste Woche treffen sich nicht weit von hier vier maßgebliche Wegbereiter dieser neuen Kultur, um eine Zwischenbilanz zu ziehen. Da ich einen davon gut kenne, könnte ich es arrangieren, dass wir dabei sind. Dann erfährst du alles über das Heute aus erster Hand. Was meinst Du? Bist du dabei?"

„Wenn du meinst, das könnte wirklich so spannend sein…?", meinte *ich* zögerlich mit der Sorge, das ganze Projekt könne nun doch etwas zeitaufwendiger werden, als mir lieb war. „Aber berichte erst einmal du. Und dann sage ich dir anschließend, ob ich auch noch mehr hören will von diesen Experten. Meine Zeit ist knapp, und ich komme bei diesem Treffen nur dazu, wenn sich das für mich wirklich lohnend anhört. Also gib dir Mühe, wenn du mich dafür begeistern willst!" Ich schmunzelte etwas, als ich Jan so herausforderte, war er doch selbst angetan von seiner Idee mit den Experten.

Für meinen Freund war es gar keine Frage, dass mich das begeistert, was ihn begeistert. Er kramte einen Moment in seinen Gedanken. *Jan* nahm also die Herausforderung an und startete: „Gut, dann versuche ich es jetzt mit meinem spannenden Einstieg. Teil zwei kommt dann nächste Woche in der Runde mit den Experten, wenn du magst … Meine wichtigsten Informationen habe ich von dem Missionar Thomas, der an dem ganzen Projekt maßgeblich beteiligt ist. Neulich traf ich ihn in seinem Kloster. Anfangen muss ich bei Bischof Martin, der den entscheidenden Impuls gegeben hatte. Zunächst stelle ich Dir die beiden kurz vor:

Martin und Thomas

Martin ist seit 2019 Bischof im Bistum Utopia. Er schert sich nicht um all die Abergeister vor und hinter welchen Hecken auch immer. Solchen Bedenkenträgern mit allen möglichen konspirativen und/ oder destruktiven Netzwerken und Lobbys entgegen macht er sich zum freien, denkenden Pionier. Martin war Anfang 50 alt, als er zum Bischof berufen und geweiht wurde. Ursprünglich war er als Kaufmann im elterlichen Geschäft tätig gewesen, studierte dann Theologie und promovierte bei dem damaligen Professor, seinem menschlichen Vorbild und späteren Heimatbischof Günter, mit einer Arbeit über einen zeitgemäßen Missionsbegriff. Nach einigen Jahren als Pfarrer auf dem Land, wo er noch heute viele Freunde hat, war er lange in der Priesterausbildung tätig und in mehreren diözesanen und überdiözesanen Gremien engagiert. So kannte Martin über die Jahre hinweg viele, die in den Bistümern in der Pastoral, Verwaltung, in Verbänden, bei Caritas und in Gremien oder Einrichtungen der Kirche tätig waren. Als 2019 die große Zusammenlegung der Bistümer anstand, erhielt Bischof Günter auf seine alten Tage noch einen Ruf als Erzbischof nach Rom. Kurze Zeit darauf wurde Martin überrascht von dem Ruf, selbst erster Bischof des neuen Bistums Utopia zu werden. Erzbischof Günter ist inzwischen gestorben. **Thomas** ist mit Leidenschaft Missionar. Er war lange Jahre in vielen Ländern der Erde unterwegs gewesen, hatte dabei viele Kulturen und Religionen auf verschiedenen Kontinenten in ihrem Mit- und Gegeneinander, ihren oft fremdartigen Riten und Regeln, ihren Menschen- und Gesellschaftsbildern mit Freuden, Nöten, Fragen, Ängsten und Hoffnungen erlebt. Fünf Jahre lang war er auch in einem sozialen Brennpunkt des jetzt neuen Bistums als Pfarrer tätig. Er hat an verschiedenen Seminaren praktische Theologie gelehrt und auch Ordinariate mit aufgebaut. Er ist auch eine erprobte Führungskraft mit reichlich praktischer Erfahrung. Für ihn begann das Ganze damals so: Gerade war er in China unterwegs, um in einem Seminar Katecheten auszubilden. Da überraschte ihn die Nachricht seines Ordensoberen, mit einem Spezialauftrag wieder ins Bistum Utopia zu gehen. Thomas hielt aber erst noch seinen Kurs bis zum Ende, so wie es geplant war. Denn die Not der unterdrückten Christen in China durch heimische Vorbilder vor Ort zu lindern, ist für ihn und seinen Orden eine wichtige Mission. Das könne nicht einfach von einem auf den anderen Tag links liegen gelassen werden. Die Missionare verlassen einen Ort nur dann guten Gewissens, wenn die Menschen dort befähigt wurden, selbstständig für ihr Leben, ihre Rechte und ihren Glauben einzutreten, soweit es die Verhältnisse zulassen. Davon können wir eine Menge lernen.

Martin hatte den tiefen Wunsch der Gläubigen nach einem neuen Start verstanden. Er spürte gut die Sehnsucht nach einer wieder lebendigen, anziehenden und erfolgreich einladenden Kirche in der Mitte des Lebens der Menschen. Diese Vision wurde seine Mission. Der inzwischen verstorbene Erzbischof Günter hatte ihn vor manchen möglichen Fallstricken und auch innerkirchlichen Intrigen in diesem gewagten Vorhaben gewarnt. Und er hatte ihm zugesichert, dass er immer – soweit es sachlich möglich war – zu ihm und seiner Idee stehen würde, selbst wenn etwas im Projekt schieflaufen sollte, wenn Medien oder auch andere Brüder aus der Kirche ihn kritisieren oder über ihn herfallen. Das war ein starkes Wort, das Martin viel bedeutete. Dieses Versprechen bezog sich auf den Menschen und den Inhalt der Vision und war deshalb nicht gekoppelt an irgendwelche Machtfragen, wie sonst allzu oft.

Und so nahm vor gut zwanzig Jahren alles seinen Lauf: Die Umsetzung der Vision musste angegangen werden, denn das erwarteten die Gläubigen im Bistum. Den meisten war klar, dass die Realisierung auch ihre Zeit brauchen würde, aber eben nicht endlos lange. Und deshalb musste Martin schnell handeln. Sein Ziel war es, dass er etwa nach einem Jahr den Menschen erste konkrete Schritte präsentieren konnte. Bis dahin musste alles gut vorbereitet werden. Und diese Zeit nutzte er: Martin bat den größten, in seinem Bistum ansässigen und weltweit aktiven Missionsorden vertraulich ihm zu helfen, im Bistum Utopia die Vision einer wieder einladend erfolgreichen Kirche umzusetzen. Der weise Provinzial des Ordens wählte für diese außergewöhnliche Aufgabe seinen bewährten Missionar Thomas aus. Thomas sollte fortan dem Bischof unmittelbar zugeordnet sein und ihm helfen, der Kirche Utopia ein neues Gesicht zu geben. Bischof Martin rief also Thomas zu sich und hatte ihm am Telefon schon in groben Zügen seine Vision offenbart. Martin setzte große Hoffnung auf ihn. Der Bischof selbst, so berichtete Thomas mir, musste sich ja zuerst um das Zusammenwachsen seines neuen großen Bistums kümmern, dazu in vielen Gremien und Kommissionen sitzen und gut moderieren, Stellungnahmen abgeben und Delegationen empfangen. Seine große

Leidenschaft ist das nicht. Statt unterschiedliche Lobby-gruppen und deren Interessen mit gekonnter Kommunika-tionsstrategie zu befrieden und zu befriedigen, statt lang-wierig wichtige Fragen der Struktur zu verhandeln oder oft kaum durchschaubare Kirchenpolitik zu betreiben, würde er sich lieber selbst viel mehr in der lebendigen Seelsorge einbringen. Zumindest die Verwaltungsdinge ums Geld regelten jetzt schon gut ausgebildete Profis. Das gab ihm schon einige Entlastung, und nach so manchen schlechten Erfahrungen anderer Bistümer ist das wohl eine gute Ent-scheidung gewesen. Gerne würde Martin noch viel mehr selbst in der unmittelbaren Begegnung mit seinem gewin-nend ansteckenden Charisma das Wort und Sakrament Gottes mitten in das Leben und Herz der Menschen rü-cken. Er könnte es bestimmt. Doch dafür blieb und bleibt ihm in seiner Rolle nun leider kaum Zeit. Und als Bischof hat er eben auch viele andere Aufgaben, die er nicht ein-fach auf andere delegieren kann ohne die Gefahr, dass diese oder jene dann die Weichen in die Zukunft anders stellen, als es Martin vorhatte. Ein solches Vakuum, in das dann andere eintreten, um ihre eigenen Interessen durch-zubringen, sollte nicht entstehen. Martin möchte nicht nur geistig und geistlich ein Vorbild sein, sondern eben auch die Rahmenbedingungen möglichst so gestalten und aus-richten, dass seine Vision am Ende auch auf einen frucht-baren Boden fallen kann. Dann könnte die Saat aufgehen. Es brauchte also eine kluge Aufgabenteilung. Auf der ei-nen Seite musste er Schritt für Schritt die Entscheidungs-träger für sich gewinnen. Wesentliche Strukturprozesse konnte er ja erst konkret umsetzen, wenn die Vision kla-rere Konturen gewonnen hatte. Auf der anderen Seite musste nun genau diese Konkretisierung möglichst bald vorankommen, ohne dass sie im Keim erstickt wird. Und

deshalb hatte er umgehend den Orden gefragt und dann
Thomas zu sich gerufen. Martin stattete Thomas mit allen
Vollmachten und Freiheiten aus, damit er nun seine Mission angehen konnte. Und die sah nun konkret so aus: Die
erste Aufgabe war es, dem Bischof in Jahresfrist für sein
ambitioniertes Herzensanliegen Ideen einer vielleicht sogar einschneidenden Reform vorzulegen. Thomas sollte in
den folgenden Monaten also ausloten, wo und wie diese
Vision nun bei den Menschen und der Kirche im Bistum
Utopia ansetzen könnte, damit sie dann auch Wirklichkeit
werde. Nach einem Jahr würde der Bischof dann auf der
Grundlage der Ergebnisse von Thomas einen Plan entwerfen, mit dem eine Umsetzung der Vision Schritt für Schritt
erfolgen sollte.

Die Aufgabe von Thomas lag also darin, den Boden für
die Reform gut zu prüfen. Wesentliche Fragen dazu waren
etwa: Wo liegen die wesentlichen Gründe der bisherigen
Krise? Wie zeigt sich diese Krise? Wo sind Ansätze für
eine Überwindung der Krise? Welche Menschen, welchen
Glauben und welche Strukturen sind nötig, um die Vision
einzulösen? Wo sind gute Ansätze für das neue Glaubensleben? Thomas sollte also nicht Statistiken oder Zahlenko-
lonnen vorlegen, sondern eine Auswertung zur gelebten
Glaubenskultur mit entsprechenden Vorschlägen für einen
möglichen Change-Prozess, welchen der Bischof dann
selbst wieder in die Hand nehmen. Neben allen Freiheiten
in dieser Erforschung der Kultur gab Martin dem Thomas
aber auch einige Rahmenbedingungen mit, die für seine
Analysen und Auswertungen Leitplanken sein sollten. Für
die Konkretisierung der Vision, die dann nach einem Jahr
– für die Gläubigen im Bistum sichtbar – starten sollte,
machte Martin klar:

Die Kirche solle dabei nicht ganz neu erfunden werden. Doch solle und dürfe sie im Anschluss an ihre sakramentale Tradition und im Sinne des viel zitierten Prinzips fortlaufender Kirchenreform („Ecclesia semper reformanda") Gutes der Vergangenheit wieder neu entdecken und/oder auch in manchen Feldern ganz neu gedacht werden, um so wieder glaubend die Fülle des Lebens zu leben und auszustrahlen. Das wünschte sich Martin. Dazu brauchte es neben den Eckpfeilern, die das Wesen der Kirche konstituieren, auf keine Tabus oder andere vermeintlich systemrelevante Interessen und Vernetzungen Rücksicht genommen zu werden. Es sollte auch nur das angegangen werden, was in Utopia selbst entschieden und umgesetzt werden konnte. Denn alles andere raubt sinnlos Zeit. Martin gab dabei zugleich zu bedenken, für das Bistum Utopia der Zukunft nicht mehr mit sprudelnden Geldquellen aus der Kirchensteuer zu rechnen. Denn die gesamtgesellschaftliche Entchristlichung auch in der Politik werde in absehbarer Zeit wohl dieses Privileg – neben anderen auch – in Frage stellen oder sogar kippen. Auf diesen tönernen Füßen sollte die Vision also nicht aufgebaut werden. Diese Eckpfeiler sollten von Thomas in der Mission zur Erforschung der Glaubenskultur mitberücksichtigt werden, damit nach einem Jahr auch die Auswertung von Thomas und die Vorstellungen von Martin gut zusammengebracht werden könnten, um dann schnell an die Verwirklichung der konkreten Vision zu gehen."

„Nun", meinte *ich*, „warum hat der Bischof nicht gleich mit der Umsetzung seiner Vision begonnen? Wozu dieser Aufwand? Schließlich gibt es doch schon mancherlei Studien über den Glauben, so etwa die Sinus-Milieu-Studien oder auch entsprechende Kapitel in den Shell Jugendstudien und anderes. Wenn man das so alles liest, weiß man ja um den Glauben bei uns und könnte dann entsprechend mit der Vision ansetzen…"

Jan entgegnete: „Martin hatte wohl gemerkt, dass solche Studien bislang jedenfalls noch nicht zu einer nachhaltigen Beseitigung der Krise beigetragen hatten. Vielleicht liegt das ja auch daran, dass die Shell Studien eher sozialpolitisch und kirchenskeptisch orientiert sind, während es sich bei den Sinus-Studien um Marketinginstrumente handelt. Martin hat mit der Frage nach der gelebten Glaubenskultur und nach Ansätzen für eine entsprechende Wandlung dieser Kultur eine Frage gestellt, die mit solchen Studien nicht hinreichend beantwortet werden kann. Vielmehr braucht es dazu eine Glaubensperspektive in der Forschungsfrage und so auch ein eigenes Forschungsdesign. Thomas sollte also genau eine solche neue Studie vorlegen. Martin wollte mit der Hilfe von Thomas auf neuartige Weise und so auch viel tiefer verstehen, wie es um die Glaubenskultur der Menschen bestellt ist und wie diese sich im Sinne der Vision verändern lässt. Auch personelle Unterstützung wurde Thomas damals für die zwölf Monate seiner Mission zugesagt. Bis zu drei qualifizierte Gefährten durfte sich Thomas für seine Mission auswählen."

Ich spielte das ganze Szenario jetzt mal in einer Art Kopfkino durch. Die Idee einer Mission schien mir plausibel. Mir kam dabei aber jetzt noch ein Gedanke, den Bischof Martin offensichtlich mit der von ihm damals vorhergesehenen Abschaffung der Kirchensteuer so beiläufig mit unterstellt hatte. Da ich wusste, dass diese Annahme inzwischen Realität geworden war und ich mir darüber auch schon einige Male den Kopf zerbrochen hatte, musste ich jetzt nochmal direkt nachhaken: „Diese Denkvorgabe zur Kirchensteuer klingt weitsichtig. Wir sehen ja heute, dass er recht damit hatte, denn jetzt gerade ist diese Abschaffung gesetzlich entschieden. Die Kirchensteuer soll nun durch eine allgemeine Sozialsteuer nach italienischem Vorbild ersetzt werden. Jeder Bürger zahlt also die 8 % seiner Einkommensteuer an eine gemeinnützige Einrichtung, einen Verein o.a. Das kann die Kirche sein, eine andere Religionsgemeinschaft oder für ganz andere gemeinnützige Gemeinschaften. Der Kirchenaustritt ist dann in Zukunft nicht mehr mit einem finanziellen Spareffekt verbunden. Das finde ich ja durchaus interessant. Andererseits wird die Kirche weniger Geld zur Verfügung haben als im alten System. Sie muss sich ein ärmeres Gesicht geben. Das kann ja eine Chance sein, Glaubwürdigkeit zurückzugewinnen. Jedoch mischen sich bei mir jetzt auch mulmige Gefühle ein, wenn ich in die Zukunft sehe. Denn der Gedanke daran, was das jetzt weiter bedeutet für das Kirche-Sein von morgen, macht mir ehrlich gesagt auch etwas Sorge zugleich. Zum einen sind durch das nun neu ausgehandelte Konkordat viele Rechte der Kirche weggefallen, so etwa auch Ansprüche auf Sendezeiten für Verkündigungssendungen in öffentlich-rechtlichen Medien, auf kirchliche Sitze in Entscheidungsgremien wie Ethikrat, auch auf staatliche Leistungen, die im Ausgleich für kirchliche Enteignungen aus der Säkularisation begründet waren und vieles andere mehr. Ich kann mir jetzt noch gar nicht vorstellen, wie die arme Kirche aussehen soll. Ob die französischen Verhältnisse da wirklich ein gutes Vorbild sind? Manche jetzt noch kirchlich finanzierten Arbeitsplätze werden sicher in Kürze in staatliche Obhut überführt werden, etwa in sozialen Bereichen oder im Bildungssystem. Aber was ist mit Pastoral und Verkündigung? Machen sie sich nicht abhängig vom Geld? Folgen die Inhalte der Predigt und das Wohlwollen der Seelsorger dann in Zukunft nicht der Meinung des einflussreichsten Spenders? Und verfallen dann nicht die ganzen Gebäude wie eben etwa in Frankreich. Hm, das will ich mir so noch gar nicht alles vorstellen. Das wird die Zukunft zeigen… Aber es stimmte natürlich, Martin hatte mit seiner Vorgabe damals weise gehandelt. Denn die Zeit der sprudelnden Geldquellen ist ja spätestens jetzt vorbei."

Jan setzte noch einen drauf: „Du hast ganz recht. Und jetzt stell dir das doch mal vor, wieviel größer als schon in der Vergangenheit nun die Versuchung sein wird, den Mächtigen und Reichen hinterherzulaufen. Fraglos gibt es neben den so vielen selbstlosen Wohltätern und Spendern auch eine andere Art potenter Geldgeber von Kirche. Das sind eher die schwarzen Schafe. Wie schon in vielen früheren Jahrhunderten zuvor warten sie nur auf solches Betteln der Kirchen, um dann in Gutsherrenmanier ihre Geldbörse generös zu öffnen oder eben nicht. Und das Ganze ist dann für sie eine Art Deal. Wer ideologisch nicht passt, nicht tief genug seinen ehrfurchtsvollen Diener vor ihnen macht oder passende Gegenleistungen verspricht, der wird mit einem freundlichen Lächeln abserviert. In der zukünftig finanziell ärmeren Kirche kann solcher Einfluss der reichen Elite-Christen noch wachsen. Die so missbrauchte Macht des Geldes spaltet die Kirche, entfremdet vom Geist Gottes und verbiegt das Gewissen. Martin sah schon damals diese Gefahr. In seiner Vision der Freiheit ist kein Platz für solches Gift. Damit beraubt er sich für die Zukunft sicher der Chance mancher nicht unerheblicher finanzieller Unterstützung. Doch als Gesinnungsethiker in dieser Hinsicht bleibt er hier konsequent und hält es mit dem heiligen Diakon Laurentius, für den die Menschen der Schatz der Kirche sind, sogar besonders die Armen. Denn so öffnen sich auf Dauer vielleicht auch andere Herzen. Und diese

Menschen sind dann ja das nachhaltigere Kapital der Kirche."

Das klang mir jetzt als Antwort dann doch etwas zu fromm. Und so warf *ich* gleich ein: „Geld ist zwar nicht alles, aber ohne Geld ist vieles nichts, auch in der Kirche. Muss die Kirche sich dann vielleicht in Symbolhandlungen von eigenen Schätzen und Pfründen trennen? Oder meinte Martin damit vielleicht solche wundersamen Geldgeschenke des Himmels, die in Notsituationen wie aus dem Nichts auf der Schwelle des Pfarrhauses liegen? Aber auf eine solche Hoffnung kann doch nicht ernsthaft eine nachhaltige Vision von Kirche in dieser Welt setzen … "

Jan erwiderte: „Darauf kann man natürlich keine langfristige Planung aufbauen. Denn ein Geschenk, selbst wenn Gottes Dazutun mit am Werk ist, ist ein Geschenk, auf das es in entsprechender Not keinen Anspruch gibt. Auch sollst du deinen Herrn ja nicht herausfordern. Und so kann zwar einerseits ein solcher Geldsegen im wahrsten Sinne nicht ausgeschlossen werden, im Gegenteil darf man darauf hoffen. Aber für eine verlässliche Planung andererseits darf man in Verantwortung vor vielen Menschen, die etwa auf kirchliche Hilfe oder Gehalt warten, nicht einfach in den Tag hineinleben und wie selbstverständlich hoffen, am Ende des Tages fliegt schon ein Couvert mit Geld in den Briefkasten. Worum es Martin ging, war Folgendes: Lebendige Kirche ohne die so bequeme finanzielle Sicherheit zu planen und ohne Abhängigkeit von Ideologie und Macht, das war gerade eine zusätzliche Herausforderung. Und die hatte es auch in sich. Er war kein Gegner der Kirchensteuer, aber Kirche musste sich zeitig darauf vorbereiten. Und das hieß etwa auch damit zu beginnen, nach und nach jenseits der Seelsorge Personal einzusparen, wo es verträglich war. Aber noch viel mehr war nötig, um nicht Konkurs zu gehen. Es sollte also auch damals schon geprüft werden, wo im Sinne der Vision weitgehende finanzielle Einsparpotentiale stecken, die aber die Vision nicht schwächen. Man durfte also auch schon vor rund zwanzig Jahren, als es mit der Vision losging, die Zukunft als arme Kirche nicht einfach ignorieren. Das wäre unverantwortlich gewesen."

Ich konnte nun auch mal etwas einbringen, das weniger provokativ war: „Solche Erfahrungen von Armut kannte Thomas als Missionar ja schon. Auch sah Martin etwa mit Blick auf Frankreich, wohin eine allzu arglose Armutsnostalgie führen kann. Es galt also, die Chancen und die Risiken gleichermaßen im Blick zu haben. Das war keine leichte Aufgabe."

Jan konnte das bestätigen und fuhr fort: „Von dieser anspruchsvollen Idee der Freiheit war Thomas begeistert. Denn so hatte er immer schon seine Freiheit als Missionar verstanden. Er zögerte deshalb nicht und schlug in das Angebot Martins ein. Diese Mission war eine große Sache. Das spürte er sofort. Und die persönliche Ausstrahlung des Bischofs verstärkte sein Empfinden. Es trafen sich die Blicke der beiden Männer, und das war ihr Vertrag. Und beiden war klar: Das war hier nicht nur ein spannendes Pilotprojekt, sondern auch ein großes gemeinsames Risiko. Denn mögliche Veränderungen mögen manchem wohl reichlich Angst und Sorge bereiten. Und andere mögen vielleicht die Nase hochhalten und sie zugleich darüber rümpfen. Solche und solche würden eine Umsetzung der Vision zu verhindern suchen. Die einen fürchten wohl um ihre lieb gewonnene öffentliche Deutungshoheit über das, was Kirche und Glauben in unserer Gesellschaft nun sein sollen. Die anderen werden Angst haben, dass vermeintlich überkommene Wertevorstellungen der Vergangenheit wieder eine Renaissance erleben. Wieder andere fürchten womöglich die Auflösung der Kirche im Fluss der Zeit. Ideologen oder Lobbyisten wittern vielleicht Morgenluft, selbst von der Veränderung zu profitieren, um dann zeitig genug auf den richtigen Zug aufzuspringen und am Ende selbst davon zu profitieren und frühzeitig Einfluss zu gewinnen. Damit sich einschleichende Haltungen wie Egoismus und Eitelkeit bis zu Opportunismus, Nepotismus und Verschüchterung könnten der Vision im Wege stehen. Und auch die landläufig bekannten Diskussionen um die Einführung des Frauenpriestertums, die Abschaffung vom Zölibat, strittige Fragen der Zulassung zur Eucharistie und all die altbekannten Forderungen bestimmter Gruppen könnten dabei die Dynamik bremsen. Das alles sollte, so wichtig es sein mag, gerade nicht vordringliches Thema der Mission und Vision sein. Zwar haben solche Fragen eine Berechtigung. Doch sie binden sehr viel Energie, werden ohnehin nicht im Bistum entschieden und erfreuen sich zugleich immer wieder freudiger Aufnahme in den Medien. Doch wenn wir etwa auf die evangelische Kirche schauen, wo Frauen ordiniert werden und es keinen Zölibat gib: Dort ist dennoch eine Krise zumindest ähnlich spürbar wie bei uns in der katholischen Kirche. Die Frage nach der Zulassung zur Eucharistie für Menschen, die nach einer Scheidung wiederverheiratet sind, hat in der Vergangenheit auch viel Kraft gekostet. Viele davon Betroffene haben der Kirche damals den Rücken zugekehrt, andere kümmert die kirchliche Vorgabe nicht, wieder andere deuteten schon vor zwanzig Jahren die Thesen von Papst Franziskus als stillschweigende Abschaffung des Ausschlusses von der Eucharistie. Dieses Thema spielt inzwischen in der Frage nach der Zukunft lebendiger Kirche heute keine Rolle. Ziel bleibt es wohl, auch fragenden

Menschen eine ehrliche und einladende Beheimatung in der Kirche von heute anzubieten und so auch die wieder zurückzugewinnen, die sich abwandten. Das ist zugegebenermaßen eine gebliebene Spannung, die sich erst nach der dogmatischen Klärung endgültig auflösen wird. Sich jetzt im Bistum auf solche Fragen zu fokussieren, das wäre töricht gewesen. Sie binden viel Aufmerksamkeit, Zeit und Kraft und könnten die Vision im Keim ersticken. Diese setzt nämlich viel grundlegender bei Wegen zu neuer Glaubensfreude und neuem Vertrauen an, die im Bistum auch gegangen werden können. Martin und Thomas wollten auch deshalb, jetzt unabhängig von solchen hypothetischen Stellschrauben, einen Kulturwandel im Bistum angehen, der die Vision Wirklichkeit werden lässt. Und deshalb sollte es jetzt zuerst um solche Fragen gehen, die auch wirklich im Bistum angegangen werden können. Und so galt es, von Anfang an behutsam und erst einmal ohne die große Öffentlichkeit die ersten Schritte anzugehen, bevor dadurch alles zerredet würde. Deshalb sollte in diesem frühen Stadium die Mission im Dienst der Vision erstmal geheim bleiben. Der Rahmen der Vision war gesetzt, das große ferne Ziel war klar. Doch für die Umsetzung blieb vieles auch offen. Das bot Thomas viel Gestaltungsfreiheit. Er war gerufen vom Visionär als Missionar für Utopia und auch darüber hinaus."

„Doch bestand hier nicht die Gefahr", so musste *ich* mich einschalten, „dass diese Ideen dann am Ende mit einem Federstrich mir nichts, dir nichts verworfen werden? Etwa, weil sich Umstände geändert haben, neue Personen mitmischen o.a. Das machte doch das Wagnis für Thomas noch mal beträchtlich größer. Und selbst wenn ein Jahr später dann nach der Prüfung des Bischofs eine gute Vision mit klaren Konturen stehen könnte, ist sie dann noch lange nicht umgesetzt. Da warteten dann schon die nächsten Fallstricke. Das war also noch ein sehr langer Weg mit vielen Risiken und reichlich Frustpotential."

Jan nickte und ergänzte: „Stimmt: Kaum etwas raubt einem doch mehr die Motivation in seinem Engagement, als wenn man sich mit viel Herzblut einer anvertrauten Sache annimmt. Und dann auf einmal merkt man, dass alle Arbeit umsonst war, weil andere doch schon alles ganz anders entschieden haben, dass Papiere schon in Schubladen lagen oder dass in Hinterzimmern getagt und längst beschlossen wurde. Dieses Risiko war Thomas bewusst. Doch zu sehr fesselte ihn diese Mission eines Visions-Pioniers. Außerdem vertraute er dem Bischof und seinem Wort. Er setzte darauf, dass dieses Vertrauen nicht enttäuscht werde. Martin werde sich nicht – davon war Thomas überzeugt – wie eine Fahne im Wind der Macht oder Schmeichelei drehen, selbst wenn man ihn mit Posten, Geld oder guter Presse locken würde. Im Blick auf seine Vision geht er keine Kompromisse ein. Auch weil ein ausstrahlendes Vertrauen ein wesentlicher inhaltlicher Schlüssel der großen Vision selbst ist, würde er sicher gegenüber Thomas sein Wort halten, gerade auch gegen die Neider und Nörgler. Sonst widerspräche die Vision dem Visionär. Auf diese Konsequenz setzte Thomas ganz fest. Und er wurde darin nicht enttäuscht. Die Verlässlichkeit zwischen Martin und Thomas war also der Boden, auf dem die Mission zur Vision erst wachsen und reifen konnte. Nun musste sich Thomas aber zuerst einen Plan machen, mit welchen Schritten er seine Mission angehen konnte. Denn das hatte Martin ihm ja überlassen. Klar war beiden: Die Mission ist das eine. Die praktische Umsetzung der Vision in die Wirklichkeit nach einem Jahr war nochmal eine ganz andere Sache. Die Mission des Thomas sollte dafür aber die wesentliche Grundlage bilden mit guten Argumenten und Einsichten. Auch war beiden bewusst: Ziel der dann real werdenden Vision konnte schließlich nicht das himmlische Jerusalem auf Erden sein. Denn das wird man hier nie erreichen. Auch solche Träumerei würde wieder alle Beteiligten am Ende nur frustrieren. Denn es würden dadurch Hoffnungen geweckt in schönen Broschüren und Leitsätzen, hinter denen die Realität immer meilenweit zurückbleiben muss. Dann bliebe am Ende als Ausweg nur eine nachträgliche Schönung der Resultate, was aber mit Transparenz und Wahrhaftigkeit nichts zu tun hat. Das wäre ein wahrlich trauriges Vorbild in einem falschen Trauerspiel. Deshalb musste es für Martin und Thomas stattdessen das Ziel sein, nach der Mission die dann konkretisierte Vision anschlussfähig zu machen an die Realität, wie sie nun einmal wirklich anzutreffen ist. Dafür mussten sie zuerst verstehen, wie diese Realität der Kirche in der Welt wirklich ist. Bloßes Gefühl reichte hierbei nicht aus."

„Ja, das leuchtet ein. Obwohl Gefühle uns ja nicht immer täuschen. Mein Bauchgefühl etwa ist oft ein guter Kompass in schwierigen Entscheidungen. Oder ist es vielleicht sogar manchmal so etwas wie ein Wink Gottes in mir, wenn ich mit dem Verstand mal nicht weiterkomme? Hm … ", schmunzelte *ich* mit Blick auf meinen ja überhaupt nicht vorhandenen Bauch ein wenig. „Ich kann das schon gut verstehen, was dabei der Plan war. Es braucht immer erst eine schonungslose Analyse des Ist-Zustandes, bevor ich Ziele formuliere."

Jan nickte und setzte fort: „Schönreden nutzt gar nichts. Im Gegenteil. Die Menschen haben doch offene Augen und sehen was los ist. Schluss musste sein mit Beschönigung, Vertröstung und Nebelkerzen. Auch das musste

Thomas schon mal klar sein, damit die Mission Erfolg haben und so Grundstein für die reale Vision sein konnte."

Ich stimmte Jan zu, doch mich interessierte viel mehr, wie denn jetzt das Projekt konkret ans Laufen kam: „Also wie stellte es Thomas nun an? Hat er direkt losgelegt mit Befragungen und Feldforschung? Hat er soziologische Studien gelesen oder erstellt? Oder dogmatische Texte studiert? Hat er zuerst mit passenden Bibelzitaten Überschriften für die Arbeitspakete seines Planes gesammelt? Oder hat er sich erstmal ausgiebig mit allen möglichen Experten beraten, wie er es am besten angehen könnte?"

Jan blickte konzentriert und sagte: „Nun, die Zeit war ja eng abgesteckt. Nach einem Jahr mussten Ergebnisse vorgelegt werden. Natürlich durfte das Ergebnis der Mission nicht im Widerspruch stehen zur Botschaft Jesu, und es sollte die Vorgaben des Bischofs einhalten. Ansonsten gab es keine Bedienungsanleitung für eine Mission dieser Art. Da musste Thomas sich wirklich als Pionier bewähren. Hierzu hatte er kein neues Studium bemüht. Dazu war keine Zeit. Er vertraute auf den Heiligen Geist, ihm zu helfen, seinen Verstand im Geist der Liebe Gottes einzusetzen, und in dieser Perspektive zu sehen, zu urteilen und danach zu handeln. Manch einem mag das zu undogmatisch sein, anderen dagegen zu fromm. Aber so ist Thomas nun mal. Sein Gebet zum Heiligen Geist hatte ihm in seiner Zeit als Missionar in aller Welt schon oft geholfen, wenn er mit der bloßen Vernunft nicht weiterkam. Er braucht einen gewissen Mut zur Lücke, oder anders: naiv anmutendes Gottvertrauen. Das war der am Ende aber gar nicht so hohe Preis, wie der Erfolg in der Praxis ja inzwischen beweist."

Trotz meiner grundsätzlichen Sympathie zu dem Ganzen passte mir ein Aspekt in diesem ganzen Planen nicht. So warf *ich* ein: „Nun ja, wenn man zuerst geheim eine solche Mission durchführt und am Ende alle anderen vor vollendete Tatsachen stellt, dann fühlen diese sich doch zurecht ausgebootet. Da ist doch so viel Kompetenz auch im Bistum vorhanden, die dann einfach nicht mit einbezogen wird. Ist das nicht ein sträfliches Versäumnis? Dann zieht auch am Ende keiner mit, wenn es bei Gegenwind oder der Umsetzung einmal wirklich hart auf hart kommt. Und die wichtigen Energien, die wir eigentlich für eine große Verlebendigung des Glaubens brauchen, die werden in inneren Streitereien und Frust sinnlos verzehrt. Wäre es nicht viel klüger gewesen, die Gremien und viele Menschen im Bistum von Anfang an in diese Mission miteinzubeziehen? Das stärkt doch Identifikation und Zusammenhalt."

„Ja, das ist natürlich grundsätzlich wahr", meinte *Jan*. „Genau das hatten Martin und Thomas auch vor, aber erst dann, wenn die Zeit dafür gekommen war. So haben sie es später auch getan. Nach diesem einen Jahr wurden gerade die Experten mit ihren unterschiedlichen Erfahrungen zusammengerufen und mit ihnen über die Konkretisierung der Vision beraten. Aber das war dann eben erst der zweite Schritt. Bevor Thomas die Ergebnisse dem Bischof, den Experten und dann allen Menschen im Bistum einladend vorstellte, sollte diese schon Kontur haben. Sonst wäre die Idee wohl schon vom ersten Moment an verformt worden, etwa durch alle vorauseilenden Bedenken und nicht immer uneigennützigen Interessen der Kritiker. Auch einige als Selbstdarsteller bekannte, lautstarke Wortführer hätten da mitgemischt. Dieses Risiko war Martin zu groß. Natürlich hätte er es auch anders machen können. Doch für den Bischof galt, dass es behutsam den Kairos zur Transparenz abzupassen galt. Dieser musste zwei Wirkungen vereinen: Einen Weg für die Vision bahnen und auf diesen Weg dann damit identifizierte Menschen mitnehmen. Schließlich waren es ja gerade die Gläubigen gewesen, die mit dem Namen der neuen Diözese ihrem neuen Bischof den visionären Auftrag mitgegeben hatten. Diesem Wunsch fühlte sich Martin verpflichtet. Ihm war dabei klar: Bloße Wasserstände und Stückwerk begeistern die Menschen nicht. Sie laden, werden sie ungelegen bekannt gemacht, vielmehr alle Lobbyisten und sich wichtig nehmenden Redner ein. Genau diese Foren, bei denen alle über alles von Anfang an mitreden, haben in den letzten Jahrzehnten viel Frust und Stillstand gebracht. Nachhaltige Visionen kamen dabei nicht heraus. Wenn hundert unterschiedliche Themen erste Priorität haben, weil es hundert Lobbygruppen gibt, die sich alle ganz oben wiederfinden wollen, dann ist am Ende gar nichts gewonnen außer schönen Worten auf schönem Papier. Aus manchen Fehlern der Vergangenheit hatte Martin gelernt."

„Das kannst du natürlich nicht so einfach pauschalisieren", wandte *ich* ein. „Ich bin sicher, dass viele der früher an solchen Änderungsprozessen der Kirche Beteiligten die Botschaft Jesu ganz ehrlich und ganz fest in ihrem Herzen tragen. Aber hie und da könnte sowas von dem, was du vermutest, tatsächlich mitgeschwungen haben. Das stimmt. Gegen deine Kritik an manchen Prozessen der letzten Jahrzehnte könnte aber schnell eingewandt werden, dass ein solches Verhalten der Beteiligten ja ganz in der Natur der Sache liege. Wenn ich also etwa als Delegierter mit Leib und Seele Vertreter eines Verbandes bin, warum sollte ich dann nicht für dessen Perspektive und Position parteiisch eintreten. Ich meine sogar, das muss man wohl so machen, um sich selbst in einer solchen Rolle treu zu sein."

Jan hielt dagegen: „Ja, aber genau, weil das so ist, wie du es beschreibst, deshalb hat Martin diesen Weg gerade nicht so gewählt. Denn die Gefahr, immer wieder in diese gleiche Falle zu tappen, ist einfach zu groß. Und der neue Weg, den er damals einschlug, sollte gerade auch den Frust vermeiden, der dadurch entsteht, wenn diese Menschen mit redlichem Glauben am Ende enttäuscht werden durch aufgeblähte Stellungnahmen, die im wahrsten Sinne des Wortes auf Konferenzen verabschiedet werden. Denn diese Engagierten sind ja nicht dumm und erkennen schnell eine solche Mogelpackung: Wenn zwar ein Zitat oder eine Forderung von ihnen da in einem Kommuniqué oder einem Abschlusspapier mit aufgenommen wurde, diese am Ende aber in der Praxis kaum oder keine Bedeutung hatten, dann war und ist das nie ein Grund zur Begeisterung. Die Vision sollte dagegen diesmal auf eine andere Weise konkret werden. Über den Weg der Mission sollten am Ende möglichst wenig Frust erzeugt und dann schließlich möglichst alle Katholiken des Bistums mitgenommen werden."

Ich bemerkte dazu noch einmal kritisch: „Aber, das scheint mir wohl sicher, dieses Vorgehen von Martin wurde aus basisdemokratischer Sicht natürlich trotzdem nicht bei allen gerne gesehen. Und ob die dann am Ende sich wirklich überzeugen und auch mitnehmen ließen?"

„Nun ja, die ganze Geschichte mit der Entstehung von allem ist ja schon über zwanzig Jahre her", so *Jan*. „Und der Erfolg, den ich heute sehe, gibt diesem Weg doch recht. Das von dir beschriebene Risiko hatte Martin bewusst in Kauf genommen. Alle mitzunehmen, das wird ohnehin niemals gelingen, ohne nicht völlig konturenlos zu werden. Je mehr eigenes Profil die Vision gewinnt, und das meine ich für Methode und Inhalt gleichermaßen, umso eher stoßen sich Menschen daran und wenden sich auch schon mal ab. Ein aussagekräftiges Profil war ja gerade das Ziel der Vision, deren Herausforderung darin bestand, trotz erkennbarer Kontur und Orientierung möglichst viele mitzunehmen. Das ist die Verantwortung des Hirten. Das war dann am Ende also die schwierige Aufgabe von Bischof Martin, das zu bewerkstelligen."

„Nun könnte man aber doch", wandte *ich* ein letztes Mal ein, „eine Art Diskurs veranstalten – nach den Regeln der gleichnamigen Ethik von Jürgen Habermas und anderen. Man hat dann am Anfang eine klare, nicht triviale und normative Fragestellung, also etwa die: ‚Sollen sich die Christen von heute mehr an einer säkular anerkannten Ethik orientieren oder ihrer eigenen Tradition, die aber viele nicht teilen?' Dann redet man allein mit Vernunftargumenten so lange fair miteinander, bis sich alle von der Frage Betroffenen auf eine Antwort einigen. So hat man alle im Boot und am Ende auch eine klare Position. Das wäre doch eine gute Alternative zu Martins Plan gewesen."

Jan lächelte etwas mitleidig und meinte: „Genau diese gut gemeinte Idee lag doch all den so aufwendigen Diskussionsprozessen der Kirche in den letzten Jahrzehnten zugrunde. Klare christliche Orientierungen, die begeistern, habe ich da bislang nicht gelesen. Deshalb ist die Diskursethik auch ein überholtes Instrument aus dem Nostalgie-Baukasten der Moderne, für Fragen einer Theologie von heute völlig ungeeignet. In der realen Diskussion – auch in der Kirche – spielen Macht und Abhängigkeiten leider die entscheidenderen Rollen als bloße Vernunft. Dieses Forum herrschaftsfreien Argumentierens mit allen, bis alle am Ende in einem Konsens übereinstimmen, ist welt-

fremd. In die Praxis umgesetzt führt das zu wenig aussa-
gekräftigen Allgemeinplätzen. Aber selbst wenn das nicht
so wäre, wenn wir also tatsächlich am Ende eine klare Orientierung hätten, bleibt die Frage: Was ist überhaupt dieses höchste Kriterium der Vernünftigkeit im Diskurs? Woher kommt seine Legitimation? An ihm hängt am Ende die
Rechtfertigung für den gefundenen Konsens. Dürfte dann
etwa im Namen der Vernunft auch die Dreieinigkeit Gottes oder die Auferstehung von den Toten in einem Kon-
senspapier abgeschafft werden? Ein solcher Vernunftbe-
griff, wie ihn die Diskursethik unterstellt, bleibt am Ende
doch selbst für eine Selbstaufgabe des Christ-Seins ergebnisoffen, weil es außer den postulierten Diskursbedingun-
gen keine inhaltlichen Vorgaben geben darf. Auch deshalb
ist ein solches Procedere für die Entwicklung einer kirchlichen Vision völlig ungeeignet. Die Glaubensperspektive
stellt die Grundbotschaft Jesu vor die Klammer des Dis-
kursverfahrens: Der Glaube und die Vernunft widersprechen sich dabei nicht. Aber der rechte Vernunftgebrauch
setzt den Glauben voraus. Das ist also eine die Vernunft
leitende Haltung der Liebe zum dreifaltigen Gott. Ich
finde, Papst Benedikt hat das schön in seiner Enzyklika
‚Caritas in Veritate' beschrieben.“

Ich wollte jetzt nicht noch weiter in den methodischen
Dingen herumstochern oder gar in eine Diskussion der Enzyklika abweichen. Ohne Jan zu verärgern, wollte ich lieber wieder zur Geschichte der Vision Utopia kommen.
Deshalb versuchte ich, behutsam zurück zum eigentlichen
Thema zu finden: „Da hast du völlig recht. Und deshalb ist
es auch für mich völlig plausibel zu sagen, dass man für
den Entwurf einer Kirchenvision nicht deren wesentlichen
inhaltlichen Grundpfeiler selbst zur Disposition stellen
muss. Dann schafft sich die Religion ja womöglich im

Verfahren selbst ab. Für dieses Projekt von Martin und Thomas kam eine solche Option von Vorneherein ja nicht in Frage. Es scheint mir deshalb viel überzeugender, ganz in deinem und deren Sinne zu sagen: Vernunft setzt den Glauben voraus. Schließlich hat das ganze Projekt ja zweifellos etwas Apologetisches, und das meine ich gar nicht negativ."

„Stimmt natürlich", so *Jan*. „Beim Wort ‚apologetisch‘ schwingt aber immer so etwas von Kreuzzügen o.a. mit. Das ist natürlich Unsinn. Für Martin und Thomas ist diese Perspektivität völlig selbstverständlich: Aus Sicht von Kirche ging es ihnen ja darum, diese Kirche wieder lebendiger zu machen. Was ist daran verwerflich? Oder sollte die Kirche etwa ihrem Abbruch zusehen oder ihn noch applaudierend begleiten oder im Diskurs begründen? Das wäre doch absurd. Also, wer gläubiger Christ ist, kann sich doch nur darüber freuen, wenn der persönliche Glaube, der das eigene Leben maßgeblich prägt, jetzt wieder Menschen gewinnt und einladend anspricht, gerade in einer Zeit zunehmender Orientierungssuche. Das alles ist kein Angriff auf andere, sondern allein ein Angriff auf den eigenen Untergang."

„Ja", meinte *ich*, „das ist völlig richtig. Jetzt hatte ich dich ein wenig abgebracht mit all meinen kritischen Nachfragen. Nun lass uns aber wieder auf das Realwerden der Vision in Utopia schauen. Wie nahm alles seinen weiteren Lauf?"

Jan war über diesen Schwenk zur eigentlichen Geschichte von Mission und Vision sichtlich erleichtert. Er sortierte sich kurz, und setzte dann wieder neu an: „Stimmt, wir sind etwas von der Geschichte abgekommen. Tut mir leid. Aber zum Verstehen des Ganzen war es vielleicht doch hilfreich für dich, auch solche Dinge mal zu beleuchten.

Also, wo war ich doch gleich stehen geblieben? Ja, ich weiß es wieder: Es ging darum, wie Thomas jetzt seinen Auftrag angehen sollte. Ganz alleine wollte und sollte er seine große Mission denn auch nicht bestreiten. Das hatte der Bischof ihm ja auch geraten und die dafür entsprechenden Mittel zur Verfügung gestellt. Deshalb suchte sich Thomas zunächst zwei enge Vertraute. Das waren Freunde, die – das wusste er – kein Blatt vor den Mund nehmen. Auch durfte ja nichts von den ersten Planungen nach außen dringen. Das waren die Bedingungen, nach denen Thomas damals sein kleines, aber noch nicht vollständiges Team aufstellte."

3. Vom Missionar und seinen Gefährten

Jan kam jetzt richtig in Fahrt: „Bald nach dem Treffen mit Martin rief Thomas also an einem sonnig kalten Novembernachmittag zwei seiner besten Vertrauten zu sich in sein schönes Heimat-Kloster am Fluss. Auf die beiden hatte er sich schon seit langer Zeit in den verschiedensten Etappen seiner Seelsorge als Missionar immer wieder verlassen können.

Micha und Gabi

Beide kannten sich und Thomas über viele Projekte. Durch Dick und Dünn waren sie miteinander gegangen. Sie haben viele für die Mission sehr geeignete Qualitäten: Manche davon haben sie gemeinsam, andere zeichnen sie individuell als je eigene Charakterköpfe aus. Sie sind menschliche Vorbilder, orientieren sich in ihrem Denken, Handeln und Bewerten am christlichen Bild vom Menschen und an der uns von Gott gegebenen unbedingten Würde. Sie haben keine verdeckten egoistischen Interessen und Karrierepläne. Sie sind weder Narzissten noch Nepoten, sind vielmehr ehrlich empathisch, haben Neugier und Freude am Leben sowie am Glauben, pflegen eine lebendige Beziehung zu Jesus Christus in Gebet, Liturgie, Handeln und Reden, können scharf und fokussiert Begegnungen und Beziehungen beobachten und mit Verstand, Gefühl und Gottvertrauen deuten. Sie wollen leidenschaftlich mit am neuen Gesicht der Kirche Utopia bauen. Im Letzten vertrauen beide – wie Thomas – vor allem dem Heiligen Geist mehr als sich selbst, Geld, Öffentlichkeit und Macht. Neben diesen gemeinsamen Eigenschaften sind Micha und Gabi doch auch ganz eigene Typen.

Micha war inzwischen Referent in einem kirchlichen Bildungswerk. Er galt schon damals als unkonventionell und hitzköpfig. Deshalb wurde er auch offen angegriffen. So hatte er in einem Interview über die Zukunft kirchlicher Berufe darauf hingewiesen, dass die Zahl von Verstößen gegen den Zölibat und die Zahl von Homosexuellen im kirchlichen Dienst nach seiner Beobachtung ziemlich hoch sei. Das einfach zu verschweigen und wegzuschauen, war nicht Michas Art. Statt solche vermeintlichen Fakten zu leugnen, sollte es endlich klare Orientierungen geben, wie die Kirche mit dieser Realität umgehen wolle, im Dienst der Menschen und des Evangeliums. Auch hatte er im Zuge des Missbrauchsskandals vor einer Pauschalverurteilung kirchlicher Bildungseinrichtungen und Ferienangebote gewarnt. Für beide Meinungen gab es von unterschiedlichster Seite Prügel. Seitdem hatte sich Micha zurückgehalten mit öffentlichen Äußerungen. Micha ist kein Diplomat, sagt gerade raus, was er denkt, schafft Dinge weg statt lange zu debattieren und ist eine zu 100 % treue Seele.

Gabi ist dagegen diplomatisch geschult. Sie bringt einige Jahre an Erfahrung in der Arbeit öffentlicher und kirchlicher Verwaltung mit. Gabi ist evangelisch und hatte schon einige Jahre in der Finanzabteilung eines großen diakonischen Trägers gearbeitet, und dann mit weitgehenden Kompetenzen in der Personalabteilung eines katholischen Bistums. Das hatte sie damals sehr überrascht, dass sie diese Stelle bekam. Der Personalchef des Bistums hatte ihr gesagt, ihm komme es vor allem darauf an, Personalarbeit zu machen, die vom Geist Jesu beseelt ist und natürlich eine Sympathie für die Eigenheiten des Katholischen mitbringt. Und das konnte man von Gabi wirklich sagen. Viele Lehrgänge zum Thema Kommunikation, Mediation und Coaching hat sie durchlaufen und ist als Referentin in diesem Bereich hoch begehrt. In all ihrem rhetorischen Geschick weiß man trotzdem immer, wo man dran ist. Gabi konnte und kann professionell verschiedene Rollen einnehmen. Dabei gibt sie niemals die ihr wichtigsten Grundwerte und Positionen auf. So hat sie es etwa selbstverständlich abgelehnt, als Mediatorin in einem esoterischen Schamanenseminar in Holland das christliche Feigenblatt zu spielen, selbst wenn ihr dadurch eine Menge Geld durch die Lappen ging. Die Vision im Bistum Utopia hat für sie eine ökumenische Perspektive, da sie alle christlichen Kirchen aufrütteln könnte. Gabi sollte die Finanzen im Missionsprojekt unter ihre Fittiche nehmen.

Micha und Gabi hatten sich bei der Anfrage von Thomas erstmal grundsätzlich interessiert gezeigt, auch wenn sie noch mächtig gespannt waren, worum es eigentlich konkret gehen sollte."

Jans Empathie mischte sich beim Erzählen immer mehr mit Sympathie, so dass ich mich beim Zuhören gerne fallen ließ und mir so in meinen Gedanken vorstellte, ich hätte das alles selbst miterlebt. Ich tauchte, wie bei einer Traumreise, mit ein in dieses Kaffeetreffen, griff zu dem von mir besorgten Teilchen auf dem Tisch und lauschte. Jan erzählte auch über Details, die er eigentlich gar nicht wissen konnte. Doch auch das vermeintliche Beiwerk störte mich überhaupt nicht. Denn es regte meine sich langsam warmlaufende Phantasie weiter an. Ich blieb eine Weile ruhig, so wie ein braver Zuhörer bei einer Autorenlesung. *Jan* schien jetzt selbst jeweils im Wechsel in die Rollen von Thomas und seiner Gefährten zu schlüpfen:

TREFFEN VON THOMAS, MICHA UND GABI
(NOVEMBER 2020)

„Als Micha sich bei dem Treffen der Drei an das erste Stück Kuchen machte, erklärte *Thomas* seinen Plan. Er kam direkt zur Sache, berichtete zuerst von der Vision und den Vorgaben des Bischofs und resümierte nach seiner ersten Einführung programmatisch und nicht ganz ohne Pathos:

‚Die uns mit dem Bischof verbindende Vision ist eine begeisternde und begeisterte Kirche Utopia. Wir haben den Auftrag, mit unserer Mission dafür den Weg zu bereiten. Wenn wir dieses Vorhaben jetzt konkret angehen wollen, sollten wir möglichst schon mit der Vision im Hinterkopf die christliche Glaubenskultur in unserer Gesellschaft betrachten, und zwar, wie sie wirklich ist. Wir brauchen eine ehrliche und schonungslose Analyse, wie es um uns Christen und unsere Strahlkraft hier und heute bestellt ist. Wir schauen dabei zunächst auf die katholische Kirche, aber nicht ausschließlich. Denn manche Probleme und Chancen sind ökumenische Gemeinsamkeit. Wir beschönigen nichts, reden die Wirklichkeit aber auch nicht schlechter als sie ist. Die Ergebnisse unserer Forschung sind dann kein Grund zu einer noch tieferen Depression. Im Gegenteil: Sie sind der motivierende Ruck anzupacken und etwas zu verändern, und zwar nicht in wilden Aufbruch-Phantasien oder Aktionismus. Unser Ansatz ist vielmehr der Humus, der da ist, damit die reale Vision darauf wachsen kann. Wir müssen genau in derjenigen Furche ansetzen, in der wir jetzt nun einmal drinstecken.

> **Der Plan von der Idee über die Mission zur realen Vision ist folgender:**
> 1. Zunächst geht es um eine Offenlegung der sichtbaren Phänomene, die jeder Sehende ohne große Recherche erkennen kann. Das ist in einem ersten Schritt bloß eine Sammlung von Fakten, ohne schon groß nach dem ‚Warum' zu fragen.
> 2. Anschließend kommt unsere konkrete Mission! Die soll die Warum-Frage in den Mittelpunkt stellen.
> 3. Unsere Ergebnisse der Mission fließen dann in den Forschungsbericht ein. Diesen legen wir in zwölf Monaten dem Bischof vor, der
> 4. auf diesem Boden seine Vision für die Wirklichkeit konkretisieren und umsetzen will und wird.'

Gabi antwortet: ‚Der Weg zum Ziel erschließt sich also Schritt für Schritt. Im Studium habe ich gelernt, dass wir verschiedene Bausteine definieren müssen und dabei das Ziel immer im Blick behalten sollen. Das Ziel unseres Projekts ist, dass der Bischof auf Grundlage unserer Arbeit seine Vision mit einiger Erfolgsaussicht in die Tat umsetzen kann. Wir müssen dazu nicht die strategischen Netzwerke knüpfen. Das macht er selbst. Wir liefern den inhaltlichen Stoff, also eine qualitative Bewertung zur aktuellen Glaubenskultur und mögliche Ansätze für eine Brücke zur realen Vision. Die Ausgestaltung unserer Bausteine kann sich im Verlauf des Planes neu justieren. Diese Offenheit müssen wir uns behalten. Dann verstehe ich es so: Unser Ziel ist die neue begeisternde Kirche Utopia. Daran mitzuarbeiten, dafür sind wir bereit! Der erste Baustein ist eine Ist-Analyse der offensichtlichen Fakten. Der zweite Baustein, also die Mission, muss dann darauf aufbauen. Und in einem Jahr präsentieren wir im dritten Baustein Bischof Martin unser Ergebnis. Wir sollen dabei schon mit dem ersten Baustein am Anfang nicht nur die offensichtliche Krise der Kirche analysieren und Gründe dafür ausfindig machen. Lasst uns auch ganz ausdrücklich Ansätze und mögliche Gründe für eine erfolgreiche Umsetzung der Vision identifizieren. Sonst verstricken wir uns schnell in einer Negativspirale. Und dann fehlt einer möglichen Vision der Anschluss an die Wirklichkeit. Jetzt brauchen wir aber auch einen Zeitplan mit entsprechenden Puffern und Risiken für unser Projekt.'

‚So machen wir es', stimmte *Micha* energisch zu: ‚Der grobe Zeitplan ist vom Ende her ja schon vorgegeben. In einem Jahr erwartet der Bischof den von uns erarbeiteten Forschungsbericht. Für den ersten Baustein gebe ich uns jetzt zwei Wochen. Dann treffen wir uns hier wieder, und wir machen uns dann an den zweiten Baustein. Entschuldige, Gabi, aber ich bin etwas altmodisch und spreche jetzt lieber weiter von Schritten als von Bausteinen. Bist mir nicht böse, oder?'

Er sah in ein breites Grinsen auf Gabis Gesicht. Ihr waren diese Namen gleichgültig. Ob es in Bausteine oder Schritte eingeteilt ist, das tat inhaltlich ja gar nichts zur Sache. Thomas schmunzelte mit. Alle hatten sich verstanden.

Thomas fuhr fort: ‚Der zweite Schritt wird unsere gemeinsame Mission sein. Wir ziehen dann in die gelebte Kirche im ganzen Land. Aber das erkläre ich euch später genauer. Diese Mission wird einige Zeit in Anspruch nehmen. Denn wir wollen und sollen dabei eintauchen in das gelebte

Glaubensleben. Die Ergebnisse davon tragen wir spätestens nach zehn Monaten zusammen und entwerfen auf dieser Grundlage und im Spiegel unseres Glaubens ein entsprechendes Dossier für den Bischof. Das wäre also der grobe Zeitplan. Beginnen wir heute mit unserem ersten Schritt! Lasst uns dabei erst einmal offen auf den Tisch legen, wie wir die Krise um die Strahlkraft unserer Kirche im Moment sehen. Wir benötigen auch ein erstes Tableau möglicher positiver Phänomene, die ein Samen sein könnten für die reale Vision. Das hat Gabi zurecht betont. Für unseren ersten Schritt brauchen wir neben unseren wachen Augen, unserem Glauben und unserem gesunden Menschenverstand auch eine Sichtung von Literatur und Studien zu dem Thema. Dies kann in der Kürze der Zeit nicht den Anspruch von Vollständigkeit erheben.'

Micha wollte jetzt unbedingt etwas loswerden, das nicht ohne Emotion: ‚Zu dem Forschungsproramm möchte ich Folgendes anmerken: ‚Unsere Mission ist Forschung mit kirchlicher Perspektive. Wir stellen ja keinen öffentlichen Forschungsantrag, der höchsten wissenschaftlichen Ansprüchen und zudem den damit verbundenen weltanschaulichen Vorgaben entsprechen müsste. Das würde die Freiheit unserer Forschung unnötig einschränken. Denn dabei werden auch Hürden aufgebaut, die voller Werturteile sind und die uns von Vorneherein ausschließen würden. So ist es ja inzwischen zum Beispiel Usus, dass öffentlichen Forschungsanträge in Deutschland und in der EU geschlechtergerecht im Sinne der Gender-Perspektive sein müssen. Ansonsten wird man sofort herausortiert. Eine solche Denkvorgabe machen wir uns nicht zu Eigen. Denn wir wollen frei bleiben in dem, was wir wie sehen und deuten, und uns nicht vorschreiben lassen, welche ideologische Brille wir dazu vorher aufsetzen müssen. Schon allein mit unserem Thema und kirchlicher Perspektive kämen wir ohnehin nicht durch. Denn so etwas gilt – anders als etwa die Gender-Brille – im Sinne öffentlicher Neutralität ja inzwischen als tendenziös und hat deshalb keine Aussicht auf Förderung. Auch, das sei noch kurz erwähnt, sind mir die Richtlinien großer Unternehmen bekannt, die im Rahmen ihres so genannten ihres Spendenmarketings, die Förderung kirchlichen Engagements ausdrücklich ausschließen. Vielleicht sollte man so eine Diskriminierung auch einmal öffentlich anprangern. Denn in solchen Konzernen arbeiten viele Christen, die um die tendenziösen Vorgaben ihres Arbeitgebers nicht wissen. Zu diesen und ähnlichen Fragen können wir ja gemeinsam vielleicht im Laufe der Mission noch mehr herausfinden, wenn wir durch die Lande ziehen. Ernüchternd sind solche öffentlichen und privaten Restriktionen, mit denen die Kirche beschnitten wird. Denn eine lebendige Kirche trägt doch auch zum sozialen Frieden unseres Gemeinwesens bei. Das ist jedenfalls meine Meinung. Und warum eine christliche Sicht als abstoßend tendenziös gilt, andere Sichtweisen aber nicht, das scheint mir auch eine Schieflage so genannter freier Forschung, mit der das Wertegerüst unserer Gesellschaft schleichend verschoben wird. Dabei gründen unsere Ordnung und Verfassung doch genau auf solchen christlichen Werten, die unsere Ordnung eben nicht aus sich selbst hervorbringen kann. Aber erstmal Schluss damit.

Was ich vor allem sagen will: Wir unterwerfen uns nicht den inhaltlichen Engführungen von außen für unser Forschungsprojekt. Diese Freiheit bewahren wir uns andererseits aber genauso gegenüber einer übereilten Vorsicht vor möglichen Konflikten unserer Thesen, Erkenntnisse und deren Konsequenzen. In unserer Forschung darf und soll es darum gehen, in geschütztem Raum Neues und Altes

möglicherweise wieder neu zu denken, selbst wenn es
nicht jedem passt. Es darf dabei nicht jeder Wasserstand
unseres Austauschs an die Öffentlichkeit kommen, um
dann zerredet zu werden. Am Ende in der Planung der Realisierung müssen wir dann natürlich klug und gemeinsam
mit Martin abwägen, was geht und was nicht, vor allem
auch hinsichtlich seiner Vorgaben, die Kirche nicht neu zu
erfinden. Das wollen wir ja auch gar nicht. Unsere Freiheit
im Denken und Erkunden haben wir in unserem Projekt
also – unter den gegebenen Bedingungen – jenseits von
äußeren und inneren Denkverboten oder -vorgaben. Das
lässt viel Raum für manche bislang zu wenig entfaltete
Kreativität, Ehrlichkeit und Überraschung.

> Mein erstes Fazit an dieser Stelle ist also: Wir bekennen
> uns durchaus zu einer Perspektive, die man einseitig
> nennen kann. Diese ‚Einseitigkeit‘ besteht
> 1. in unserem gemeinsamen Bekenntnis zum Glauben
> mit einem hoffend-natürlichen Gottvertrauen, wenn ich
> es so nennen darf; und
> 2. in dem Ansinnen, der von uns wahrgenommenen
> Krise der Kirche auch ohne Rücksicht auf Befindlichkei-
> ten ein Ende zu setzen.‘

Thomas griff die emotionalen Gedanken von Micha mit
einem erkennbar ruhigeren Ton auf: ‚Es stimmt. Perspektivität ist unserer Forschung zu eigen. Das heißt aber nicht,
dass wir das Rad einer Ist-Analyse von Kirche und Glauben neu erfinden müssen. Das würde uns viel zu viel Zeit
rauben. Deshalb können wir auch auf andere Beobachtungen und Analysen zurückgreifen, die wir aber natürlich
nicht einfach kritiklos nachbeten. Vielmehr wollen wir sie
im Licht unserer Perspektive lesen, also der Liebe zum

dreifaltigen Gott und einer daran orientierten Vision für den Menschen. Das heißt für unsere Recherche: Schonungslose Offenheit für auch uns unbequeme Einsichten und dabei gleichzeitig das Herausfiltern von offen oder verdeckt anti-christlicher Agitation. Denn solche verfolgt ein ideologisches Ziel, das unserem entgegensteht.'

Gabi hakte ein: ‚Auch mal zu sehen und zu wissen, was der erklärte oder verdeckte Gegner über uns denkt, kann wohl auch hie und da für die eigene Analyse hilfreich sein, sofern es wissenschaftlich sauber ist. Dass wir uns die Situation der Kirche dabei nicht etwa von der Giordano-Bruno-Stiftung oder der Humanistischen Union erklären lassen, liegt auf der Hand. Trotzdem möchte ich noch eine Perspektive ergänzen. Wenn wir also einerseits solche einseitig gefärbten Belehrungen derer ausklammern, die uns am liebsten von der Landkarte beseitigen, dann gilt das konsequent aber auch für eine unreflektierte Kirchenromantik. Wir dürfen uns auch nicht blenden lassen von rosarot gefärbten Darstellungen, die alles schönreden, nur um die verbliebenen Christen mit vorgegaukeltem Glücksgefühl noch irgendwie bei Laune zu halten. Denn auch das ist eine tendenziöse Verfälschung, die uns ablenkt. Uns geht es um den sauber zu analysierenden Ist-Zustand des gelebten Glaubens in unserer Kirche. Auch schwärmerische eschatologische Spekulationen haben hier dann keinen Platz.'

Thomas stimmt zu: ‚Du hast natürlich recht. Das hätte ich fast vergessen. Ihr seht, wie fehleranfällig unser junges Projekt bleibt. Aber gemeinsam sind wir ein starkes Team. Diese Stärke müssen wir uns behalten für unsere Mission. So fordere ich euch auf, immer sofort einzuhaken, wo etwas unvollständig oder missverständlich erscheint. Gabis

Hinweis ist genau richtig. Und wenn wir ihn mitberück-
sichtigen, haben wir einen guten ersten Filter für den ersten Schritt. Den damit übrig gebliebenen Ergebnissen halten wir anschließend gemeinsam den Spiegel unseres groben Visionszieles vor. Wir fragen einerseits: Wo sehen wir
welche Krise? Wo besteht welche Hoffnung? Und andererseits fragen wir analog: Warum besteht diese Krise?
Wie kann ich welche lebendige Hoffnung mit guter Erfolgsaussicht möglicherweise für die zu realisierende Vision weiterführen? Was zählt, ist am Ende dieses kleinen
Schrittes zu Beginn unser erster Gesamteindruck. Er ist die
Grundlage für unsere Ausgangshypothesen. Und da setzt
dann die Mission im zweiten Schritt des Projektes an. Also
los, versuchen wir es mal zu sammeln, was uns offensichtlich ins Auge fällt. Und dann treffen wir uns in zwei Wochen wieder hier und stellen unsere Ergebnisse zusammen.
Über mögliche Risiken im weiteren Zeitplan sprechen wir
dann auch. Dann legen wir ja anschließend direkt mit dem
zweiten Schritt los, der konkreten Mission ins gelebte
Christ- und Kirche-Sein in unserem Land.'

Ja, das war erstmal das Ergebnis beim ersten konstitutiven
Treffen der drei mit einer Art Kontrakt am Ende."

Jan machte eine kleine Pause. Das weckte mich auf aus
meinem Hörgenuss. Und schon musste ich doch etwas
Wasser in den Wein dieser so leidenschaftlichen Erzäh-
lung gießen, indem *ich* bemerkte: „Die Standards öffentlich geförderter Projekte und auch kircheninterne Absi-
cherungen nach allen Seiten haben die Drei nicht zugrunde
gelegt. Das könnte man ja, wenn man so will, auch als eine
Art Arroganz oder Harakiri deuten. Sie glaubten also, was
Besseres zu sein und schafften sich so ihre eigene Objek-
tivität. Das riecht auch nach Ideologie, die sie anderen vor-
werfen. Wie das wohl der Bischof sieht?"

Jan entgegnete: „Der Bischof hatte Thomas ja ganz bewusst freie Hand gelassen in der Wahl seiner Methode. Seine Meinung konkret dazu wurde nicht eingeholt. Für eine Forschung in eigener Sache eigene Maßstäbe anzulegen, das halte ich gar nicht für unwissenschaftlich oder problematisch. Leidenschaftliche Kirchenleute wollen die Krise der Kirche mit einer ‚Vision Utopia‘ überwinden. Das ist doch legitim. Dass die Kirche darüber hinaus einen Dienst am Gemeinwohl leistet, der mehr öffentliche Förderung verdiente, darüber ließe sich sicher streiten, auch über Thomas‘ soziologische Thesen zu schleichenden Werteverschiebungen. Aber all das tangiert ja nicht die grundlegende Perspektivität dieses Missionsprojektes."

„Gut", entgegnete *ich*, „es bleibt natürlich der Beigeschnack einer selbst gebastelten Methodologie. Die könnte man sozialwissenschaftlich vermutlich schnell auseinandernehmen. Aber ich verstehe natürlich schon, dass das ja gar nicht der erste Anspruch von Thomas und seinen Gefährten war. Also jetzt lass mal schauen, was bei dem zweiten Treffen herauskam. Ich kann mir denken, dass vieles davon aus unserer Sicht gar nicht so sehr überraschend war."

Jan schwang sich schnell wieder ein in seinen so angenehmen Redemodus, der mich in Gedanken wieder mit auf die Reise zu den drei Missionaren nahm: „Das wirst du ja gleich sehen", nahm er meine indirekt geäußerte Frage auf. „Aber ein wichtiges Detail dieses ersten Treffens hatte ich noch ganz vergessen. Als Micha und Gabi offensichtlich Feuer gefangen hatten von der großen Idee und dem Ausblick auf die Mission im Dienst der Vision, hatte Thomas noch eine Überraschung im Köcher gehabt. Denn er suchte noch nach einem vierten Verbündeten in der Runde. So frage er die beiden beim Abschied, ob sie ihm dafür einen guten Vorschlag unterbreiten könnten. Er selbst hatte zuerst eigentlich an Karl gedacht. Der hatte Thomas eine Menge zu verdanken. Das eine oder andere Mal hatte er ihm schon Türen geöffnet, so dass er inzwischen eine einflussreiche Position im Pressebereich hatte. Er würde also sicher helfen, wenn er zur Mitarbeit bei der Mission gefragt würde. Er würde auch ganz bestimmt bei Meinungsverschiedenheiten im Team Thomas in seinen Ansichten unterstützen. So wäre auch sichergestellt, dass er, Thomas, gar nicht erst in die Bredouille kommen könnte, die Zügel im Missionsprojekt einmal aus den Händen zu verlieren. Zugleich könnte Karl vielleicht das ganze Projekt beizeiten pressemäßig gut platzieren mit den entsprechenden Akzenten. Er wäre also im Verlauf der Mission unterm Strich ein zweifellos loyaler Helfer und guter Promotor für Thomas. Diese verlockende Idee präsentierte Thomas dann doch nicht. Denn in diesem kleinen Team sollte kein Platz sein für Machtspielchen. Und wenn einmal im Verlauf des Missionsprojektes die anderen Thomas überstimmen sollten, so müsse er es eben mittragen oder aussteigen, wenn eine entsprechende Entscheidung gesinnungsethisch seine eigenen Grundwerte schwer verletzen würde. Wenn dagegen mit Strategie mögliche Lagerbildung in Schach gehalten werden müsste, dann sei das ganze Projekt eh zum Scheitern verurteilt. Um solchem Denken gar nicht erst die Tür zu öffnen, verwarf Thomas die sonst sicher naheliegende Idee mit Karl. Dass Karl aber jetzt – also gut zwanzig Jahre später – gerade dabei ist, einen großen TV-Bericht zur Kirche im Bistum Utopia zu erstellen, spricht dafür, dass seine Talente doch noch im Dienst der Sache zum Einsatz kommen.

So brauchten also die Drei damals noch einen vierten Mit-
streiter. Nach einer kurzen Denkpause hatte *Gabi* eine
Idee. Sie schlug ihre langjährige Freundin Mia vor.

Mia

Mia sei zwar in der Kirche und Gesellschaft unbekannt
und nicht studiert, bringe aber für das Team eine ganz
eigene Perspektive mit, die für die anderen eine große
Bereicherung sei. Sie ist verheiratet und Mutter von
drei heranwachsenden Kindern. Sie habe sich viele
Antwortversuche auf Fragen des Lebens und Glaubens
über lange Erfahrungen und viele Begegnungen auch
mit ganz einfachen Menschen erschlossen. Sie sei neben so vielen positiven Erfahrungen aber auch über
mancherlei Enttäuschungen mit Menschen und auch
mit Kirche daran gereift und sehe eben so manches,
was andere nicht sehen, vielleicht unmittelbarer, direk-
ter. Für ihren persönlichen Glauben ist ein großer Wallfahrtsort sehr wichtig, der in der Nähe ihres Elternhau-
ses liegt. Dort ist sie regelmäßig und bringt ihre persönlichen Anliegen immer wieder dorthin.

Gabi hatte absolutes Vertrauen in Mia. Thomas und Micha
kannten Mia bislang zwar noch nicht, doch sie vertrauten
auf Gabis Urteil. Gabi sollte also Mia vertraulich einwei-
hen und sie zum nächsten Treffen mitbringen. Und so
machten sich die Drei wieder auf den Weg.

Gabis Überzeugungskraft war so gut, dass sie Mia nach
erstem Zögern für das Vorhaben tatsächlich gewinnen
konnte. So wurde also auch Mia schnell auf den aktuellen
Stand der Ideen, Aufgaben, bisherigen Absprachen und
Vorgaben gebracht. Unabhängig voneinander machten

sich die Vier an die Arbeit. Sie sammelten in den nächsten Tagen fleißig entsprechendes Material, sortieren es unter Berücksichtigung des vereinbarten Filters und formulierten eigene erste Grundthesen zu ihren Ergebnissen.

ZWEI WOCHEN SPÄTER AN GLEICHER STELLE (DEZEMBER 2020)

Thomas hatte das schöne Zimmer am Fluss reserviert. Leckere Lebkuchen und der besonders charakterstarke Kaffee warteten schon. Mia hatte sich schon einige Zeit vorher mit Gabi getroffen und kam überpünktlich gemeinsam mit ihr dort an. Mia stellte sich Thomas erst einmal vor. Sie machte anfangs auf ihn einen etwas scheuen Eindruck. Aber das war ja nach Gabis Bemerkungen nicht allzu überraschend. Doch bald schon taute sie auf. Es zeigte sich für Thomas schnell, dass sie von ihrem Wesen her eine ehrliche und tiefe Freude am Menschen und Glauben hat und dabei mit beiden Beinen voll im Leben steht. Das strahlte sie einladend unaufdringlich aus. Mia und Thomas berichteten sich über ihre so unterschiedlichen Wege zu einem gereiften, neugierig gebliebenen Bekenntnis und fanden darüber schon schnell zum Thema der gemeinsamen Mission. Dann kam schließlich, ein paar Minuten zu spät, auch Micha dazu. Nach dem ersten Hallo wollte Micha schon sofort mit der Arbeit loslegen. Aber Thomas ließ Raum für eine kurze Runde, in der jeder etwas über sich, seinen Glauben und seine vermuteten Stärken und Schwächen in dem ganzen Forschungsprojekt sagen konnte. Das ging ohne Kennenlern- oder Befindlichkeitsspiele. Denn dass sich die Vier im Tun nun wie von selbst kennenlernen mit ihren Stärken und Schwächen, das war eh allen klar. Dann sprach Thomas ein kurzes Heilig-Geist-Gebet. Und nun ging es also auch inhaltlich zur Sache.

Micha erklärte sich etwas zögerlich bereit, ein Ergebnis-protokoll zu erstellen. Das ist ja bekanntlich meist eine un-dankbare Mühe. Zumindest verdiente er sich damit die ers-ten Lebkuchen an diesem grauen und regnerischen Nach-mittag. So trug er also die Ergebnisse auf seinem PC zu-sammen, damit nichts verloren ging. Auch sollte diese Übersicht eine hilfreiche Folie sein für die folgenden Schritte. Alle Vier hatten viele Ideen mitgebracht, so dass Micha am Anfang kaum mitkam. Gabi übernahm dann schnell die Moderation des Ganzen und sortierte die As-pekte. Manche der Gedanken brachten mehrere oder sogar alle gleichermaßen ein. Andere Gedanken wiederum ka-men nur von einem aus der Runde. Als sie mit der ersten Runde der Thesensammlung fertig waren, warf Micha das Ergebnis der zunächst noch recht freien Assoziationen mit dem Beamer auf die Leinwand. Alle konnten so nochmal ihre Einwände und Ergänzungen anbringen. Dann entwi-ckelten sie eine einfache Gliederung für ihre wesentlichs-ten Hypothesen. Dieses damals natürlich noch geheime Protokoll hat Thomas mir jetzt – also gut zwanzig Jahre später – gezeigt. Ich habe es dir heute mitgebracht. Hier, schau mal …", wandte *Jan* sich, in seinem Erzähldrang kaum zu bremsen, mit einem kurzen Augenaufschlag zu mir hin. Er hantierte etwas in seinem Jackett herum und zog dann zwei klein gefaltete Zettel heraus, die sich offen-bar in einer Innentasche befunden hatten. Jan ging ganz ehrfurchtsvoll damit um, fast als wären es Reliquien. Jan schob die geheimnisvoll anmutenden Papierstücke über den Tisch zu mir hin und sprach dabei recht erhaben: „Das hier war also der erste Schritt der großen Mission."

Diese auf mich etwas theatralisch anmutende Geste riss mich geradezu heraus aus meinem angenehmen Hörfluss, den ich gerade wieder zu genießen begonnen hatte. Ich schob also die gefalteten Blätter weiter zu mir hin, bis in die Sichtweite meiner Gleitsichtbrille und öffnete sie so, dass ich nun endlich auch den Inhalt einsehen konnte. Dann flogen meine Augenblicke mehr sachinteressiert als ehrfurchtsvoll über die Ergebnisse dieser damals ersten Reflexion. Da war unter dem üblichen Vorspann in der Titelei Folgendes zu lesen:

PROTOKOLL DER ERSTEN PRIMA-FACIE-IST-ANALYSE

Kritische Phänomene

1. Vorgefundene Schwerpunktthemen in der Kirche
   a. Die anhaltenden Missbrauchsskandale überschatten die Glaubensfreude.
   b. Jahrzehntelange Diskussionen um Zölibat, Frauenpriestertum, Homosexualität, wiederverheiratet Geschiedene, gemeinsames Abendmahl u.ä. binden viele Energien.
   c. Strukturdebatten binden sehr viel Kraft ohne erkennbar nachhaltig-missionarische Strahlkraft.
   d. Soziale Themen wie Kirchenasyl, Flüchtlingskrise, Kapitalismuskritik, Reichensteuer und Umwelt u.ä. nehmen in kirchlichen Foren einen breiten Raum ein.
2. Menschen und ihr Glaube in der Kirche
   a. In den Gemeinden sind viele Priester, Diakone und andere Hauptamtliche überfordert mit immer größeren und anonymeren Einheiten. Als Seelsorger angetreten, sollen sie jetzt Manager sein, woran viele

scheitern und krank werden. Auch Burn-
out und Todesfälle sind zu beobachten.

b. Aber auch Fälle von so genanntem Bore-
out wurden in kirchlichen Berufen beobachtet.

c. Die Ehrenamtlichen können das nicht alles
auffangen. Wenige machen immer mehr.
Gremienwahlen in den Pfarreien finden
fast unter Ausschluss der Gemeindemit-
glieder statt. In den meisten Gemeinden
fehlt zudem die Jugend. Skandale der Vergangenheit sind dabei eine große Hypo-
thek.

d. Die einst starken kirchlichen Verbände ver-
greisen und verlieren an Einfluss in Kirche
und Gesellschaft.

e. Vor allem caritative Orden sterben aus.

3. Zahlen, Regeln, Strukturen in der Kirche

a. Berufungen zum Priester oder Diakon gibt
es hier so gut wie nicht mehr. Die Seminare
sind leer. Auch andere pastorale Berufe
ziehen nicht an. Es wird sicher in absehbarer Zeit insgesamt deutlich weniger Priester, Diakone, Gemeinde- und Pastoralrefe-
renten geben als jetzt. Das bedeutet einen
dramatischen Einbruch im pastoralen
Dienst, wo es jetzt schon an allen Ecken
fehlt.

b. Jahr für Jahr treten etwa in Deutschland
Hunderttausende aus den großen Kirchen
aus. Das hat nicht nur finanzielle Konsequenzen, die bei guter Wirtschaftslage

noch kurzfristig kaschiert sind. Was für unsere Analyse wichtiger ist als das Geld: Vor allem wenden sich (vor allem junge) Menschen ausdrücklich von Kirche und Gemeindeleben ab.

c. Kirchen werden entwidmet, pastorale Räume immer größer und anonymer.

d. Theologische Fakultäten werden geschlossen, weil es keine Studenten mehr gibt. Kirche zieht sich aus vielen Bildungseinrichtungen zurück (Kindergärten, Schulen).

e. Notwendige Reformen in der Kurie ziehen sich lange hin und sind wenig transparent.

4. Wirkungen nach außen

a. In der Öffentlichkeit wird es oft so wahrgenommen, als sei die Entwicklung abnehmender Kirchenmitgliederzahlen ganz normal und werde von den Kirchen auch mehr oder minder gleichgültig hingenommen. Dann wundert man sich nicht, dass Außenstehende die Kirche nicht attraktiv finden, wenn offenbar die Kirche selbst nicht darauf reagiert mit dem Anspruch einer Kehrtwende, nämlich wieder zu wachsen und Menschen neu zu gewinnen.

b. Skandale unterschiedlicher Art haben das Vertrauen in die Kirche auch bei treuen Gläubigen stark erschüttert. Die Reihe dieser Schläge scheint nicht abzureißen. Es entsteht der Eindruck von Bereicherung, Vertuschung und/oder Inkompetenz, was auch gerne in den Medien bedient wird.

5. Wirkungen von außen

    a. In öffentlichen Diskussionen sind kirchliche Vertreter meistens in der Defensive. Kirche wird reduziert auf Skandalthemen oder weltfremde Verschrobenheit. Wer etwa im Namen der Kirche moralische Themen anspricht, ist schnell auserzählt mit dem Hinweis, die Kirche solle erstmal vor der eigenen Türe kehren. So kommen die gewinnenden Themen der Kirche gar nicht erst zu Wort.

    b. Verfassungsmäßig in Deutschland bislang gesicherte Privilegien der Kirche werden nicht nur von antikirchlich-laizistischen Organisationen zunehmend in Frage gestellt (Religionsunterricht, kirchliche Radio- und Fernsehsendungen, dritter Weg im Arbeitsrecht, Kirchensteuer, staatliche Zuschüsse und Entschädigungen).

    c. Kreuze werden Schritt für Schritt aus der Öffentlichkeit verbannt. Auch kirchliche Stimmen befürworten das aus unterschiedlichsten Beweggründen.

    d. Steuerberater können verklagt werden, wenn sie ihren Kunden nicht empfehlen, aus der Kirche auszutreten, um Geld zu sparen. Gerade zahlreiche junge Menschen treten darüber hinaus aus der Kirche aus mit dem Hinweis, sie wollten autonom entscheiden, wem sie das dadurch gesparte Geld spenden.

e. Selbstverständliche christliche Prägungen und Feiertage gehen zurück, die Sichtbarkeit muslimischer Kultur nimmt zu.

f. Große Zeitungen und Filme (etwa Reportagen oder auch Unterhaltungsfilme wie Krimis) transportieren insgesamt zumeist ein kirchenkritisches Bild. Ein liberal-laizistischer Geist scheint der Konsens des Mainstreams heute zu sein. Gläubige sind – mit Ausnahmen – in Filmen oft eher die abergläubisch Skurrilen oder lächerlich musealen Gestalten.

g. Die Politiker im Land zeigen sich heute kaum noch mit Kirchenvertretern in der Öffentlichkeit. Weil mit Kirchen keine Wahlen mehr gewonnen werden, setzen die Parteien in ihren Inhalten auf andere Stimmen. Auch sitzen in den Parlamenten immer mehr ausdrücklich kirchenskeptische oder -feindliche Vertreter. Der politisch gestalterische Einfluss der Kirchen ist gesunken.

Mut machende Phänomene

1. Vorgefundene Schwerpunktthemen in der Kirche

a. Kontemplation, geistliche Begleitung und Wallfahrten stehen hoch im Kurs. Damit können die Bedürfnisse vieler suchender Menschen angesprochen werden. In populären Angeboten findet sich oft nur ein rudimentärer religiös-christlicher Gehalt. Hier ließe sich aber ansetzen.

b. Soziale und ökologische Missionsarbeit zieht junge Menschen an. Soziologische Studien (auch Sinus und Shell) zeigen, dass viele junge Menschen Orientierung suchen in auch traditionellen Werten. Dazu zählen etwa Treue, Familie, Fleiß, Verlässlichkeit. Auch sind viele junge Menschen begeisterungsfähig für soziale Projekte (etwa in Freiwilligen Sozialen Jahren). Viele der Ideale und Werte finden sie aber nicht in ihrem realen Umfeld. Die Kirche hat hier glaubwürdige Antworten zu bieten.

c. Inhaltlich substantielle Ökumene hat in den letzten Jahren Fortschritte gemacht. Hier könnte noch mehr gemeinsam passieren.

2. Menschen und ihr Glaube in der Kirche

a. Es gibt immer noch sehr viele Menschen, die zu Glaube und Kirche stehen und die sich einsetzen möchten für eine wieder gewinnend einladende Kirche. Hierzu zählen auch manche geistlichen Gemeinschaften mit frischen Ideen. Hie und da findet sich noch eine großartige kirchliche Jugendarbeit.

b. Auch gibt es noch viele begeisterungsfähige Priester, Diakone und pastorale Mitarbeiter, die die Idee von Jesus Christus im Herzen tragen und davon überzeugend und leidenschaftlich Zeugnis ablegen.

    c. Möglichkeiten zu ehrenamtlichem Mittun mit Sinn in den Gemeinden, Verbänden oder Diakonie und Caritas o.a. gibt es viele: Angebote für junge und alte Menschen.

    d. Es gibt weltweit tätige Missionsorden, in denen viel Begeisterungskraft und Kompetenz steckt.

3. Zahlen, Regeln, Strukturen in der Kirche

    a. Wir haben bisweilen großartige Kirchräume und einen Schatz an Texten und Musikstücken, die uns den Blick zur Transzendenz in zahllosen Symbolen, Bildern, Worten und Tönen öffnen können.

    b. Geld ist in einigen Bistümern noch vorhanden. Ein verantwortlicher wie nachhaltiger Umgang damit öffnet zumindest Potential, Möglichkeiten des Wandels auch finanziell abzufedern.

4. Wirkungen nach außen

    a. Positive Vorbilder an der Kirchenspitze wirken einladend, sobald sie glaubwürdig sind. Dazu gab es in jüngster Vergangenheit einige gute Beispiele.

5. Wirkungen von außen

    a. In Wirtschaft und Politik sind immer wieder auch Stimmen zu vernehmen, die sich nicht allein mit Pragmatismus und Machterhalt abspeisen lassen, die Intrigen und Lügen satt sind. Auch hier könnte die Kirche ehrliche Verbündete finden.

b. In vielen Fragen um Anfang und Ende des Lebens herrscht eine große Unsicherheit ethischer Orientierung. Hier könnte die christliche Antwort Menschen gewinnen.

c. Noch gibt es in Medien ausdrücklich bekennende Christen. Auch gibt es noch Verkündigungssendungen in öffentlich-rechtlichen Programmen, mit denen viele Menschen erreicht werden können.

d. Es gibt viele Menschen, die aus unterschiedlichsten Gründen nicht mehr Mitglied in der Kirche, dennoch aber gläubig sind und so eine lebendige Beziehung zu Jesus Christus pflegen. Brücken für diese Menschen sind denkbar.

Ich nahm mir Zeit, die Hypothesen aufmerksam zu lesen und entdeckte dabei auch manches, was mir wohl auch selbst eingefallen wäre, hätte man mich zu der Runde dazu gebeten. So meinte ich nach ein paar Minuten zu Jan, das sei ja sicher schon mal kein schlechter Anfang gewesen. Ich war wohl etwas bei der Einzelfrage hängen geblieben, ob denn eine Sichtweise von Christen anderer Kirchen als eine Innen- oder Außenperspektive einzusortieren sei. *Jan* meinte, diese Frage sei eher offengeblieben. Insgesamt ging es natürlich zuerst um eine Forschung zur katholischen Kirche. Selbstverständlich gebe es viele Fragen mit überkonfessioneller Bedeutung. Und so war es für die Vier natürlich lohnend, auch über den eigenen Tellerrand zu schauen, also etwa auch Diakonieeinrichtungen, evangelische Kirchenverwaltungen, Kirchentage oder Fakultäten mit ihrer Kultur zu erforschen. Denn die Vision sollte am Ende, so hatte es Gabi ja mit Recht auch in das Projekt eingebracht, auch eine ökumenisch wirksame Strahlkraft haben. Diese Öffnung gefiel mir. Ich fand sie deshalb eine sehr gute Idee, weil eine solche geweitete Perspektive Profil und gemeinsames Bekenntnis nicht miteinander verwischt. Ich überlegte dann weiter, wo ich inhaltlich vielleicht noch etwas anders akzentuieren oder ergänzen könnte.

Da mische sich aber *Jan*, der mich die ganze Zeit intensiv beobachtet hatte, in meine Gedanken ein. „Was meinst Du? Das Ganze war ja noch keine Kulturbewertung oder gar ein entsprechendes Programm zum Wandel, sondern nur eine erste Liste mit Hypothesen. Mit dieser Übersicht hatten die Vier zugleich eine Folie für ihren nächsten Schritt, den Thomas seinen drei Gefährten nun näher erklären wollte."

Ich nickte, ausnahmsweise mal ohne eine schnelle kritische Nachfrage, obwohl mir natürlich bewusst war, dass man eine solche Analyse auch ganz anders hätte angehen können: nicht nur systematisch, nicht nur von den Gliederungspunkten her, sondern natürlich auch von den Beobachtungen her. So hätte man ja auch alles aus einer Perspektive der Kirchenrevolution betrachten können, wie sie bisweilen von der Organisation ‚Kirche von unten' in der Öffentlichkeit gefordert wird. Aber ich hatte ja verstanden, dass die Vier hier den Auftrag des Bischofs ernst nahmen, die Kirche nicht ganz neu zu erfinden, sondern unter gegebenen Bedingungen nach einer Verlebendigung des Glaubens zu fragen. Und dann konnte man das schon so machen wie Thomas und seine drei Helfer. Viele der in dem Papier beschriebenen Phänomene aus dem Jahr 2020 schienen mir auch heute noch, in meinem persönlichen

Umfeld sehr aktuell zu sein, also ganze zwanzig Jahre, nachdem die Vier dort zusammengesessen hatten.

Jan fuhr fort: „Die Vier saßen nach ihren Diskussionen am Abend recht geschafft zusammen und betrachteten nun mit je unterschiedlichen Getränken vor sich ihr erstes Ergebnis.

‚Puh', sagte dann auch *Micha*, ‚das ist echt eine Menge. Vielleicht schätzen wir manches zu scharf ein und werden dem einen oder anderen Phänomen nicht ganz gerecht. Hm. Aber wenn wir alles noch zehnmal hin und her wenden und hundert oder mehr Experten drüber schauen lassen, dann tut sich nie was. Wichtig ist: Es ist ein roter Faden erkennbar. Und ich stelle mal die These auf, dass wir so ganz falsch damit nicht liegen.'

‚Aber den einen roten Faden, der uns leitet, sehe ich da noch nicht so recht,' wandte *Mia* ein. ‚zumindest, wenn ich ihn als inhaltliche Überschrift formulieren sollte. Aber vielleicht brauchen wir eine solche Vereinfachung auch gar nicht. Und wir belassen es erstmal bei dieser Vielfalt. Ich sehe auch noch nicht so ganz, wohin uns die nächsten Schritte führen sollen. Denn mit der zu realisierenden Vision hat das Ganze hier ja noch wenig zu tun.'

Thomas knüpfte hier direkt an: ‚Einen roten Faden zu identifizieren, gibt bei aller Vielfalt der Argumente tatsächlich einen Sinn. Ich finde, der jetzt erkennbare Faden ist unsere Systematik. Und die haben wir ja schon mit unserer Gliederung ziemlich gut vorgezeichnet. Schaut mal: Wir halten jetzt diese erste Übersicht als unser erstes Thesenpapier fest. Und dann, in unsrem großen zweiten Schritt, unserer Mission in die gelebte Kirche, orientieren wir uns einfach an den entsprechenden Grundfragen. Das ist dann sozusagen eine Hintergrundfolie für unsere dann folgenden teilnehmenden Beobachtungen. Im ersten

Schritt haben wir jetzt aus Intuition und Literatur erste Hypothesen zum Ist-Zustand gelebten Glaubens in der Kirche bei uns aufgestellt. Diese überprüfen wir jetzt und führen sie entsprechend fort. Am Ende dieses zweiten Schrittes steht ein vertieftes Verstehen der gelebten Glaubenskultur in unserem Land. Und dabei ist es unsere Aufgabe, Stärken und Schwächen festzuhalten. Dazu ist unsere Mission von einigen Leitfragen geprägt:

Acht Leitfragen der Mission

1. Wir brauchen einen Spiegel der Erwartungen, Hoffnungen, Sorgen und Befürchtungen der Menschen. Welche Rolle spielen Glaubensthemen für die Menschen und was verstehen sie darunter?

2. Es braucht einen Abgleich zwischen verkündeten Themen und den Personen, die damit identifiziert werden. Wer Wasser predigt, muss auch Wasser trinken. Wie glaubwürdig also sind die Kerninhalte unseres christlichen Glaubens in der real verfassten Kirche?

3. Welchen Platz haben Kernbotschaften des Glaubens in Verkündigung, gelebter Pastoral, kirchlicher Sozialarbeit, Bildung und Theologie? Welche Verständnisse von Menschwerdung Gottes und Auferstehung werden hier vermittelt und verstanden?

4. Haben die Menschen einen Zugang zu ihrem Glauben eher über politische Stellungnahmen, über persönliche Begegnungen, Liturgie, soziales Engagement, erlebte Vorbilder und / oder klare ethische Orientierungen?

5. Haben die Menschen eine existenzielle Hoffnung, und wenn ja: worauf? Was wird im Religionsunterricht

und an den theologischen Fakultäten eigentlich unter-
richtet und gelehrt? Stimmen dort vertretene Lehre und
das Verhalten der Lehrer miteinander überein?

6. Wie werden Glaubensinhalte und Haltungen in Caritas oder auch Diakonie in das Miteinander in Teams
und im Umgang mit Bewohnern, Klienten oder Patienten umgesetzt? Wie ist hier christliche Kultur spürbar?

7. Werden die Vertreter der Kirche als persönlich
glaubwürdig wahrgenommen. Und was heißt hier eigentlich ‚Glaubwürdigkeit'?

8. Welche Charaktereigenschaften finden wir bei Führungskräften in Pastoral, Sozialeinrichtungen und Verwaltung, bei Lehrern und Dozenten? Und welchen Einfluss haben diese Charaktere auf die empfundene
Glaubwürdigkeit der Kirche und des Glaubens in unserer Zeit?

Die Beschäftigung mit solchen und vielen anderen Fragen
soll die gelebte Glaubenskultur in unserem Land ehrlich
und facettenreich abbilden. Sie ist eine Folie für uns, hier
Gründe für die von uns empfundene Krise noch besser zu
verstehen, also etwa Fragen der Themensetzung, der Personen, der Glaubwürdigkeit, der Kommunikation, der Motivation, der Grundhaltungen usw. Solches Verstehen ist
für den Bischof die Folie dafür, dem entschlossen die real
werdende Vision entgegenzusetzen, vielleicht mit neuen
inhaltlichen Schwerpunkten, Charakteren, Formen der
Kommunikation u.a., um so mit erstarkter Glaubwürdigkeit und klar konturierter Orientierung Menschen wieder
zu gewinnen. Wir bereiten so den Weg für eine nachhaltige Umsetzung der Vision. Dann wird der Heilige Geist
auch helfend mitwirken. Darauf sollten wir setzen.'

Gabi meinte: ‚Hm, bei mir bleibt immer noch so etwas wie ein unguter paternalistischer Beigeschmack. Schließlich sind wir hier ja nur zu Viert. Wir sollen gemeinsam einen Forschungsbericht erstellen, ihn dem Bischof vorstellen, der macht dann daraus eine konkrete Vision und soll sie dann möglichst effektiv umsetzen. Also das ist doch letztlich ein autoritäres Vorgehen von oben herab. Heutzutage sind etwa in der Führungsforschung gerade auch in sozialen Kontexten eher dienende Führungskräfte gefragt, so genannte ‚Servant leaders‘, die mehr moderierend wirken als gewaltig voranschreitend. Sie zeichnen sich dadurch aus, dass sie die Menschen in Entscheidungsprozessen möglichst weitgehend mit einbeziehen. Das erkenne ich jetzt in unserem Fahrplan noch nicht so richtig.‘

Micha hielt dagegen: ‚Ich sehe das anders. Der Auftrag ist vom Bischof gesetzt. Das kann man autoritär nennen. Ich finde aber, das ist sein gutes Recht und sogar seine Pflicht als guter Hirte. Die nächste Stufe ist jetzt unsere Mission. Und in der dritten Stufe, also der konkreten Umsetzung der Vision im Bistum, wird es darum gehen, mit entsprechender Kommunikation die Menschen zu beteiligen. Hier kommen die Erfahrungen vieler zu Wort. Dann kann es noch die eine oder andere Veränderung geben in der konkreten Vision. Aber man beginnt nicht ergebnisoffen beim Nullpunkt. Eine gute dienende Führungskraft hat ja auch das Ziel klar vor Augen und lässt sich nicht wie eine Fahne im Wind herumdrehen. Der Bischof wird es so anstellen, dass er die Menschen nicht durch ‚Law and Order‘, sondern durch seine Glaubwürdigkeit und seine guten Argumente überzeugt, wichtige Bedenken einbezieht und weniger Relevantes gut zur Seite schieben kann.‘

Gabi stimmte zu: ‚Ja, in diesen verschiedenen Stufen kann man es wohl sehen. Das ist natürlich ein hohes Ideal guter

Führung. Nach dem Führungsideal in diesem Stufen-Mo-
dell besteht die Autorität einerseits in der persönlichen Integrität Martins. In der Hinsicht ist er eine vorangehende
Leitfigur. Andererseits initiiert er schließlich eine Diskussionskultur mit klaren zeitlichen und inhaltlichen Grenzen,
in denen das Wichtige vom Unwichtigen getrennt wird
und entsprechende Entscheidungen auch wertschätzend
kommuniziert werden. So ist er dann auch der gute Moderator, der es schafft, eine Kultur des zielführenden und
wertschätzenden Dialogs zu initiieren. Hier fühlen sich die
Menschen ernst genommen, selbst wenn sie nicht alle ihre
persönlichen Ziele und Vorlieben umsetzen können. Beide
Eigenschaften zusammen optimieren die Identifikation der
Menschen, die mitgenommen werden sollen. Denn diese
Identifikation kann sich dann aus sich ergänzenden Quellen speisen. Voraussetzung sind natürlich persönliche
Glaubwürdigkeit, Verkörperung unseres Glaubens im Leben, Denken und Handeln, Entscheidungs- und Moderati-
onsstärke und ehrliche Freude am Menschen. Das strahlt
einladend aus und wirkt. Wenn Martin das schafft, dann
kann aus der Vision Wirklichkeit im Bistum Utopia werden. Aber gut, schauen wir jetzt wieder auf unseren
Schritt, den wir dazu beitragen können. Da habe ich jetzt
erstmal keine weiteren Fragen.'

Mia aber musste noch etwas loswerden: ‚Ehrlich gesagt
fehlt mir in dem ganzen Plan noch ein wesentlicher Aspekt. Wir haben doch auch in unserem ersten Schritt heute
nicht allein auf die Krisen und Defizite oder Gefahren geschaut. Im zweiten Teil haben wir heute bewusst positive
Aspekte gesammelt. Diesen Bereich müssten wir doch
auch jetzt im Blick halten. Nur so lassen sich Ansätze für
das Gegenmodell entdecken. Ansonsten bliebe die Konkretisierung der Vision ein Konzept am grünen Tisch. Und

dann wird sie vermutlich scheitern. Auch vermisse ich in den Beispielen noch einen weiteren wichtigen Aspekt der Glaubenskultur. Natürlich müssen wir die Menschen in den genannten unterschiedlichen Kontexten danach fragen, was sie an der realen Kirche im Moment vermissen. Solche Fragen können auch an diejenigen gestellt werden, die sich entfernt haben oder schon ausgetreten sind. Das hilft möglicherweise, Fehler deutlicher zu beleuchten. Aber wir müssen Acht geben: Eine endlose Wunschliste persönlicher Präferenzen der Enttäuschten darf da nicht herauskommen. Dann ergeht es uns wie Bistumstagen und Konferenzen der Vergangenheit. Mir geht es noch um etwas ganz anderes: Wir sollten gezielt die Menschen, die auch heute noch mit Begeisterung dabei sind, danach fragen, was ihre Gründe dafür sind, dass sie der Kirche nicht den Rücken gekehrt haben. Wir sollten sie zum Beispiel nach einer Biographie ihres Glaubens fragen, mit der sie uns davon berichten, was sie als Kinder geglaubt haben, wie sie zu einem erwachsenen Glauben gekommen sind und was sie dabei in besonderer Weise geprägt hat, vielleicht auch mit persönlichen Leitmotiven, in denen sie ihr persönliches Verhältnis zum Glauben beschreiben. Warum? Solche Perspektiven drehen auch mal den Spieß herum. Wir fragen also nicht nur die Unzufriedenen oder schon Abständigen nach ihren Forderungen und ihrem Frust. Sondern wir nehmen auch bewusst persönliche Bekenntnisse in den Blick, in denen Menschen bezeugen, warum sie trotz allen Gegenwindes zum Glauben stehen und ihn weiter bekennen. Diese Zeugnisse bereichern unsere Analyse und geben uns sicher wichtige Richtungsweiser für die Vision. Denn der leidenschaftlich gelebte Glaube ist das beste Vorbild für Glaubwürdigkeit, die wieder einladend ausstrahlt und Menschen gewinnen kann.'

Thomas stimmte zu: ‚Ja, Mia, das ist ein sehr wichtiger Aspekt. Danke dafür. Gabi hatte mich ja auch schon mal erinnern müssen, dass nicht die Erkundung der Krise, sondern Wege zu ihrer Überwindung im Mittelpunkt stehen müssen. Diese Perspektive sollten wir also auch jetzt unbedingt mit auf unsere Agenda der Mission setzen. Ich fasse also nochmal zusammen:

Die Mission

Unser Auftrag ist: Wir ziehen aus ins ganze Land und schauen uns die Glaubens- und Lebenskultur der Kirche an. Wir nehmen Krisen und Chancen wahr, fragen nach Gründen für enttäuschten und nach Gründen für begeisterten Glauben. Wir gehen zu ganz normalen Gläubigen, zu den Stillen und Versteckten wie zu den engagierten in den Pfarren, Verbänden, in Verwaltung oder sozialen Einrichtungen, und auch zu öffentlichen Vertretern der Institution. Selbstverständlich sind dabei die alt bekannten christlichen Felder Liturgie, Diakonie und Bekenntnis und deren empfundene Bedeutung, Gestaltung und Priorität im Fokus. Wir gehen dazu in Pfarreien, Ordinariate, Verbände, Orden, soziale Einrichtungen, Konferenzen, Fakultäten, Akademien, Kindergärten und Schulen, in Familien und zu einzelnen Christen. Was wir besser verstehen wollen, ist bei den hier agierenden Menschen: ihren Charakter, ihre Werte und ihre Redlichkeit, ihre Kultur des Miteinanders, ihre Glaubensgeschichte und -tiefe und die Glaubensthemen, die sie vor allen Dingen umtreiben, hinterfragen, bewegen, stärken und interessieren. Wir fragen also nach dem dort gelebten und empfundenen Christsein, nach Haltungen und Ausdrucksformen und ihren Wirkungen. Das geht naturgemäß weit über die Gestaltung von Gottesdiensten hinaus, bezieht diese aber selbstverständlich mit ein. Dann betrachten wir auch noch mal genauer die Zahlen, Strukturen und Regeln in der Kirche sowie deren Gestalter. Davon geht das meiste einfach über eine vertiefte Recherche, sofern die uns vorgelegten Daten verlässlich sind. Wir schauen auch auf die so durch Menschen und Strukturen konstituierte irdische Gestalt der Kirche, und wie sie in die Gesellschaft hineinwirkt. Wir nehmen dabei die entsprechenden Chancen und Risiken in den Blick, welche durch die Veränderung äußerer sozialer o.a. Kontexte bedingt sind. Wir betrachten die Wechselwirkungen im Einfluss zwischen Kirche und äußeren Kontexten und haben die Ökumene im Blick dabei. Das heißt auch, wir nehmen etwa Medien wahr, Akteure in Wirtschaft, Wissenschaft, Politik u.a. und deren Wahrnehmung von Kirche und Glaube beziehungsweise den Einfluss solcher Kontexte auf das Selbstverständnis von Kirche. So ist ja etwa zu beobachten, dass die Kirche sich schon lange nicht mehr, so wie früher, öffentlich wirksam für den Schutz ungeborenen Lebens einsetzt, wissend, dass sie dadurch wohl viel Hohn und Spott in der Gesellschaft ernten würde.

Mein Fazit: Unsere Gliederungspunkte von heute sind so etwas wie ein roter Faden unseres Fragens für die Mission. Damit können wir dann zu jedem der Einzelpunkte Herausforderungen und Chancen miteinander abwägen. Dann wird unser erstes Bild viel runder. Und wir haben dabei die Brücken zur Vision mit im Blick. Wir ziehen also durch die ganze Republik in möglichst viele Regionen, um vielseitige Erfahrungen miteinander zu vergleichen. Um

Dinge nicht einseitig wahrzunehmen, gehen wir jeweils zu zweit los. Das ist jetzt unsere Mission.'

Gabi fragte nach: ,Nur damit ich es richtig verstehe: Wir ziehen also mit dem entsprechenden Fragekompass, den du gerade skizziert hast, im Rucksack zu zweit durchs Land. Und wir sind in unseren Begegnungen hier und dort als teilnehmende Beobachter, die die Menschen innerhalb oder außerhalb von Kirche in ihren verschiedenen Rollen und Situationen zu verstehen suchen. Wir notieren die für unsere Fragen relevanten Aussagen und Beobachtungen und machen uns dann in entsprechenden Analysen ein Bild vom gelebten Glauben in der Kirche in unserem Land. So mache ich dann etwa mal ein Interview mit einer Küsterin einer Landpfarrei, schreibe alles auf und schäle am Ende aus all dem Gesagten und Beobachteten die Kernaussage heraus, wie hier Glaube gelebt und empfunden wird. Lauter solche qualitativen Ergebnisse sammeln wir dann, gleichen sie zu zweit miteinander ab und machen uns so Bilder zu den unterschiedlichen Bereichen. Daraus ergeben sich dann für unsere Zweierteams am Ende zwei engmaschigere Netze des Verstehens, die wir dann wiederum nebeneinanderlegen, um es insgesamt nochmal abzugleichen und zu vertiefen. Richtig?'

Thomas nickte und fügte hinzu: ,Wichtig ist, dass wir schon während der Mission möglichst zeitnah die Gespräche und Beobachtungen auswerten. Sonst erschlägt uns die Fülle am Ende. Bei unserem Treffen in zehn Monaten brauchen wir also bitte nicht alle Einzelinterviews, sondern wiederum nur die Hauphypothesen, die wir aus den Einzel-Ergebnissen mit ihren Kernaussagen erschlossen haben. Glaubt mir, das wird noch komplex genug sein. Für die konkrete Mission stelle ich Euch unsere Leitfragen und Untersuchungsbereiche zusammen. Natürlich können sich in unserem Arbeiten im Feld ganz neue Aspekte auftun, die wir hier heute noch nicht im Blick haben. Diese Offenheit zum Staunen und Neu-Entdecken gehört wesentlich mit zu unserer Arbeit. Auch können die beiden Teams sich bei Problemen oder Fragen immer mal wieder austauschen, nicht aber schon über ihre Teilergebnisse. Denn das könnte die unvoreingenommene Wahrnehmung beeinflussen. Aber zum Beispiel sollte vermieden werden, dass sich durch mögliche neue, bislang nicht vorausgeplante Ziele und Begegnungen Doppelungen ergeben. Auch ist bei gravierenden Störungen in der Mission ein Austausch unter den Teams notwendig, der vielleicht eine neue Vorgehensweise verlangt. Dass es menschlich innerhalb der beiden Teams harmoniert, das setze ich einfach mal voraus. Wichtig ist: Es braucht bei allem immer eine Haltung der Offenheit für auch Überraschendes. Nur so wird das Bild am Ende dann auch wirklich vollständiger, als wenn wir uns kleinteilig über alle Deutungen abstimmen würden. Wir sollten dann auch einen Plan machen, welches Team wohin und in welche Einrichtungen oder Kontexte hineingeht, damit nicht nachher wichtige Bereiche oder Regionen fehlen. Es gibt ja auch unterschiedliche Strömungen in der Kirche, die jeweils eigene Schwerpunkte setzen. So gibt es etwa Taizègruppen, Pax Christi, Tafeln, Bibelrunden, Pfadfinder, Charismatiker, die Legio Mariens, Traditionalisten u.v.a.m. unter dem Dach der Kirche. An den Fakultäten und Akademien gibt es unterschiedliche ideologische Strömungen. Wichtig ist, dass wir uns nicht allein von denen einseitig beeinflussen lassen, die am lautesten schreien oder die die radikalsten oder poppigsten Ideen haben. Natürlich gibt es die, die die Kirche komplett auf den Kopf stellen wollen und andere, die alles wieder so haben wollen, wie es vor hundert Jahren war. Für alles gibt es

Argumente. Wir sollten uns bemühen, in all unseren Begegnungen möglichst ohne Vorurteile die Menschen und
ihre Anliegen zu verstehen. Idealerweise sprechen wir
nicht immer nur mit ausgewählten Repräsentanten, die uns
möglicherweise geschönte Ideale vorstellen. Vergessen
wir bitte nicht die Menschen, die sich keiner der bekannten
Strömungen zugehörig fühlen. Im Mittelpunkt unserer
Forschung sollen die Christen stehen, die die Mitte der lebendigen Kirche sind, die sich nicht unbedingt in Flügel
einsortieren lassen, sondern die einfach aus Liebe zu
Christus Kirche leben wollen und keine Kirche in der Kirche bilden. Diese Menschen sind leider oft nicht oder viel
zu wenig im Blick. Aber sie sind die wesentlichen Säulen
der Kirche. Wichtig wäre es etwa herauszufinden, wie
diese Menschen sich zu den einen oder anderen Strömungen stellen, die mehr Einfluss haben und mehr Öffentlichkeit auf sich vereinen als sie selbst. Gerade auch die Begegnung mit denen, die sonst nicht im Rampenlicht stehen, verspricht einen neuen, größeren Ertrag. Denn hier
erleben wir auch so viele treue Christen, die sich nicht immer repräsentiert fühlen durch die eine oder andere Lobby
oder Diskussion, mit der die Kirche öffentlich wahrgenommen wird. Der konkrete Glaube geschieht ja gerade
nicht zuerst in den Medien oder bei Kirchentagen und öffentlichen Reformmemoranden, sondern oft auch unbe-
merkt im Stillen: im persönlichen Gebet, im erfahrenen
Trost, in der Vergebung, in der neuen Lebenshoffnung, im
Erstaunen der Schöpfung, in der persönlichen Gottesbe-
gegnung im Alltag o.a. Also dürfen wir nicht in die Falle
vieler Medien tappen, nur das zu sehen und entsprechend
zu gewichten, was möglichst radikal klingt und Quote verspricht. Das ‚Normale' und Stille des gelebten Glaubens

muss seinen gebührenden Platz in unserer Mission erhalten. Einen Anspruch auf Repräsentativität hat das alles dann am Ende sicher nicht. Aber – ihr werdet nicht überrascht sein – ich habe schon mal eine Landkarte dabei und einige der wichtigsten Anlaufstellen für unsere beiden Teams markiert. Aber es bleibt genug Raum, zwischendurch bislang nicht berücksichtigte Kontexte aufzusuchen und zu erforschen. Also, liebe Gabi, Zeitpuffer sind genug eingeplant. Dann müssen wir noch überlegen, wer mit wem zusammen loszieht.'

Mia fand das Projekt nun sehr spannend und sinnierte laut vor sich hin: ,Natürlich müssen wir aber damit rechnen, dass uns manche Türen verschlossen bleiben. Auch das wäre ja ein Ergebnis. Es liegt auch in der Natur der Mission, dass wir nicht jetzt schon unser ganzes Projekt öffentlich mit allen Zielen vorstellen. Das würde ja auch die Menschen, denen wir begegnen, beeinflussen, die einen womöglich verängstigen, die anderen erst recht vors Mikro ziehen, um sich selbst zu präsentieren. Da müssen wir sehr behutsam sein…'

Thomas antwortete: ,Ja, da hast du sehr recht. Ganz können wir solche Verfälschungen oder auch mangelnde Kooperation nicht verhindern. Bischof Martin hat es wohl in der Bischofskonferenz erwähnt, dass unser Bistum ein Forschungsprojekt zur Glaubenskultur durchführt und deshalb dort für offene Türen geworben. Die konkrete Idee der Mission zur Vision in Utopia hat er da aber noch nicht so konkret vorgestellt. Martin gibt uns auch für Orden, Fakultäten und Verbände u.a. ein entsprechendes Empfehlungsschreiben mit. Aber das ist natürlich kein Passierschein für alle Pforten. Dennoch glaube ich sicher, dass wir so durch reiche Begegnungen viele Menschen, Beziehungen und Kulturen von Kirche näher verstehen lernen werden.'

4. Von der Mission und der Vision

Jan machte eine kleine Redepause. Er wollte testen, ob ich gut aufgepasst hatte und erwischte mich kalt. Er fragte: „Wie stellst du dir jetzt diese Handreichung für die beiden Missionsteams vor?" Ich zögerte, denn das waren jetzt doch eine Menge Informationen gewesen, die ich mir nicht alle sofort hatte merken können.

Weil *Jan* das ahnte, sprang er mir mit einem leichten Grinsen zur Hilfe: „Also nochmal zum Merken für dich:

1. zum einen ist da die Übersicht der geplanten Route mit entsprechenden Anlaufstationen. Hierbei gibt es eine Unterscheidung zwischen

    a. den obligatorischen Zielen und Kontexten, die das Team unbedingt erforschen muss, und

    b. optionalen Zielen sowie

    c. eine offene Liste für möglicherweise neu hinzugefügte Ziele;

2. eine Übersicht mit wichtigen Adressen, Unterkünften, Kontakten und einem groben Zeitplan, der natürlich angepasst werden kann. Ausgenommen davon ist in genau zehn Monaten der Schlusspunkt im gemeinsamen Treffen mit dem anderen Team;

3. der Leitfaden mit den Hauptthemen:

    a. vorgefundene Schwerpunktthemen in der Kirche (bei Menschen und Institution)

    b. Menschen und ihr Glaube in der Kirche (Werte, Charakter, gelebte Beziehungen, Glaubenstiefe, Ausdrucksformen des Glaubens)

   c. Zahlen, Regeln, Strukturen in der Kirche

   d. Wirkungen nach außen und

   e. Wirkungen von außen;

4. der Begleitbrief von Bischof Martin;

5. jede Menge Interview- und Beobachtungsbögen, um die Gespräche u.a. festzuhalten und schon auszuwerten;

6. ein Thesenpapier für eine Zusammenstellung der wichtigsten Hypothesen, die sich aus den Auswertungen ergeben sollten.

Das war also das Material für die beiden Teams. Das Vertragliche und Finanzielle klärte Thomas mit Gabi ab, so dass das Organisatorische schnell erledigt war. Und die Zusammenstellung der beiden Teams lief dann auch quasi auf Zuruf. Thomas zog mit Mia los, Gabi mit Micha. So konnte Gabi ja auch den stürmischen Micha etwas unter Kontrolle halten, und Thomas ließ sich gerne inspirieren durch die neue Perspektive, die Mia mit einbringen konnte. Die Vier besuchten also nun Pfarreien, Ordinariate, Verbände, Orden, soziale Einrichtungen, Konferenzen, Fakultäten, Akademien, Kindergärten und Schulen, Familien und einzelne Christen im ganzen Land. Von diesen Begegnungen hier zu berichten, das würde wohl Tage dauern. Vielleicht dreht ja jemand mal einen Film über diese Mission", grinste Jan, „dann ließen sich daraus bestimmt einige spannende Abenteuer dieser Reise drehen, vorausgesetzt die Vier berichten auch entsprechend lebendig und bildreich davon. Thomas hat mir ja nur ein paar Geschichten berichtet. Allein das hat mich schon ahnen lassen, wie überraschend und unterschiedlich die Begegnungen mit den Menschen waren."

Das hörte sich für mich spannend an, aber mehr interessiert als an einzelnen Geschichten war ich jetzt doch am Ergebnis der Mission. Als ich das anmerkte, schaute Jan auf die Uhr und verwies auf unser mögliches Treffen nächste Woche. Zumindest ließ sich *Jan* an diesem Abend noch zu einigen Schlussbemerkungen hinreißen:

TREFFEN DER VIER NACH DER MISSION (OKTOBER 2021)

„Als die Vier sich zum vereinbarten Zeitpunkt zehn Monate später wieder trafen, da waren sie natürlich voller Drang, die eigenen Erfahrungen und Deutungen miteinander zu teilen. Denn einen solchen Austausch über ihre Teilergebnisse und Deutungen hatten die beiden Teams ja in der Zeit ihrer Missionsreisen vermieden. Thomas fand es angemessen, dass jeder, der wollte, die Gelegenheit haben sollte, vor einer systematischen Zusammenstellung der Hypothesen und deren Auswertung seine Gesamteindrücke kurz vorzustellen. Nach diesen Statements machten sie sich dann an den genaueren Austausch ihrer Einzelergebnisse, um auf dieser Grundlage den Forschungsbericht für Bischof Martin zu konzipieren. Was den Gefährten hier besonders am Herzen lag, waren Beobachtungen zu Werten und Tugenden, zum Christusbekenntnis, zu Pastoral, Führung und Personal sowie zum Umgang der Christen mit aktuellen Herausforderungen der Gegenwart. Das sollte möglichst alles mit in die Umsetzung der Vision einfließen. So machten sie sich also gemeinsam in den verbleibenden sechs Wochen an die Erstellung des Forschungsberichtes. Den konnten sie dann Bischof Martin zum vereinbarten Zeitpunkt nunmehr systematisch sauber aufbereitet vorstellen. Die Mission war damit erfüllt."

Gespannt frage *ich*: „Ja, nun sag schon, Jan, was waren die Hauptanliegen, die bei der Mission herauskamen. Die waren doch die Folie für die Umsetzung der Vision und damit für das, was heute im Bistum Utopia zu sehen ist."

Jan entgegnete, nunmehr offenbar etwas müde von seinem ganzen Erzählen: „Da gebe ich dir einen einfachen Rat. Die Ergebnisse, die die Vier erarbeitet hatten, haben wirklich maßgeblich die Vision und deren Umsetzung beeinflusst. Du kannst heute aber ganz einfach zu ähnlichen Ergebnissen kommen wie die Missionare damals. Denn es hat sich ja seitdem im Land außerhalb von Utopia nichts nachhaltig gebessert, sondern eher noch verschärft. Ziehe heute außerhalb von Utopia durchs Land und suche solche Begegnungen wie die Vier damals. Stelle die gleichen Fragen und du wirst sehen: Das Bild, das du dabei herausbekommst, mit Stärken und Schwächen, Bestätigungen der Krise und Ansätzen zum Weg heraus, all das entspricht in etwa dem, was jetzt aus Sicht der Glaubenskultur in Utopia das Kirche- und Christsein von gestern ist. Viel aufschlussreicher für uns als der Blick auf die Missionsergebnisse von damals ist es doch, dieses Bild mit dem abzugleichen, was jetzt im Bistum Utopia, 20 Jahre später, als das Kirche- und Christsein von heute verstanden wird. Dazu haben wir die einmalige Gelegenheit, das aus erster Hand von den besten Experten zu erfahren, wenn sich die Vier nächste Woche im Mutterhaus des Ordens von Thomas treffen. Da können wir dabei sein. Da wirst du auch gleich diesen engen Zusammenhang zwischen den Resultaten der Mission von damals und der jetzt realisierten Vision erkennen, und wenn nicht, dann frag einfach nach. Das ist viel besser, als wenn ich dir jetzt von allen einzelnen Zwischenschritten berichte, die ich selbst kaum kenne. Denn davon hat Thomas mir nicht berichtet. Bist du jetzt bereit für dieses Zusammentreffen nächste Woche, um dann von der realen Vision von heute zu erfahren?"

Nach dem so inspirierenden Dialog mit Jan blieb mir wohl nichts anderes übrig als zu antworten: „Ich bin bereit …".

Zweites Buch

Gespräch über das Kirche- und Christsein von gestern und von heute

BESUCH IM KLOSTER ZUR NACHLESE DER MISSIONARE
(SOMMER 2040)

Eine Woche nach dem Treffen von Jan und mir: Jan holte mich ab, damit wir gemeinsam zu dem Kloster fahren konnten, wo sich die vier Missionare von damals trafen.

Unterwegs führte *Jan* mich nochmal ein in das zu erwartende Geschehen des Tages: „Es sind jetzt gut zwanzig Jahre vergangen, seitdem Thomas, Mia, Gabi und Micha ihre Mission beendet haben und Martin mit der Umsetzung der Vision in seinem Bistum begonnen hat. Und vieles ist inzwischen anders geworden. Heute treffen sich die Vier noch einmal, um gemeinsam einen Blick darauf zu werfen, was aus den Resultaten ihrer Mission und den Ideen für die Vision geworden ist. Sie vergleichen bei dieser Gelegenheit ihre Gedanken von damals mit der jetzt real gewordenen Vision. Es ist für uns eine besondere Chance, dass wir dabei sein dürfen. Thomas hat nichts dagegen. Wir sollen uns aber bei allem eher passiv verhalten und einfach bei dem Austausch der vier zuhören. Anschließend dürfen wir dann vielleicht selbst noch etwas fragen oder ergänzen, aber nur sofern dafür noch die nötige Zeit bleibt."

Jan und ich kamen zeitig am Ziel an. Die Vier hatten sich für 12 Uhr zum Mittagsgebet der Klostergemeinschaft verabredet und nahmen anschließend am Mittagessen der Kommunität teil. Da schlossen wir uns gleich an. Beim kurzen Gebet setzten wir uns in eine der letzten Reihen. Die Ruhe dabei riss uns richtig aus dem Alltagstrubel heraus. Das war schon ein guter Beginn. Anschließend stellten uns auf dem dunklen Weg durch die Klostergänge von der Kapelle zu Tisch kurz vor und wurden sofort von allen herzlich begrüßt. Auch die Kommunität nahm uns freundlich auf. Wir wurden alle eigens mit Namen begrüßt. Beim Essen herrschte dann an unserem Tisch eine ausgelassen freundschaftliche Stimmung. Für das Gespräch nach dem Essen hatte Thomas das schöne Zimmer mit Blick auf den Fluss reserviert. Darauf war ich schon gespannt. Dort hatte er – wie offenbar damals zur Vorbereitung der Mission – wieder leckeres Gebäck und vor allem diesen charakterstarken Kaffee in die Mitte gestellt, aber auch Tee und anderes für mögliche Kaffeemuffel. Jetzt genossen auch wir beide mit den Vieren den wunderbaren Blick auf den Fluss und die vorbeifahrenden Schiffe. Thomas begrüßte jetzt noch mal etwas förmlich uns beide und übergab dann schnell an Gabi, die in gekonnter Manier die Moderation übernahm. Sie skizzierte schnell das Zeitfenster, das wir an dem Nachmittag hatten: Die Gebets- und Essenszeiten waren der Rahmen. Um 18 Uhr ist Vespergebet. Bis dahin war Zeit. Auch etwas Zeit für einen kleinen Spaziergang am Fluss wurde für eine Pause eingeplant. Im Mittelpunkt sollten die Vorträge der Vier mit ihren Einschätzungen zum Stand der realen Vision stehen. Deren Kernaussagen wurden dann jeweils am Ende gesammelt und sollten nach den Vorträgen inhaltlich kurz abgestimmt werden. Das Ziel war es, daraus ein ausführliches Thesenpapier für den Bischof zu erstellen. Für grundsätzliche Diskussionen war eigentlich heute keine Zeit. Gut, damit konnten wir leben, waren wir doch schon froh, als willkommene Gäste überhaupt dabei sein zu dürfen.

Das Treffen begann jetzt sehr ungezwungen. Gabi lud die vier Gefährten ein, eine Einschätzung zur jetzt neuen Glaubenskultur im Bistum Utopia abzugeben. Sie erinnerte alle daran, sich auch an den vereinbarten Zeitrahmen zu halten. Da sie das so nachdrücklich betonte, schlossen wir daraus, dass dieser mahnende Hinweis im Blick auf die Eigenheiten der Referenten auch notwendig war. Wir beide hielten uns also zurück und hörten gespannt zu. Ich zückte meine Schreibsachen und machte mir von Beginn an viele Notizen. Wer weiß, vielleicht blieb ja am Ende doch noch etwas Zeit für unsere Fragen, hoffte ich. Wichtiger als das war mir aber erstmal, die Zusammenhänge nun aus erster Hand zu hören und mir dann selbst daraus ein Bild zu machen. Das war wirklich nochmal etwas anderes als die zweifellos schon inspirierenden Berichte von Jan, die mich ja erst auf diese Spur gebracht hatten.

1. Tugend, Werte und gewinnende Offensive

Thomas übernahm den Part, die Hauptlinien der Vorträge von Mia, Micha und Gabi mitschreiben. Gabi schaute fragend in die Runde, wer nun starten will. Was offenbar keinen überraschte: Micha warf sofort als erster seinen Hut in den Ring, um seinen Eindrücken Luft zu machen. Er wollte gleich in die Vollen gehen, kein langes Vorspiel also. Gerade jetzt nach dem Mittagessen war es sicher gut, dass nun ein lebendiger Vortrag den Anfang machte. Thomas und Gabi warnten uns, dass es jetzt gleich etwas ungeschliffen werden könnte. Wir sollten aber nachsichtig sein: Meist bringe Micha komplexe Zusammenhänge – zumindest aus seiner Sicht – gut auf den Punkt. Da wisse man immer, wo man dran ist, kann zustimmen oder ablehnen. Bisweilen gebe es auch mal hitzige Diskussionen, ob seine Punkte es so gut treffen oder nicht. Doch wir waren ja schon etwas vorbereitet darauf, so dass wir diesen Hinweis eher als auflockernde Einstimmung in den nun ernsthaften Austausch verstanden. Micha sah es wohl auch so und schmunzelte angesichts dieser Warnung vor ihm und seiner Emotionalität. Davon unbeeindruckt legte er mit seiner Auslegung los, erwartungsgemäß von Beginn an leidenschaftlich und gestenreich.

DIE REDE VON MICHA

1.1 Fokus

„Was mir damals auf unserer Reise und in all den Begegnungen, Gesprächen und Beobachtungen persönlich neu bewusst geworden war, und was ich heute endlich wieder im realen Leben der Kirche hier im Bistum sehe, ist: Wir Christen brauchen uns nicht zu verstecken, selbst wenn ja damals tatsächlich um uns herum viele Zeichen auf Krise,

Rückzug oder sogar auf Untergang standen. Ich finde, das Wichtigste bei alledem ist, dass wir als Christen von heute wieder Hoffnung haben, dass unser gemeinsamer Glaube eine Zukunft hat. Deshalb bin ich sehr froh, dass die Stärkung einer solchen Tugend der Hoffnung mit Erfolg angegangen worden ist. Ich möchte das am Beispiel unserer christlichen Werte und Tugenden für das menschliche Zusammenleben und für die Regeln der Gesellschaft illustrieren. Ich empfinde es so, dass die Christen im Bistum Utopia sich nicht mehr verschämt mit ihrem Glauben verstecken. Das Gegenteil ist der Fall: Sie vertreten wieder viel selbstbewusster unsere sozialen Werte, die in der Botschaft Jesu begründet liegen, auch gegen manche, vorhandene Widerstände. Diese Werte haben sie für sich selbst und auch für die Mitmenschen um sie herum wieder ins Bewusstsein geholt. Und das mit großem Erfolg: Denn sie sind doch die besten Garanten für Freiheit, Demokratie und eine wirklich unantastbare Menschenwürde. Das hatten viele Menschen und auch Christen vergessen oder verdrängt. Und deshalb ließen sie sich einschüchtern mit Verweisen auf Kreuzzüge, Hexenverbrennungen, Skandale und so weiter. Es ist gut, dass die Diskussionen um Skandale nicht mehr die gute Botschaft von Jesus überdecken und dass alte Kamellen zur Seite geschoben wurden. So kommt unser großartiges Menschenbild wieder ins Bewusstsein, das uns Jesus Christus mitgegeben hat. Es ist das Maß unserer Ethik, und die ist verdammt gut geeignet für die Gestaltung des menschlichen Zusammenlebens. Daran sollten wir uns als Christen messen lassen, sowohl vor unserem Gewissen, voreinander und auch vor denen, die nicht an Christus glauben. Damit können wir also einerseits nach außen hin wieder die Relevanz des Christlichen für eine gute Gesellschaft in Erinnerung rufe. Anderseits hilft uns das, unser eigenes, in der Vergangenheit bisweilen angeknackstes Selbstverständnis auf neue Füße zu stellen: weg von Depression und Resignation und immer neuen Rückzugsgefechten hin zu einer wieder mutigen, selbstbewussten und offensiven Grundhaltung. Das erlebe ich hier jetzt immer mehr. Und daran sehe ich, dass die Vision schon etwas verändert hat. Was daran besonders wichtig ist: Wir erkennen in diesem neuen Selbstbewusstsein die Orientierungskraft unseres Glaubens etwa für ethische Fragen unserer Zeit und damit auch die Relevanz unseres Bekenntnisses für das Zusammenleben der Menschen. So konnten manche der von uns ja vielfältig aufgedeckten Krisenphänomene der Glaubenskultur abgemildert oder gar umgewendet werden.

Ich meine das so mit der Offensive: Eine defensive Haltung haben wir im Rahmen der Mission damals in vielen Bereichen des christlichen Lebens ausgemacht. Ein wesentlicher Grund dafür waren fraglos die Missbrauchsskandale, die den Eindruck hinterlassen haben, vor allem die Kirche sei die Ausgeburt sexualisierter Gewalt. Der Verlust an Vertrauen und Glaubwürdigkeit dadurch war immens. Zahllose Menschen haben sich von der Kirche abgewandt, und das apokalyptische Ende der Kirche schien nicht mehr fern. Jedes der Verbrechen ist ein Gräuel, ebenso alle Vertuschungen. Aber die öffentlich zur Schau gestellte pauschale Gleichsetzung der Kirche und ihrer Vertreter mit Verbrechern war unsachgemäß und auch menschlich verachtend. Auf der Straße wurden erkennbare Priester mit übelsten Schimpfworten tituliert, und das fand gesellschaftlich keinen Widerspruch. Das Thema hat bis in unsere Tage hinein lange nachgewirkt und die Zeit der Volkskirche erstmal auf längere Zeit besiegelt. Zu verurteilende Fehler und Verbrechen auf kirchlicher Seite haben sich zudem auch laizistische Kräfte mit einigem Erfolg zunutze gemacht. Zu diesem großen Übel und Vertrauensverlust kamen weitere Schwächen: Auch eine substantielle Verdunstung des Glaubens in den Jahrzehnten davor hatte schon viel eigene Sprachlosigkeit eingebracht, wo die Kirche in Deutschland deutlicher hätte Farbe bekennen müssen: etwa in den bioethischen Diskussionen um Versuche an Embryonen, bei den Forschungen zum Klonen, bei der Duldung der Abtreibungsgesetze, bei der schleichenden Enttabuisierung der ‚Euthanasie', bei den Fragen der Rationierung von Gesundheitsleistungen für alte Menschen, bei der Haltung zu so genannten Ehrenmorden, bei Gewalt im Namen der Religion, bei Fremdenhass und Christenverfolgung, bei vermeintlichen Rettungen des wie auch immer definierten Abendlandes u.a. Viele Menschen wussten gar nicht mehr, ob es dazu noch christliche Positionen gibt. Eine solche Defensive ist hier im Bistum inzwischen überwunden. Voraussetzung dafür war eine ebenso unmittelbare wie umfassende Aufklärung der Skandale aus der Vergangenheit mit entsprechenden auch scharfen personellen Konsequenzen. Die Kirche hat ihren Charakter als Volkskirche erstmal verloren. Sie muss sich mühsam wieder Vertrauen erarbeiten und verdienen. Offensive im Christsein von heute heißt dabei nicht Übermut, sondern heißt: sich einzumischen in gesellschaftliche Fragen mit einem erkennbaren christlichen Argument. Sie bleibt zugleich immer auch auf eine gewisse Weise bescheiden, und zwar gegenüber unserem Schöpfer. Das bewahrt uns vor der Gefahr, selbst ideologisch zu argumentieren. Ein christlicher Habitus lebt die uns verbindende Freude, als Gottes Ebenbild und in Christus als dem menschlichen Antlitz Gottes in unübertroffener Weise beschenkt zu sein. All unser Reden und Tun wäre dabei nichts ohne den Geist der Liebe: von Gott uns geschenkt, damit wir diese Liebe leben und weiterschenken. Darauf kommt es immer wieder an: Wir sollten im Bewusstsein unseres eigenen Weges mit Gott den Menschen heute im Fragen, Suchen, Zweifeln dabei helfen, Licht auf ihrem Lebensweg zu finden. Indem Christen von heute das glaubwürdig leben – das heißt in Jesus Christus begründet, in der Bescheidenheit unseres fragenden Verstandes dem Heiligen Geist vertrauend und von Herzen ehrlich – geben Christen von heute wieder glaubwürdiges Zeugnis für die Liebe Gottes. Sie wissen um diese Liebe und spüren sie in ihrem tiefsten Innern. Das ist nun keine einmal erledigte Hausaufgabe oder ein Selbstläufer. Damit es so lebendig bleibt, müssen wir uns immer wieder selbst fragen, wer wir sind als Christen mit Freude an Menschen, Glaube, Kirche: Wie können wir persönlich glaubwürdige Vorbilder sein etwa durch unser eigenes Gebetsleben und unsere Mitfeier der Sakramente, durch eine im Glauben begründete karitative, pädagogische und soziale Kompetenz und Praxis usw.? Ein solches offensives Bekenntnis, das zugleich bescheiden bleibt, kann gewinnend einladen. Der sichtbare Erfolg hier spricht doch für sich.

Eine Orientierung mit Werten und gelebtem Vorbild war schon vor zwanzig Jahren gefragt. Ein Zeichen der Zeit damals war die Suche nach erkennbaren Profilen, nach Transzendenz und dem verlässlich Guten. Viele in Wertefragen heimatlose Menschen zeigten schon neugierig ihr Interesse an den alternativen Antworten, die ihnen die verschiedenen Religionen oder Weltanschauungen mit ihren Menschen- und Gottesbildern vorschlugen. Die Kirche hat damals diese Sehnsucht nach Transzendenz und Orientierung zu wenig verstanden oder genutzt. Das hat sich geändert. In unserem Bistum sind diese Zeichen inzwischen erkannt und mit der Vision erfolgreich aufgegriffen worden. Das Neue ist: Wir Christen von heute beschränken uns nicht darauf, zuzuhören und Anderes großartig zu finden. Vielmehr sind wir wieder bereit, auch ausdrücklich unsere eigenen guten Glaubensgründe und -schätze zu benennen. Es ist gut, wie die Christen sich jetzt hier wieder gegenseitig bewusst machen, dass wir diese Welt zum Guten verändern können und auch sollen. Viele trauten uns das damals nicht mehr zu, auch Christen und sogar viele Haupt- und Ehrenamtliche waren resigniert. Das hatten wir ja in unserer Mission schmerzlich festgestellt. Solchem Misstrauen, Frust und Angriffen von außen und leider auch von innen musste etwas entgegengesetzt werden. Ich glaube, dass auch ein neues Bewusstmachen der christlichen Idee des menschlichen Zusammenlebens eine Menge dazu beigetragen hat, hier das Blatt zu wenden. Denn gerade damit bieten wir – auch jenseits eschatologischer Spekulationen – unserer Gesellschaft eine gewinnende Orientierung an. Das ist keine bloße Utopie. Denn sie hat letztlich in Gottes Wort ihren Ursprung. Sie ist gut begründet in glaubender Vernunft. Ihr Fundament ist das dreifache biblische Liebesgebot, aus dem sich eine dreifache Verantwortung ergibt: gegenüber Gott, uns selbst und unseren Mitmenschen. Diese dreifache Verantwortung in sozialen Regeln und Tugenden glaubwürdig bekanntzumachen und sie sogar auch in der Gesellschaft wirksam umzusetzen, ist also Teil der jetzt real werdenden Vision. Wir Christen sind also wieder sicht- und hörbare aktive Mitgestalter der Gesellschaft, soweit die territoriale Begrenzung unseres Bistums das politisch erlaubt.

Zunächst möchte ich jetzt nochmal an einige Krisenphänomene christlichen Redens und Denkens erinnern, wie
wir sie im Rahmen unserer Mission vor zwanzig Jahren
festgestellt haben. Dann bringe ich das großartige ethische
Fundament, um das damals auch viele Christen nicht mehr
wussten, in Erinnerung. Denn genau diese Werte konnten
offenbar die Christen in Utopia den einst so einflussreichen gottlosen bzw. gottvergessenen Ideen gesellschaftli-
cher Verantwortung in den letzten Jahren mit einigem Erfolg entgegensetzen. Solche Vorstellungen hatten uns ja
mehr und mehr aus der Mitte der Gesellschaft heraus ge-
drängt. Doch nun hat sich das Blatt gewendet. Das Bewusstsein um dieses Fundament trägt nach meiner Ansicht
jetzt zu großen Teilen den Erfolg der neuen Glaubenskultur, die auch die Gesellschaft wieder wirksam prägt. Ein
solcher Gedanke kann kaum überschätzt werden. Deshalb
mache ich in meinem Vortrag darauf aufmerksam, welche
Argumente heute wieder von Christen den einst so einflussreichen modernen Ideologien entgegengehalten werden. Und zwar schaue ich dabei einerseits ganz grundsätzlich auf die Begründungsebene: Das spielt sich etwa auch
in wissenschaftlichen Diskussionen ab, aber nicht nur dort.
Alle Christen sind davon betroffen. Ich nehme dabei auch
die ganz praktischen Konsequenzen und Positionierungen
in den Blick, die früher kaum zu hören und zu sehen waren, die jetzt wieder von Christen auch öffentlich vertreten
werden. In einem letzten Schritt beleuchte ich dann noch
einige Tugenden, die für das Gelingen der zu beobachten-
den Rechristianisierung unserer Gesellschaft mit verantwortlich sind. Alles in allem ist das, was ich jetzt sage, eine
Analyse der im Bistum wieder selbstbewussten christlichen Grundhaltung. Aus ihr sprühen Mut, Leidenschaft
und wahre Lebendigkeit im neuen Aufbau unserer Kirche

als Sauerteig der Gesellschaft. Und genau darin sehe ich die Vision von Bischof Martin Wirklichkeit werden.

1.2 Gottvergessenheit von gestern

Also jetzt erstmal ein kurzer Krisenblick zurück, natürlich nur aus meiner Sicht. Er hilft uns noch mal bewusster den jetzigen Wandel zu verstehen: Das Liebesgebot Jesu machten die beiden großen Kirchen in Deutschland damals schon über lange Jahre zum Ansatz für ihr gemeinsames Gesellschaftsprogramm, das sie etwa in Schriften wie dem 2013 erschienenen Papier ,Gemeinsame Verantwortung für eine gerechte Gesellschaft' und anderen Dokumenten und Positionen vorstellten. Dieses Papier ist für mich nur ein Beispiel für die Glaubenskultur von gestern. Nur deshalb richte ich jetzt meinen Blick nochmal darauf zurück. Die dort und natürlich auch anderswo vorgenommene Ableitung von Eigen- und Nächstenliebe aus der Gottesliebe ist zweifellos ein religiöses Bekenntnis. Daraus wurde ein Programm sozialer Verantwortung entworfen. Das scheint zunächst ein guter Leitfaden auch für eine Verlebendigung des christlichen Glaubens zu sein, wie er ja auch schon weit vor unserer Mission angestrebt wurde. Leider hielten auch dieses Papier und sein grundsätzliches Argument nicht, was sie versprachen. Es wählte den Vorrang des Weltbezuges als Referenz vor der transzendenten Begründung unseres Glaubens. Die christliche Idee des Sozialen sollte in der pluralistischen Gesellschaft von allen Menschen verstanden werden. So war dort die gut gemeinte Idee. Biblische Bezüge, die Rede von Gott und Transzendenz treten dabei wie eine inhaltlich überflüssige Präambel zur Seite. Das dreifache Liebesgebot wird einseitig zugespitzt auf die Nächstenliebe. Die Botschaft vom menschlichen Heil wird fokussiert auf die Immanenz in der Welt. Der Weg zu Gott ist verstanden nur als der Weg zu den Menschen im Hier und Jetzt. Das könnten schließlich alle Menschen guten Willens verstehen. Verzichtet wird dafür auf den Anspruch einer christlichen Wahrheit etwa über den Menschen, aus dem dann transparent Werte, Prinzipien und Tugenden abgeleitet werden könnten. Das Reden von Wahrheit komme ja – so die Meinung von gestern – dogmatisch oder autoritär herüber und sei deshalb in der Postmoderne nicht mehr vermittelbar. Stattdessen wird der politische Diskurs als Methode akzeptiert, über den Inhalt von Legitimität und Menschenwürde zu urteilen. Es ist diese Diskursethik, mit der ihr Vordenker Jürgen Habermas und andere Gesinnungsgenossen über Jahrzehnte hinweg mehr und mehr eine Gesellschaftsphilosophie zum Common Sense der deutschen Gesellschaft gemacht hatten. Metaphysik, Gottesbekenntnis oder Glaubenssätze müssen sich dem Forum des Diskurses unterordnen, so dass die Inhalte der Religion alle einem raumzeitlichen Relativismus unterworfen sind. Mit einer solchen nunmehr auch theologisch adoptierten Begründung und Ausrichtung sollte das Christliche anschlussfähig gemacht werden für die postmoderne Welt, oder soll ich besser sagen: für die Welt von gestern. Kein Platz war dort für Unaufgebbares oder ewig Gültiges. So war es ja etwa ganz ausdrücklich schon lange bei dem religiös unmusikalischen Habermas nachzulesen. Vielmehr gilt alleinig das als legitim, was unter Einhaltung bestimmter Regeln im Diskurs beschlossen wurde. So sollte dann auch der vermeintliche dogmatische Ballast über Bord geworfen werden, der den Kirchen bisweilen den Vorwurf des Vormodernen eingebracht hatte. Ein postmodernes theologisches Prinzip lautete: ‚Etsi deus non daretur‘ – das heißt: Stellen wir uns vor, es gebe Gott nicht. Unter dieser Prämisse des

so genannten methodologischen Atheismus sollten sich
nun auch Säkulare und Andersgläubige die kirchlichen
Gedanken zur sozialen Verantwortung für unsere Gesellschaft zu Eigen machen können, so die Idee. Das klang für
viele attraktiv, die mit gutem Willen etwas der Marginali-
sierung christlichen Denkens in der zunehmend nicht-
christlichen Gesellschaft entgegensetzen wollten. Das daran sich in diesem Papier und in zahlreichen anderen Ver-
lautbarungen anschließende politische Programm war –
symptomatisch für die Zeit damals – eine Mischung aus
ökologischem und vorsorgendem Sozialstaat. Dieses Denken war auch recht verbreitet vor allem bei medial präsen-
ten politischen Christen. Woher aber kamen in solchen Positionen nun letztlich die vermeintlich christlichen Orientierungen, vor allem, da sie doch weltanschaulich neutral
verstanden werden wollten? Die ethische Begründung war
durch den zuvor gewählten politischen Standpunkt ja
schon vorgegeben. Und der hatte zunächst nichts mit Religion zu tun: das konnte ein liberaler, ein sozialistischer,
ein esoterischer o.a. Standpunkt sein. Die Rolle des ausdrücklich Christlichen beschränkte sich in solchem christlichen Reden und Denken auf einen Paralleldiskurs nicht
mit, sondern bloß neben einem säkularen politischen Programm sozialer Verantwortung und Ordnung. Natürlich
gibt es in vielen Fragen nicht die eine, einzig wahre politische Richtung, die für alle Christen alternativlos ist. Als
Christ kann man wohl mit guten Gründen zwar nicht alle,
aber doch verschiedene politische Programme unterstützen. Dagegen ist gar nichts zu sagen. Denn das hatte ja
schon etwa Joseph Höffner betont, der große Sozialbi-
schof und Kölner Kardinal. Problematisch aber bei diesem
Denken war ein fundamentaler Konflikt mit christlichem

Selbstverständnis: Die Diskursethik stellte sogar die Menschenrechte zur Disposition. Sie ist ganz im postmodernen Sinne bloß ein Verfahren, das gehaltvolle Orientierung aus sich gar nicht hervorbringen kann. Dazu ist sie abhängig von solchen inhaltlich substantiellen Positionen, die sich am Verfahren beteiligen. Der Logik des Diskurses entgegen vertritt das Christentum doch nicht aufgebbare ethische Positionen über den Menschen und die Gesellschaft. Bleibt dagegen der religiöse Kern in sozialen Fragen nur ein Anhängsel an externe politische Programme, musste er doch mehr und mehr verdunsten. Genau das passierte. Eine christliche Ethik wurde zusehends überflüssig. Menschen, die nach Orientierung suchten, wandten sich natürlich eher dem politischen Original zu als dem christlich getauften Abklatsch. Außenstehende nahmen erst recht christliche Orientierungen nicht mehr erst, weil die christlichen Stimmen in Wertediskussionen ja gar nichts Neues mehr zu sagen hatten. Das alles bestärkte die laizistischen Kräfte und eine deprimierte Stimmung von vielen Christen, die ihre eigene Daseinsberechtigung für die Gestaltung der Gesellschaft weiter schwinden sahen ohne Aussicht auf Besserung. Das war die Postmoderne. Doch die ist jetzt von gestern!

1.3 Glaubwürdigkeit durch Gottesbezug

Schauen wir jetzt in einem nächsten Schritt doch einmal auf unser starkes christliches Fundament ethischer Orientierung, für das wir uns nicht schämen müssen, im Gegenteil. Seine Stärke ausdrücklich zu bekennen, das ist in Utopia bei Christen von heute zum Glück wieder an die Stelle einer orientierungslos bleibenden Orientierung der Theologie von gestern getreten. Die Menschen im Bistum Utopia spüren heute wieder: Ein christlicher Maßstab sozialer

Verantwortung muss tiefer und anders ansetzen, nämlich im ausdrücklich Christlichen und deshalb im Gottesbezug, von dem ausgehend erst der Weltbezug in Selbst- und Nächstenliebe zu verstehen ist. Dreh- und Angelpunkt christlicher Verantwortung ist dabei wieder, von Jesus Christus her gedacht, unser gemeinsames Glaubensbekenntnis. Unter der Prämisse eines ‚Deus etsi daretur‘, also unter der für Glaubende doch eigentlich selbstverständlichen Annahme, dass Gott wirklich existiert, richtet sich der Blick der Christen wieder auf die Gottesliebe, aus der das zweite Gebot mit Selbst- und Nächstenliebe abgeleitet ist. Ein neues Sprechen von Gott zuhause in der Familie, im Kindergarten und in der Schule, in unseren Gemeinden, in der Katechese und Verkündigung, in Schriften und Vorträgen befähigt und ermutigt die Menschen hier wieder, mit dem Feuer dieser Gottesliebe Herz, Seele und Verstand brennen zu lassen. Diese Idee eines lebendigen Christentums in der Mitte der Gesellschaft und damit auch die Vision von Martin haben, das ist jedenfalls mein Eindruck, erste gute Früchte getragen.

Sie behält nur dann auch nachhaltig ihre Relevanz, wenn sie bei allen Herausforderungen und Anfragen von innen und außen den Anschluss an Gott und unsere von Ihm abgeleitete Lebensbestimmung nicht verliert. Christliches Bekenntnis begnügt sich schließlich nicht mit dem Aufsagen von Gebeten und irgendwie gutem menschlichen Handeln. Es ist ein ausdrücklich auf Jesus Christus sich berufender Habitus, der unser ganzes Leben prägt. Um diese jetzt wieder lebendige Haltung der Christen bei uns müssen wir immer wieder neu ringen. Ihr Kern ist: Gott schenkt mir und euch und uns allen Würde und Freiheit, Er stiftet Gemeinschaft mit uns in Seinem Bund und der Kirche, Er vertraut uns die Schöpfung an, Er schenkt uns

Gnade und Vergebung am Kreuz und nicht zuletzt an Ostern die Gewissheit auf das neue Leben. Der Heilige Geist
ist in uns und befähigt uns, unserer von Gott gegebenen
Bestimmung entsprechend zu leben. Als moralische Menschen haben wir genau deshalb zuerst eine Verantwortung
gegenüber Gott, vor dem wir alle einmal stehen werden.
Aus diesem Bekenntnis leitet sich unmittelbar unsere Verantwortung gegenüber uns selbst und dem Nächsten ab.
Beides ist nicht voneinander zu trennen, wollen wir auch
soziale Verantwortung zur Gestaltung der Gesellschaft
christlich verstehen. Regeln und Ordnung müssen – christlich gedacht – die Übernahme dieser Verantwortung ermöglichen. Unserer Bestimmung zu folgen und auch unsere Mitmenschen zu befähigen, ihrer eigenen jeweiligen
Bestimmung nachzukommen, wird dann unserer gemeinsamen moralischen Verantwortung vor Gott gerecht. Das
ist die Glaubenskultur von heute, die selbst in einem pluralistischen Kontext wieder die Gesellschaft prägt. So
wirkt die Vision ebenso unaufdringlich wie doch auch einladend, weil sie relevant ist, sich unterscheidet und eine in
sich stimmige Orientierung verspricht und anbietet. Wir
Christen haben in diesem Sinne also auch eine besondere
politische Verantwortung, ohne uns dabei aber ganz der
Logik der Politik zu unterwerfen. Der Politik geht es ihrem
Wesen nach zuerst um Macht, um Pragmatik und Oppor-
tunitäten. Uns geht es um das Heil der Menschen vor Gott,
um eine Vorstellung von Wahrheit und um ein Programm,
das nicht von Mehrheiten entsprechend beliebig model-
liert werden kann. Mit einem solchen Bewusstsein prägen
Christen also auch wieder die Politik, selbst wenn solchen
Politikern oder anderen gesellschaftlich verantwortlichen
Christen mit dieser Gesinnung manche Steine in den Weg
gerollt oder gelegt werden. Die Crux dabei ist, jedenfalls

karrierestrategisch betrachtet: Sie machen nur so lange
mit, wie es ihr Gewissen erlaubt. Werden rote Linien über-
schritten, wie etwa bei Themen von Lebensschutz, laizis-
tischem Kirchenkampf, Kampfparolen oder dem Ausver-
kauf von Familie, sind sie bereit, lieber ihrem Gewissen zu
folgen als dem Erhalt eigener Posten. Genau das aber wird
von vielen Menschen von heute honoriert. Sie sehen, dass
die Christen in der Politik für Inhalte stehen und anders
sind als diejenigen, die alle möglichen Positionen für ihre
eigene Macht räumen würden und es in der Vergangenheit
auch ein ums andere Mal taten.

1.4 Glaubwürdigkeit im Menschenbild

Jetzt richte ich den Blick einmal auf die neue Diskussionskultur im Bistum Utopia. Diese erlebe ich in Debatten innerhalb der Kirche und auch in ihrer Wirkung in die Gesellschaft hinein. Christen haben die Theologie von gestern und die Diskursethik verabschiedet und bekennen
selbstbewusst wieder ihre eigenen Schätze. Sie machen in
ihren mutigen Positionen deutlich, was wir als Christen alternativen sozialen Konzepten entgegensetzen können.
Eine solche Haltung war früher kaum wahrzunehmen. Da
versteckten sich Christen und viele Vertreter der Kirche in
und vor öffentlichen Diskussionen und entschuldigten sich
für sich, ihre Kirche und deren Positionen. Ich sehe nun
die ersten Früchte einer neuen Theologie für eine neue
Glaubenskultur. Der Schatz unserer eigenen Ethik kommt
langsam wieder zum Leuchten. Es finden sich immer mehr
überzeugende Streiter dafür. Was sie als ein starkes Argument der Vernunft für unsere christliche Vision von Gesellschaft wiederentdeckt haben: Im Gegensatz zu einer
Verankerung der Gesellschaft in christlichen Werten können die meisten modernen und postmodernen politischen

Ideologien die unantastbare Würde des Menschen gar nicht konsequent begründen. Endlich wird das wieder einmal so offen gesagt und darum gestritten. Diese Stärke unserer Werte möchte ich hier noch einmal unterstreichen, weil ich sehr glücklich darüber bin, dass wir im Bistum Utopia endlich wieder über das wichtigste Wertefundament unserer Gesellschaft reden. Wir Christen sind da vorne mit dabei. Schauen wir doch mal auf die früher so selbstbewusst auftretenden Alternativen, die christliches Argumentieren verdrängten.

Da gibt es etwa die ökonomisch geprägte, individualistische Antwort. Wer fragte früher schon nach dem damit transportierten Menschenbild? Im Verzicht auf diese Frage liegt aber genau das Grundproblem. Der Menschenwürde entsprechen demgemäß solche Rechte und Pflichten, die dem ökonomischen Nutzen der Individuen zugeordnet sind. Das heißt: Staatliche Eingriffe in Eigentumsrechte, wie etwa zur Finanzierung der Sozialhilfe, sind nur aus egoistischen Nutzenkalkülen zur Absicherung des sozialen Friedens für die Bessergestellten erlaubt. Der sozial Schwache erhält nicht deshalb die Hilfe der Gemeinschaft, damit er ein menschenwürdiges Leben führen kann, sondern nur, damit er ruhiggestellt ist und nicht zu Gewalttaten neigt. Eine so verstandene Sozialhilfe, die den Stärkeren nutzt, propagierten Ende des letzten Jahrhunderts einflussreiche Wirtschaftsethiker wie Karl Homann als ,Duldungsprämien' zur Minderung des ,gesellschaftlichen Drohpotentials'. Streng genommen lassen sich dann Sozialleistungen wie die Sozialhilfe an ,ungefährliche' Schwache überhaupt nicht legitimieren, so etwa an Menschen mit Demenz oder einer geistigen Behinderung. Es überrascht wohl nicht, dass gerade aus einem solchen Denken heraus immer wieder Schmarotzerdiskussionen angestachelt wurden und werden, die wiederum das gesellschaftliche Klima vergiften. Ob der sozial benachteiligte Mensch am Rande der Gesellschaft innerlich leer und damit unfrei oder suchtabhängig wird, das ist dann nach solcher Denkweise solange gleichgültig, wie er seine Leistung für die Wirtschaftsordnung erbringt und er diese nicht etwa durch Gewaltausbrüche gefährdet. Merkwürdig, dass dieses Denken so lange dominierend war und heute anderswo auch noch ist, wo doch die Konflikte mit der Menschenwürde jedem unmittelbar einleuchten müssten. Solche Ansichten wurden sogar von manchen vermeintlichen Theologen hofiert, die meinten, damit weitgehend theologiefrei modern zu sein und deshalb anschlussfähig an die Fachwelt. Endlich ist diese Zeit pseudo-theologischer Selbstaufgabe an die Ökonomie hier bei uns nun von gestern.

Aber auch andere Positionen verdrängten mit einigem Erfolg eine ausdrücklich christliche Ethik, und auch diese sind heute noch nicht ausgemerzt. Zumindest im Bistum Utopia sind sie aber nur noch von marginaler Bedeutung. Dazu gehört etwa die kollektivistische Antwort auf die Frage nach Würde. Sie wurde früher von vielen Theologen und Christen bevorzugt, weil sie einen sozialen und deshalb vermeintlich guten, menschlichen Anstrich hatte. Sozial ist aber eben nicht gleich Sozialismus. Und Sozialismus und christliches Denken widersprechen sich fundamental vom Menschenbild her. Der Menschenwürde entsprechen im Kollektivismus ja nur solche Rechte und Pflichten, die den kollektiven Nutzen steigern. Das heißt: Wer dem Kollektiv nicht dient oder wer die herrschende Partei kritisiert, verliert seinen Status als gesellschaftliches Subjekt. Er wird zum Objekt der herrschenden Partei, sei sie nun radikal rot oder braun. Denken wir etwa an die wegen der zu zahlenden Renten teuren Rentner. Sie wurden etwa gerne aus der früheren DDR entlassen, weil sie ja nur noch Kosten für das System verursachten. Schauen wir auf die überzähligen Arbeitskräfte. In Chinas Industrie ohne hinreichende Sicherheitsstandards werden auch heute noch jährlich tausende Menschen auf dem Altar des kollektiven Wachstumsplans geopfert. Nicht zu vergessen sind die zahllosen Gefolterten und Inhaftierten, denen ihre Menschenrechte abgesprochen wurden und werden, weil sie politisch unbequem dachten und denken. Sogar ihre Organe wurden auf Schwarzmärkten verkauft. Ein theologischer Sozialismus war weit verbreitet und wurde gerne in Talksendungen hofiert. Leider ging es dabei mehr um ideologische Marktkritik als um das Evangelium. Der gute Oswald von Nell-Breuning, auf den man sich dabei gerne berief, hätte sich ganz sicher im Grabe herumgedreht. Er war ein heller Kopf, der mit den unterschiedlichsten gesellschaftlichen Gruppen diskutierte und sich nirgendwo vereinnahmen ließ. Nell-Breuning neo-sozialistisch umzubiegen, um damit politisch in bestimmten Kreisen anzukommen, das war schon ein gewaltiger Irrtum damals. Zum Glück hat auch dieses Denken jetzt im Bistum Utopia deutlich an Einfluss verloren.

Eine dritte Sicht der Menschenwürde erfreute sich früher auch einer großen Beliebtheit. Und ehrlich gesagt zeigt sie sogar manche Parallelen zu einer christlichen Sicht. Denn mit ihr lassen sich sogar universale ethische Prinzipien und Werte begründen. Doch genau diese eigentliche Stärke wurde in den Diskussionen und Referenzen auch von christlicher Seite leider oft vergessen oder verschwiegen. Denn gerade das galt ja als vormodern. Der Menschenwürde im Sinne der Aufklärung entsprechen etwa nach Immanuel Kant Rechte und Pflichten, die einem ewigen Gesetz der Vernunft folgen. Das heißt: Es sind tatsächlich unantastbare Rechte und Pflichten des Menschen begründbar. Das zugrundeliegende Sittengesetz und die kategorischen Imperative bleiben aber leider eine bloße Behauptung. Denn die Frage ist unbeantwortet, warum eigentlich ein abstraktes Gesetz der Vernunft objektive Rechte und Pflichten für Menschen begründen sollte, die selber die Vernunft nicht, nicht mehr oder noch nicht besitzen. Was machen wir dann etwa mit geistig behinderten, ungeborenen oder an Demenz erkrankten Menschen? Und was ist mit den vernunftbegabten Tieren, die im Gegensatz zu solchen Menschen ja Autonomie entfalten könnten? Der frühere Kulturstaatsminister Julian Nida-Rümelin etwa fordert Anfang dieses Jahrtausends einmal fließende Übergänge zwischen Menschen- und Tierrecht ein. Was machen wir aber dann noch mit der unantastbaren Menschenwürde? Was dabei oft vergessen wird, ist die Tatsache, dass auch Kant Gott als eine denknotwendige Idee in seinem Ethikgerüst mitgedacht hatte, ohne den das ganze System in sich zusammenfiele. Wir sehen also, auch diese anspruchsvolle Idee der Menschenwürde ist keineswegs einer christlichen Begründung überlegen. Auch das haben immer mehr Christen von heute begriffen.

Mein Fazit hierzu: Im Gebiet des Bistums Utopia setzen Christen von heute wieder Akzente in den politischen Diskussionen, in denen es um das Kernthema der Christen geht: den Menschen, seine Würde und sein Heil vor Gott. Christen haben es geschafft, dass auch wieder über die fundamentalsten Wertegrundlagen unserer Sozialordnung diskutiert wird, und nicht nur über Tagespolitik und Machtstrategien. Sie weisen auf die grundlegenden Gefahren und Defizite der alternativen Orientierungen mit ihren

verkürzten Menschenbildern hin. So wurde neulich etwa
in einer Fernsehsendung darüber diskutiert, wie eigentlich
die Menschenwürde aus Art 1 GG begründet werden kann.
Da waren dann säkulare und christliche Vertreter dabei.
Die christlichen Vertreter haben dabei eine früher in der
Öffentlichkeit kaum denkbare Meinung vertreten, nämlich
die, dass die Menschenwürde mit allein säkularen Argumenten nur entweder relativiert oder aber als solche eben
begründungsfrei nur behauptet werden kann. Da die unantastbare Menschenwürde also logisch nicht bewiesen werden kann, sei sie ja offenbar eine bloße Glaubenssache.
Die beste Begründung für die unbedingte Menschenwürde
gerade auch der schwachen, der kranken, der behinderten
und ungeborenen Menschen bietet, so die christlichen
Vertreter, die christliche Anthropologie. Denn sie bekennt
die Unantastbarkeit auch offen als Glaubenssache, begründet in der christlichen Idee von der Gottesebenbildlichkeit
und von der Menschwerdung Gottes. Der katholische Vertreter hat dann auch noch den Heiligen Thomas von Aquin
ins Feld geführt. Mit diesem könnten wir diese Wahrheit
mithilfe einer durch Liebe beseelten Vernunft auch erkennen. Das finde ich großartig, dass heute wieder so in der
Öffentlichkeit diskutiert werden kann, und dass christliche
Vertreter sich das auch zutrauen. Auch das darf man also
sagen, ohne direkt in die Schmuddelecke verbannt zu werden. Und dabei wurde nicht gepfiffen oder gebuht. Es
wurde, für mich einleuchtend, in der Diskussion die These
aufgestellt, dass, wer den Menschen im christlichen Sinne
verstehe, die sozialen Transfers an Bedürftige niemals als
Duldungsprämie, sondern stets als unbedingtes Menschenrecht deuten muss. Dies ist schließlich eine gute Begründung von Solidarität als Hilfe zur Selbsthilfe. Das
heißt aber andererseits: Im Sinne der Subsidiarität stehen

die Fähigen zugleich in der unbedingten Verantwortung, den ihnen möglichen Beitrag für die Gesellschaft zu leisten. Gut, dass inzwischen auch mal wieder daran erinnert wird, dass diese Idee von sozialer Gerechtigkeit zutiefst in der katholischen Soziallehre verankert ist. Auch der Unterschied zwischen Menschen- und Tierrecht wurde hier von den christlichen Vertretern in aller Deutlichkeit angesprochen. Es wurde klar, Christen redeten hier nicht politisch opportunistisch, sondern sie argumentierten ausdrücklich mit ihrem Bekenntnis! Das ist das Neue an der neuen Diskussionskultur von heute.

Dieses Bekenntnis wird also wieder offen in die Wertediskussionen eingebracht. So wie Sozialisten, Liberale, Tibeter oder Kantianer und andere, so führen also inzwischen auch Christen wieder ihre Begründungen ins Feld, ohne direkt als unwissenschaftlich, unmenschlich oder vormodern diskreditiert zu werden, sei es von außen oder aus den eigenen Reihen. Es blüht jetzt hier wieder eine demokratische Streit- und Diskussionskultur, die auch von vielen säkularen Vertretern geschätzt und mitgetragen wird. Das ist ein sehr gutes Zeichen dafür, dass Christen wieder in der Mitte der Gesellschaft mit ihren Argumenten angekommen sind und ernst genommen werden, auch ohne das alte Mantra der Anschlussfähigkeit. Auch Nicht-Christen setzen sich also wieder konstruktiv mit den Werten des Christentums auseinander, so auch mit der grundlegenden sozialen Vision. Sie sehen, dass damit das Gegeneinander von Rassen oder Klassen durch ein Bewusstsein einer Menschheitsfamilie als Kinder Gottes gut begründet abgelehnt werden kann und muss. Viele Menschen sehen also wieder, dass unser Bekenntnis zur christlichen Anthropologie erwünschte politische Konsequenzen hat, die sich nicht auf Anhängsel politischer Parteiprogramme oder der Tagespolitik reduzieren lassen.

1.5 Glaubwürdiges Menschenbild in der Praxis

Einige konkrete Beispiele möchte ich euch jetzt schildern, die für mich ein Indiz für diesen neuen Platz christlicher Wertepositionen in der Mitte der Gesellschaft sind. Sie illustrieren eine deutliche Trendwende gegenüber dem, was wir vor zwanzig Jahren in unserer Mission festgestellt hatten. Diese kleine Liste mit meinen wenigen Beispielen unterstreicht noch einmal die wieder gewonnene politische Orientierungskraft unseres Bekenntnisses, mit der wir wieder Diskussionen anstoßen, selbst auf die Gefahr hin, dass uns manche Lobbyvertreter oder Protagonisten anderer Meinung auch heute noch mundtot machen wollen. Weil wir ja in einer freiheitlichen Demokratie leben, in der Meinungsfreiheit ein materiales Grundrecht ist, sollten wir jetzt weiter als Christen solche Akzente in die geführten Diskussionen einbringen, auch wenn wir dafür nicht immer Mehrheiten erhalten und christliche Politiker sich aus Gewissensgründen auch schon mal aus dem Dunstkreis der Macht zurückziehen. Glaubwürdigkeit aber ist für uns im Zweifel wichtiger als eine teuer erkaufte Mehrheit. Das merken die Menschen. Und deshalb sind ausdrücklich christlich erkennbare Argumente und Menschen auch wieder so gefragt. Im Kontext der pluralistischen Gesellschaft, deren Teil wir sind und die wir wieder sichtbar und erfolgreich mitgestalten, ist es wichtig, dass wir uns als Christen auch immer wieder gegenseitig bestärken. Christen von gestern haben bisweilen das Gegenteil gemacht und sich noch gegenseitig ausgebremst, um sich persönlich auf Kosten anderer in der säkularen Welt besser zu stellen. Der neue Geist von heute stärkt uns gegenseitig und macht uns auch Mut, in der politischen Diskussion erkennbar und konsequent unsere relevanten Positionen zu vertreten, die nicht schon andere Medienlieblinge vorgekaut haben. Manches meiner vier kleinen Beispiele hier kennt ihr vielleicht schon. Aber ich trage sie trotzdem vor, weil es mich so sehr freut, wie bei uns die Kultur gelebten Glaubens wieder die pluralistische Gesellschaft herausfordern und auch wieder prägen kann. Gut also ist es, dass manche Positionen wieder öffentlich wahrgenommen werden. Aber es ist natürlich noch weiter viel Luft nach oben. Denn Widerstand dagegen regt sich auch heute aus manchen Ecken der Gesellschaft, zum Glück aber inzwischen weniger aus den eigenen Reihen der Kirche als früher.

1. Der Einsatz für den unbedingten Lebensschutz vom Anfang bis zum Ende: Dazu zählt die öffentliche Skandalisierung des fortlaufenden Verfassungsbruchs in der juristischen Abtreibungspraxis, ebenso wie eine klare Absage an alle Formen der Euthanasie. Dagegen stellen wir das Bekenntnis zur Würdigkeit des kranken und sterbenden Lebens. Gute christliche Gründe dafür gibt es genug. Etwa der evangelische Theologe Eberhard Jüngel brachte es einmal so auf den Punkt: ‚…wer das beschädigte menschliche Leben nicht erträgt, der erträgt in Wahrheit die Würde nicht, die der Mensch auch in den erbärmlichsten Lebensumständen unwiderruflich hat.‘

2. Der Einsatz für eine Förderung der Familie mit Kindern, die bei ihren Eltern leben: Natürlich gibt es schmerzliche Erfahrungen des Scheiterns. Doch nicht mehr hingenommen wird von Christen heute die Nivellierung aller möglichen Lebensformen unter der Überschrift Familie oder Ehe. Wenn wir

irgendwie alles als Familie und Ehe umdefinieren, wie es in der Vergangenheit auch mit christlicher Billigung oder zumindest Duldung geschah, tritt an die Stelle der mit dem Ideal verbundenen gesellschaftlichen Verantwortung die individuelle Beliebigkeit. Keiner wusste früher mehr, wofür die Kirche hier eigentlich steht, wenn alles für gleichgültig erklärt wurde. Wenn dabei aus christlicher Verantwortung immer der in Not Geratene besonders im Fokus bleibt, etwa die Alleinerziehenden, so bleibt doch auch immer das Ideal vom Fragment zu unterscheiden. Und dafür treten Christen von heute wieder hörbar ein und finden dafür Gehör auch außerhalb der Kirche.

3. Die Gleichmacherei im Schulsystem widerspricht der christlichen Idee von der Unterschiedlichkeit der Menschen bei gleicher Würde. Menschen haben eine gleiche Würde, aber sie sind nicht gleich. So sind den Menschen vom Schöpfer unterschiedliche Talente mitgegeben. Das Talent des abstrakten Denkens ist dabei nicht mehr wert als etwa handwerkliches Geschick. Ein ‚Recht auf Abitur‘ bei gleichzeitiger Herabsetzung der inzwischen ausgestorbenen Hauptschulen und des Handwerks entmündigt Menschen von einer ihren Begabungen entsprechenden Förderung. Das sprechen Christen jetzt wieder offen aus und mischen sich in entsprechende bildungspolitische Entscheidungsprozesse mit einigem Erfolg ein. Auf Landesebene haben die Stimmen aus dem Bistum schon wieder einiges an Gewicht gewonnen. Und ein differenziertes Schulsystem wird wieder angedacht, das den unterschiedlichen Talenten Rechnung trägt.

4. Christen von heute lehnen in aller Klarheit Ideologien ab, die das unbedingte Menschenrecht relativieren. Daraus folgt eine öffentlich klare und auch unmissverständliche Absage an links- und rechtsextremistische Hetze und an Kampfideologien wie etwa eine menschenverachtende Scharia oder einen Kampf-Laizismus. Zu einem solchen Bekenntnis gehört auch das heute wieder hörbare Eintreten für die verfolgten Christen, die mutig zu ihrem Glauben stehen und dafür auch Lebensgefahr oder sogar das Martyrium in Kauf nehmen. Klar sagen sie dann auch: Der islamistische Islam gehört nicht zu Deutschland. Dazu gehören kann aber ein aristotelischer Islam, wie ihn etwa im Mittelalter Averroes vertrat, und von dem das Christentum manches gelernt hat. Diese klare Differenzierung setzte einen Schlussstrich unter eine unselig ideologisierte Diskussion von gestern.

Auch zu Fragen neuer Technologien haben sich Christen mit ausdrücklichem Bezug auf unser Menschenbild eindeutig positioniert und damit Orientierungen angeboten, die sich zwar nicht immer durchsetzen, aber in der Diskussion ernstgenommen werden. Das gilt etwa für folgende Themen:

1. Abgelehnt wird jeder Einsatz von Technik, der das menschliche Leben aus der Verfügungsgewalt Gottes entreißen will: etwa aktiv betriebenes selektives Töten am Anfang oder Ende des Lebens bzw. in schwerer Krankheit.

2. Nicht erlaubt sind aus Sicht der Christen von heute Manipulationen am Menschen, die ihn in seiner Integrität und Verantwortlichkeit wesentlich verändern: Das gilt etwa für eine nun bald mögliche

Technik, die dem Menschen ein neues Gehirn ein-
pflanzen kann. Die Übernahme von Verantwortung setzt Freiheit voraus, doch ist Selbstbestimmung nicht das Letztkriterium. Persönlichkeitsver-
ändernde künstliche Manipulationen, die zwar Op-
tionsräume und Intelligenz weiten könnten, sind
inakzeptabel, wenn sie die Kontinuität menschlichen Personseins und damit letztlich von Verantwortung gegenüber dem Schöpfer unterminieren.

3. Diagnosen und Therapien dürfen aus christlicher
Sicht nicht allein von sich selbst steuernden Algorithmen und „künstliche Intelligenzen" vorgenom-
men werden, weil diese gerade den Menschen als
Person und Gottes Ebenbild nicht mehr im Blick
haben und ihn auf Zahlen und Datenkolonnen reduzieren. Technik darf und soll entlastend wirken,
doch am Ende müssen Entscheidungen – wenn
auch technikunterstützt – durch Menschen getroffen werden. Technikeinsatz darf sich nicht verselbständigen, denn Technik hat keine Seele und erkennt etwa beim Einsatz im Gesundheitswesen im
Patienten auch keine Seele. Sie kann so auch keine
Verantwortung übernehmen. Die Wirkmacht Gottes mit zu berücksichtigen, ist für sich selbst steu-
ernde Technik unmöglich, weil sie Metaphysik,
Liebe und Gottes Heil nicht in ihre Sprache über-
setzen kann. Dafür müssen Menschen die letztlich
entscheidenden Akteure bleiben, die Technik be-
nutzen, aber nicht von ihr seelen- und gottlos de-
terminiert werden. Dafür streiten die Christen von
heute in Utopia.

4. Deaktivierende Technik wird als illegitim entlarvt, weil sie dem Menschen seinen Verantwortungsspielraum beschneidet, seine von Gott geschenkten Talente möglichst gut zu nutzen. Dazu zählen auch Techniken, die dem Menschen Gesundheit nur vortäuschen und die ihn davon abhalten, sich bewusst mit seiner Gebrechlichkeit, der Endlichkeit des Lebens auseinanderzusetzen und sich bewusst auf seinen Tod und das christlich erhoffte Leben danach vorzubereiten.

5. Für Christen in Utopia ist auch klar: Eine Kommunikation mit einem humanoiden Roboter ist kein Dienst am Heil des betroffenen Menschen, abgesehen davon, dass solche Kommunikation auch noch mit ihrer womöglich täuschenden Imagination das Menschenbild verschwimmen lässt und vorgetäuschte Gefühle als echt empfunden werden können. Humanoide Technik sollte vermieden werden, weil sie menschliche Kontakte vortäuscht, Gefühlsleben und Beziehungen manipuliert und gesellschaftlich dazu beiträgt, die herausgehobene Würde des Menschen in Abgrenzung zu solchen Maschinen zu relativieren.

Das Einbringen solcher auch klar erkennbaren christlichen Positionen ist Ausdruck unserer wieder neuen Kultur öffentlich gelebten christlichen Glaubens. Es entspricht unserer Sozialverantwortung, nicht weil es jetzt gerade für irgendwen als politisch korrekt empfunden wird oder weil es eine hohe Medienquote verspricht, sondern weil es aus dem Auftrag Christi abgeleitet wird. Das ist transparent und plausibel, auch wenn man sich daran stoßen mag. Aber dies ist doch gerade ehrlicher Pluralismus auf Augenhöhe, in dem Christen von heute nunmehr wieder mitmischen. Solche ja nur exemplarischen Orientierungen, die jetzt wieder hörbar sind, erinnern uns daran, dass unser Glaube nicht beliebig und gleichgültig ist gegenüber Fragen menschlichen Zusammenlebens. Dieses auch missionarische Selbstbewusstsein sehe ich als das gesunde Herz der Vision von Kirche in Utopia. Damit es auch in Zukunft so schlägt, braucht es weiterhin Menschen, die dafür eintreten, möglichst viele, wenn nicht sogar alle Christen, jeder mit seinen Gaben und Möglichkeiten. Deshalb möchte ich jetzt abschließend noch den Aspekt der Tugend mit einbringen.

Ich glaube, meine Redezeit neigt sich so langsam dem Ende zu ... Keine Sorge, ich komme jetzt auf die Zielgerade meines Vortrags.

1.6 Glaubwürdigkeit durch gelebte Tugenden

Zur neuen Tugendkultur wollte ich abschließend noch etwas sagen: Um die im dreieinigen Gott verankerten Ideen vom Menschen und von Gesellschaft umzusetzen, bedarf es unter uns Christen einer Reihe von Tugenden, mit denen wir der Vision einer Kirche von heute auch glaubwürdige Gesichter geben. Zuerst sehe ich da den wieder erwachten missionarischen Mut. Die Kirche war gesellschaftlich in der Defensive. Skandale, Kirchenaustritte, mangelnder Nachwuchs schwächten ihre Position. Dazu fehlten auch noch mehr mutige und hörbare Stimmen wie einst die von Joseph Höffner oder Oswald von Nell-Breuning, die in ihrer Zeit die sozialen Fragen der Menschen verstanden und sie kompetent und wirksam in die Politik hineintrugen. Nur mit gelebtem Mut der Christen hier sind wir aus dieser Defensive herausgekommen. Und deshalb müssen wir uns diese Tugend auch bewahren, um

auch weiterhin offen für die Kirche und die Idee einer
wirklich gut begründeten Idee von Würde und Gerechtigkeit einzutreten. Auf dem Markplatz der Religionen, Kulturen und Weltanschauungen heute können wir unsere Positionen nur gewinnend vorschlagen, wenn wir auch zu
ihnen stehen und nicht die Äste christlichen Argumentierens selbst absägen. Eine dafür notwendige selbstbewusste
Haltung von Mut, die sich heute wieder verbreitet, lässt
sich aus meiner Sicht so beschreiben: In den Begegnungen
auf dem Marktplatz der Religionen und Weltanschauungen bringen wir unsere guten Gründe offen zur Sprache,
so wie es andere ganz selbstverständlich auch schon lange
tun. Ein solcher Mut macht mit dem Auftrag Jesu zum hörbaren Bekenntnis in der Welt ernst, wie es etwa in Mt
28,19f. nachzulesen ist. Wer so handelt, schätzt die Anderen und das Andere auf dem Marktplatz gerade durch einen solchen offenen Austausch der Argumente auf Augenhöhe. Soviel zur Tugend des Mutes. Die allein reicht aber
nicht aus.

Es braucht dazu noch viel mehr. Gerade in die Gebrochen-
heit des Menschen und der Welt wirkt unser Christsein
hinein: etwa als eine Haltung begründeter Dankbarkeit
dem Göttlichen gegenüber. Und wer gerade einmal in seiner Lebenssituation nicht fähig zu diesem Dank ist, dem
bleibt immer die Tugend der Hoffnung. Auch damit sind
wir heute wieder ein guter Sauerteig der Welt, weil viele
Menschen sich nach Hoffnung sehnen. Quellen einer Spiritualität der Hoffnung sind Gebet, Heilige Schrift, Sakramente, Gemeinschaft in der Kirche und darin gemeinsames Bekenntnis. Viele Christen von heute verkörpern
diese Hoffnung wieder: Christliche Zuversicht ist keine
Vertröstung aus der Welt heraus ins Jenseits. Im Gegen-

teil: Sie verändert unser Hier und Jetzt! Unser Bewusstsein, dass unser Ursprung und Ziel nicht irdisch sind, lässt uns als Christen mit Zuversicht leben, denken, feiern, leiden und auch sterben, wo andere verzweifeln. Christen von heute spüren wieder: Mit Mut, Dank und Hoffnung sind wir berufen und fähig, für die in Gott verankerte Vision vom Menschen und der Gesellschaft einzutreten.

Das ist nicht immer mit eigener Kraft zu leisten. Hinzukommen muss deshalb auch eine Tugend des Gebets. Was in komplexen Entscheidungsdilemmata nun genau zu tun ist, entzieht sich oft der menschlichen Ratio oder dem guten Ratschlag. Oswald von Nell-Breuning formulierte es einmal so: ‚Der gläubige christliche Politiker wird in solcher Lage zum Heiligen Geist um die rechte Eingebung beten.' Ich bin sicher, unsere Gesellschaft gewinnt jetzt gerade wieder mehr und mehr ein neues, gutes Gesicht, je intensiver nicht nur unsere politischen oder anderen Entscheidungsträger, sondern wir alle uns noch mehr darauf verlassen als auf Machtinstinkt, Kalkül, Strategie oder wechselnde Stimmungen.

Wir als Christen haben eine große Aufgabe und Chance, klare Orientierungen und so auch eine starke Mission als Individuen und als Kirche in diese Welt hinein. Indem sich diese hier im Bistum gerade Bahn bricht, sind wir Zeugen für die Einlösung der großen Vision und vom Dem, der noch viel größer ist."

1.7 Fazit und Austausch

Nach dem Vortrag war erstmal ein Schweigen ... *Mia* brach nach einer kurzen Weile die staunende Stille und sagte: „Mir fällt zu deinen leidenschaftlichen Thesen ein

schönes Gedicht ein. Das hat mir auf unserer Missionsreise bei einer Begegnung mit der aktiven Jugendgruppe
einer Pfarrei eine damals 20-Jährige mitgegeben. Sie beschreibt darin ihre Idee von Freiheit als Christin als einen
Habitus, der uns Halt und Orientierung gibt, gerade auch
dann, wenn Vernunft und andere menschliche Logik an
Grenzen stoßen. Für sie war das Gedicht damals eher eine
Sehnsucht in die ungewisse Zukunft. Gut ist es, wenn
diese jetzt in vielen Menschen von heute wieder lebendig
wirkt und wenn die junge Frau es jetzt auch so entfalten
kann, wie sie es damals erhoffte. Ich lese es euch mal vor,
weil ich glaube, dass es an dieser Stelle sehr gut passt:

Freisein in Gott heißt:
Ich bin frei geboren
Und entscheid ich mich für dich
Geht meine Freiheit nicht verloren
Denn in Dir erleb ich mich
Mein Glaube - mein Ursprung
Mein Weg und mein Ziel
Mein Glaube, meine Hoffnung
Meine Entscheidung fiel
Und fällt doch jeden Tag neu
Jeden Tag, jeden Augenblick
Ich glaube an die Freiheit, die Du mir gibst und lässt
Ich hoff, ich bin bereit,
und halte an Dir fest
Auch in Krisen, in die ich gerate,
will ich - innerlich gestärkt -
hoffen, dass ich mich nicht verrate,
hoff, dass man es wirklich merkt,
dass Du - trotz aller Dunkelheit

in noch so tiefer Einsamkeit
da bist und mich nicht vergisst."

Die Vier tauschten nun ihre ersten Eindrücke zu dem Gehörten aus, während ich mir im Stillen auch meine Gedanken machte, was das nun alles konkret für das Leben der
Christen bedeuten mag. Ich machte mir auch eine ganze
Reihe an Notizen.

Thomas versuchte – wie am Anfang besprochen – die wesentlichen Perspektiven aus Michas Rede auf einem Flipchart festzuhalten, um so am Ende einen Gesamtüberblick
über die Vier an dem Nachmittag vertretenen Positionen
zu bekommen. Er resümierte also, während er gleichzeitig
die wesentlichen Stichworte schriftlich für alle sichtbar
festhielt:

Fazit

„Der Kulturwandel im Bistum Utopia aus Sicht von
Micha ist so zu fassen: Die Christen machen sich mehr
als früher wieder die Orientierungskraft unseres Glaubens für das Leben und die Gestaltung der Gesellschaft
bewusst. Sie hören nicht mehr zuerst auf ethische
Denk- und Lebensmodelle der anderen, sondern argumentieren wieder ausdrücklich mit der christlichen
Idee von Würde und Verantwortung, wie sie in der
Schrift und Tradition grundgelegt ist. Sie entwickeln
wieder mehr lebendige Tugenden wie Mut, Dankbarkeit, Hoffnung und Gebet, die als Habitus ausstrahlen.
Diese Haltungen verändern das eigene Selbstbild, den
Umgang mit eigenen Grenzen, Zweifeln und Erschüt-
terungen. Hierzu stärken sich die Christen gegenseitig

in diesem Bewusstsein und strahlen mit ihrem Bekenntnis einladend aus. So erkennen sie wieder den Zusammenhang zwischen ihrem Zeugnis und sozialen Konsequenzen. Sie mischen sich wieder mehr als früher auch in politische Diskussionen ein, wo sie mit ihrer ausdrücklich religiös begründeten Ethik eigene Positionen einbringen und auf mögliche Defizite alternativer Positionen mutig hinweisen. Christlich-soziale Positionen sind somit wieder Teil der gesellschaftlichen Diskussion geworden mit einer nicht immer bequemen, aber doch verlässlichen Stimme. Innere Freiheit im Bekenntnis spornen sie also an, sich selbst und Gott treu zu sein und Ihn wieder zum Lot des eigenen Lebens und auch der Gesellschaft zu machen, selbst wenn man damit auch mal scheitern sollte oder keine Mehrheiten bekommt. Solche Veränderung im Selbstverständnis vieler Christen hat offenbar dazu geführt, dass sie auch wieder gehört werden bei vielen wichtigen Fragen, zu denen sie aus ihrem Glauben auch Relevantes zu sagen haben. So wirkt also die christliche Glaubenskultur einladend und herausfordernd auf die sie umgebenden Kontexte. Ich hoffe, so habe ich es gut zusammengefasst ...“

Micha war offenbar mit diesem Fazit erstmal so einverstanden. *Mia* fragte aber nach: „So, jetzt muss ich doch mal einhaken. In der Zusammenfassung wurde mir noch mal eine Frage bewusster, die mir eben bei deinem Vortrag, lieber Micha, nur unterschwellig gekommen war. Du stellst es ja so dar, als gebe es da nur die eine christliche Position, die eine Orientierung, die alle teilen müssen und die damit wie mit einer Stimme in die Gesellschaft hineinwirkt. Aber so einfach ist es ja auch in unserem Glauben nicht. So kann es doch auch etwa verschiedene Auslegungen darüber geben, wie hohe Sozialtransfers an Bedürftige gezahlt werden. Auch gibt es unterschiedliche Meinungen etwa zur Frage eines so genannten gerechten Krieges oder des Tyrannenmordes. Christen müssen nicht Verfechter der Sozialen Marktwirtschaft sein. Und auch in der Pädagogik gibt es ja ganz unterschiedliche Modelle, die je für sich gut christlich begründet sind. Gerade diese Vielfalt sehe und schätze ich jetzt hier wieder in Utopia. Sie ist gerade nicht eine Einheitsdoktrin für alle, sondern eine Kultur, die aus dem gemeinsamen Bekenntnis abgeleitet auch Heterogenität zulassen kann und muss."

Micha antwortete gleich: „Da haben wir vermutlich eine unterschiedliche Wahrnehmung. Und genau das ist doch gut, auch in deinem Sinne. Natürlich gibt es nicht nur eine einzig mögliche christliche Antwort auf alle möglichen Fragen von Gesellschaft, Politik, Wirtschaft u.a. Joseph Höffner hatte ja auch schon gesagt, die Soziallehre der Kirche biete klare Orientierungen an, die dann aber in je unterschiedlichen Kontexten Anwendung finden müssen. Das ermöglicht dann ganz selbstverständlich auch eine Bandbreite alternativer christlicher Antworten. So haben ja früher etwa auch christliche Vertreter und sogar das kirchliche Lehramt mit der Enzyklika ‚Quadragesimo anno' von 1931 noch eine Berufsständische Ordnung für die Gesellschaft favorisiert, weil sie darin die Prinzipien der Soziallehre am besten verwirklicht sahen. Diese Position hat sich, wie wir alle wissen, nicht durchgesetzt. Später schwenkten die entsprechenden Vordenker zur Sozialen Marktwirtschaft um. Aber auch die ist nicht auf ewig sicher die beste Wirtschaftsordnung im christlichen Sinne. Vielleicht wird es mal eine bessere geben, die noch mehr den christlichen Grundwerten und Prinzipien entspricht.

Das können wir heute nicht abschließend wissen. Ich will damit sagen: Du hast recht, es darf und soll auch ruhig unterschiedliche Auslegungen unseres christlichen Grundverständnisses vom Menschen und vom Zusammenleben geben. Mir aber ist wichtig, und das scheint mir jetzt gerade wieder mehr ins Bewusstsein der Menschen gekommen zu sein: Es gibt unveränderliche Grundpositionen, Werte und Prinzipien, die für jedes christliche Argumentieren etwa in sozialen Fragen die Referenz sein müssen. So ist beispielsweise jede Form der systematischen Relativierung von Menschenwürde abzulehnen, ebenso alle Bestrebungen, die das Christliche ausdrücklich verdrängen wollen, oder Kampfideologien, die einer Idee des friedlichen Miteinanders entgegenstehen. Die Stärke unserer Idee des Zusammenlebens ist doch gerade die, dass wir – anders als konkurrierende Vorstellungen – die gleiche Würde aller Menschen auch gut und transparent begründen können, auch derjenigen mit anderer Anschauung. Wo Kampfideologien also exklusive Würde definieren, haben wir ein inklusives Programm. Denn für uns ist jeder Mensch Gottes Ebenbild, ob er nun Christ ist oder nicht. Und auch mit dieser Auffassung inklusiver Heterogenität haben wir ein ausgezeichnetes Prinzip für das Zusammenleben, das alles andere als autoritär ist. Wer aber genau diese Grundideen ablehnt, der ist nicht auf unserer Seite, und der kann sich auch nicht auf Christus berufen. Ich halte es deshalb für richtig, wenn wir hier eine Grenze ziehen können und auch klar machen, wo Menschen sich zu Unrecht auf das Christliche berufen. Es ist gut, wenn deutlich gemacht wird, dass es keinen christlichen Kommunismus geben kann und auch keinen christlichen radikalen Liberalismus, weil die Menschenbilder sich funda-

mental widersprechen. Der Kommunist opfert das Individuum dem anonymen Kollektiv und vertritt eine Kamp-
fideologie. Der Libertäre tritt dafür ein, dass wir etwa unsere Körperteile am Markt frei verkaufen können, weil sie
ja wie andere Gegenstände uns selbst gehören. Wer nun
meint, das eine oder andere christlich zu begründen, der ist
auf dem Holzweg. Das geht nämlich nicht. Und es ist gut,
wenn solche Grenzen auch wieder deutlich gezogen werden. Das hilft, die Konturen christlicher Ethik klarer zu erkennen. Ob nun ein ‚gerechter Krieg' angemessen ist oder
nicht, dazu gibt es ja auch entsprechende Orientierungen
der Kirche. Aber es wird auch in dieser Frage deutlich,
dass man je nach Situation mit guten christlichen Argumenten zu einander widersprechenden Aussagen kommen
kann. Also ich finde es erfreulich zu sehen, dass von Christen heute die Grenzen gewisser fundamentaler Grundlagen
christlichen Argumentierens wieder klarer gezogen werden. Dieses Fundament, also etwa die Idee dreifacher Verantwortung oder natürlich die Inhalte des Glaubensbe-
kenntnisses, gilt dann bindend für alle, die sich Christen
nennen. Von da ausgehend sind dann auch mal unterschiedliche Auffassungen zu Einzelfragen möglich, nicht
aber Verstöße gegen das Fundament. Andere können andere Fundamente hernehmen. Aber das ist dann nicht mehr
christlich. Und in diesem Sinne finde ich es durchaus auch
bereichernd, wenn Christen wieder kultiviert mit ausdrücklichem Bezug auf ihr Bekenntnis miteinander ringen
um politische Entscheidungen. Voraussetzung ist, dass sie
auch wirklich einander zuhören und dass sie das gemeinsame Fundament teilen. So verknüpfen wir wieder unser
Bekenntnis mit der guten Gestaltung der Welt. Und wir
bringen Gott wieder dafür ins Gespräch. Denn Er hat doch

nach unserer Überzeugung sehr viel zu tun mit der Gestaltung der Welt, in der wir leben."

Nun schritt *Gabi* – auch mit einem flüchtigen Blick auf die Uhr – ein und sagte: „Ich nehme dich jetzt mal beim Wort, Micha. Wir Vier haben bei sicher vielen Gemeinsamkeiten der Wahrnehmung doch alle einen je eigenen Blick auf die neue Glaubenskultur hier im Bistum Utopia. So wie du es jetzt noch mal erklärt hast, ist das nach meiner Überzeugung eine berechtigte Perspektive, die aber natürlich auch nur einen bestimmten Ausschnitt des Ganzen abbildet. Lasst uns also jetzt weiter machen in der Vorstellung unserer Einschätzungen. Die sind nämlich solche anderen, ebenso legitimen Perspektiven auf die neue Kultur. Ich würde mich da jetzt gerne als zweite mit meiner Sichtweise anschließen, wenn ihr nichts dagegen habt. Schließlich war ich ja mit Micha gemeinsam unterwegs. Und manches ergänzt deshalb die eben gehörten Beobachtungen. Einverstanden?"

2. Christus, Ökumene und gewinnende Moral

Natürlich hatte dagegen keiner einen Einwand. So schloss sich Gabi mit ihrem Statement an. *Jan* erklärte mir in der kurzen Pause: „Ich vermute, dass manche Referenzen von Gabis Ist-Analyse, wie sie es selbst schon angedeutet hat, die gleichen sein werden wie bei Micha. Auch bei Gabi ging es damals wie jetzt vor allem um das Selbstverständnis von Christen in der Welt. Aber ganz sicher wird sie einen neuen Akzent setzen, sonst bräuchte sie ja gar nichts zu berichten. Auch hat sie eine mehr abwägende Sicht und weniger Heißblütigkeit. Ich denke, die Ökumene wird dabei eine wichtige Rolle spielen, vermutlich auch irgendwas Neues noch zur christlichen Sprachfähigkeit in der Welt. Denn das sind ja ihre Lieblingsthemen. So hatte Thomas es mir damals erklärt. Hören wir also mal."

DIE REDE VON GABI

2.1 Fokus

„Micha hat ja bereits wichtige inhaltliche Aspekte benannt, die die Christen von heute wieder selbstbewusster machen. Auch der Hinweis auf ein neues christliches Tugendbewusstsein ist nach meiner Ansicht unerlässlich für das zu beobachtende Gelingen der Vision. Ich versuche nun ein paar Ergänzungen aus meiner Sicht. Ich setze dabei, das ist für euch wohl nicht allzu überraschend, eher einen Schwerpunkt auf das Thema Kommunikation und nehme dabei auch das Profil einer Theologie von gestern und heute noch mehr in den Blick. Ich denke in meiner Perspektive ausdrücklich ökumenisch und will meine Deutungen auch so verstanden wissen. Doch was ist eigentlich Ökumene? Über das Aussehen des gemeinsamen christlichen Hauses der Kirchen gab und gibt es keinen allgemeinen Konsens. Meine Auslegung auch zu diesem Grundverständnis ist also zweifellos streitbar. Aber da stehe ich zu, und das stehen wir uns hier ja auch gegenseitig zu.

Ich nehme hier im Bistum Utopia bei den Christen von heute einen Wandel im Verstehen von Ökumene wahr. Früher hatte ich eher den Eindruck, bei vielen Aktivitäten unter dieser Überschrift ging es darum, möglichst viel gemeinsam zu machen und dabei einen kleinsten gemeinsamen Nenner zu finden. Dabei sind eigene Profile bisweilen auch verschwommen und Traditionen beiseitegeschoben worden. Ökumene, wie ich sie heute erlebe, wirkt auf das Leben im Bistum auf eine ganz andere Weise inspirierend. Katholische und evangelische Christen stehen weiter zu ihren je eigenen Traditionen, etwa in Liturgie, Sakraments- und Amtsverständnis. Großartig wäre es, wenn wir hier in vielen Fragen noch viel weiterkämen, um so Trennendes zu überwinden, was uns nicht trennen muss. Das wird nicht etwa mit populistischem Aktionismus bei Großevents zelebriert, sondern sauber theologisch erarbeitet. Dann steht der Weg in die hoffentlich gemeinsame Zukunft auf einem festen Fundament und ist nicht auf dem Sand wechselnder Stimmungen aufgebaut. Ich freue mich zu sehen, dass es gute Fortschritte im Abendmahlsverständnis gegeben hat, so dass zwischen Lutheranern und Katholiken jetzt grundsätzlich diese Frage geklärt ist, was übrigens auch die orthodoxen Ostkirchen akzeptiert haben. Der gemeinsame Glaube an die Realpräsenz von Jesus Christus in der Hostie nach den Einsetzungsworten ist ja schon immer eine starke Brücke, trotz gebliebener Differenzen. Jetzt sind wir endlich auch theologisch soweit, dieses zentrale Sakrament gemeinsam zu feiern. Das ist ein großer Schritt, der natürlich die Kirchen weltweit betrifft und nicht allein Utopia. Gut ist es, dass hier weiter gemeinsam und intensiv um den Bau solcher Brücken gerungen wird, statt an alten, nur trennenden Kampfthemen festzuhalten. Es geht voran in einem vertieften Bewusstsein unseres gemeinsamen Glaubens, und dabei weder um eine vorschnelle Aufgabe des Eigenen, noch um eine Profilbildung um der Profilbildung willen. Positiv sehe ich auch, dass Kirchenräume gemeinsam genutzt werden und dass es viele gemeinsame Aktivitäten mit sichtbarem Bekenntnisgehalt gibt. So hat sich etwa die Zusammenarbeit von Caritas und Diakonie im Raum des Bistums deutlich intensiviert. Gemeinsam wird der Frage nachgegangen, wie eine erkennbar christliche Kultur in diesem Bereich glaubwürdig gelebt werden kann, und dies auch angesichts von vielen Nicht-Christen, die hier arbeiten. Ich sehe eine engere Zusammenarbeit in vielen Bereichen der Seelsorge, wo etwa Geistliche beider Konfession etwa im Bereich der Begleitung von Kranken und Sterbenden eng zusammenarbeiten, soweit dies nicht die Grenzen des Sakraments der Krankensalbung tangiert. In Kindergärten und Schulen mit katholischer oder evangelischer Trägerschaft stehen bei der Einstellung der Leitenden nicht die Konfession, sondern ein überzeugendes Christsein im Mittelpunkt. Auch werden etwa große christliche Feste wie Weihnachten, Ostern und Pfingsten gemeinsam vorbereitet. Es wird mit Kindern zusammen St. Martin ökumenisch gefeiert. Auch die Sternsingeraktion oder ein Gedenken zum Buß- und Bettag u.a. verbinden miteinander. Und sogar an den Hochschulen mit konfessioneller Prägung hier im Bistum sehe ich eine erfreuliche gegenseitige Durchlässigkeit in vielen Bereichen. Dies alles ist keine Verwi-

schung der Unterschiede, sondern vielmehr eine gegenseitige Bereicherung durch gelebtes christliches Vorbild in
ihren je eigenen Ausprägungen. Und diese Unterschiedlichkeit kann doch auf Dauer immer mehr zu einer Einheit
in Vielfalt führen. Das wäre dann ein weiterer Schritt zur
Umsetzung der großen Vision hier im Bistum, der noch
aussteht. Dieser Schritt ist kleiner denn je. Ich bin deshalb
zuversichtlich, dass wir im Bistum Utopia jetzt wieder auf
einem guten Weg in diese Richtung sind.

Ich finde es auch richtig zu sehen, dass wir in Fragen von
Pastoral und Durchdringung der Gesellschaft nicht immer
alle in allem die gleiche Meinung haben müssen. Ich sehe
diese Vielfalt aber nicht unbedingt als eine Folge konfessioneller Verschiedenheit an. Sie liegt vielmehr in konfessionsübergreifenden Grundverständnissen begründet,
etwa im Blick darauf, was christliche Ethik oder politische
Gestaltung der Gesellschaft betrifft. Eng zusammen tun
sich etwa Lebensschützer, Charismatiker, Pazifisten, umwelt-orientierte Christen u.a. aus allen Konfessionen.
Diese sind sich dann oft untereinander viel näher als den
anderen Mitgliedern ihrer eigenen Kirche. Hier tun sich
also ökumenische Koalitionen zusammen, die sich dabei
nicht durch Konfessionsgrenzen von solcher Gemeinsamkeit abhalten lassen. Zwar öffnen sich hier einerseits wieder neue Gräben, die auch für sich bedenklich sind. Doch
andererseits sind die dabei zugleich erkennbaren Brücken
für mich auch ein Anlass zur Hoffnung, Ökumene heute
anders zu verstehen als gestern. Das Bistum Utopia hat
dieser Entwicklung Rechnung getragen. Die beiden Weihbischöfe von Utopia stehen mit delegierter Jurisdiktion an
der Spitze von zwei lange zerstrittenen innerkirchlichen
Lagern, denen auch eine Heimat in der Mitte der Kirche
gegeben wird. Diese Substruktur bildet sich inzwischen in

manchen als solchen ausgewiesenen traditionellen und modernen Profil-Gemeinden mit dazu passendem Personal und entsprechenden Angeboten ab. Neben den anderen Gemeinden des Bistums sind auch alle diese Gemeinden selbstverständlich katholisch, leben in der vollen sakramentalen Gemeinschaft miteinander und unterstehen dabei letztlich in allem dem einen Bischof. Das macht die Einheit aus. Zugleich haben diese Profilgemeinden, die in ihrer jeweiligen Substruktur über den ihr vorstehenden Weihbischof untereinander besonders eng vernetzt sind, inzwischen einen eigenen Charakter ausgeprägt, etwa was die Gestaltung der Liturgie angeht, die inhaltlichen Schwerpunkte bei Bildungsveranstaltungen oder sozialen Gemeindeprojekten o.a. Die Gläubigen können sich also ganz bewusst auch solchen traditionellen oder weniger traditionellen Gemeinden anschließen. Natürlich muss der Bischof dabei Acht geben, dass sich hier nicht zentrifugale Kräfte verselbständigen, welche die Einheit wieder in Frage stellen. Andererseits aber ist über diese Substruktur das Tor offen für eine auch ökumenisch noch viel weiter zu denkende Einheit in Vielfalt, und das unter einem gemeinsamen Hirten.

Das waren jetzt nur einige Vorbemerkungen zu meiner Bewertung der neuen Glaubenskultur im Bistum Utopia, die auf dem Weg ist zu einer noch größeren Wiedervereinigung der Kirchen, von der wir lange nur träumen konnten. Natürlich wird diese nicht allein bei uns im Bistum geschehen, aber die Fortschritte hier können beispielhaft sein und ausstrahlen ins ganze Land und darüber hinaus. Das ist zu hoffen. Ich finde es etwa positiv bemerkenswert, dass manche grundlegende Ideen der Reformation inzwischen fester Bestandteil der neuen Glaubenskultur in einem katholischen Bistum geworden sind. Auch das ist aus meiner Sicht ein wichtiger Meilenstein, christliches Miteinander in Zukunft zu leben und zu gestalten. Diese gemeinsame Identität muss nicht neu erfunden werden. Vielmehr wächst sie dann wie von selbst, je intensiver wir den jeweils anderen wirklich verstehen und dadurch auch neue Perspektiven für das eigene Christsein entdecken, ohne die eigene Identität dabei aufzugeben. Ich schaue also mit diesem ökumenischen Fokus auf das Selbstverständnis von Kirche und ihre Beziehung zur Welt. Dies schließt die Frage nach Art und Inhalten der Kommunikation zwischen Kirche und Welt mit ein. Das Christsein in der Welt immer ganz neu als Anpassung an die Welt zu denken, hat uns – so mein Eindruck nach unserer gemeinsamen Missionsreise damals – in den Jahrzehnten davor tatsächlich nicht nur Segen gebracht, im Gegenteil. Die Gründe dafür lagen wesentlich auch im Selbstverständnis von Kirche und Theologie und der Kommunikation zwischen Christen und Nicht-Christen in der Welt. Es brauchte ein neues Selbstverständnis, damit die Vision Fuß fassen konnte. Dazu hat Micha ja schon eine Menge gesagt, und ich kann vieles davon bestätigen. Wir sehen neben dem nun sichtbaren Erfolg auch ein neues Kommunikationsprogramm des Christlichen in die Welt hinein. Was nutzten uns schon die besten Inhalte und schöne Tugendideale, wenn sie von uns und anderen Menschen nicht verstanden und wenn sie nicht gewinnend artikuliert werden. Ich möchte also bei den guten Gedanken von Micha anknüpfen und sie um mein Empfinden der jetzt neuen Kommunikationskultur christlicher Werte ergänzen. In den Jahren der Krise war es noch so: Laizistisches Denken und dessen Konsequenzen für ethische Orientierung brachten, das hat Micha sehr gut herausgestellt, christliches Argumentieren mehr und mehr in eine Defensive. Das haben wir damals auf unserer

Missionsreise in vielen Gesprächen zu Genüge mitbekommen. Selbst in der Theologie verdrängten solche Neuerungen traditionelle Muster und lange bewährte Begründungen. So war es dann, und das hat Bischof Martin richtig erkannt, wirklich an der Zeit, einmal innezuhalten und das Neue – soweit möglich – danach ehrlich zu befragen, ob und wie es die Botschaft Jesu tatsächlich weiterbringe und inwiefern es nunmehr für die neue Vision tauglich sein könnte.

2.2 Ökumenische Brücke zwischen gestern und heute

Für einen entsprechenden Abgleich des Kirche-Seins von gestern mit dem Kirche-Sein von heute wähle ich die ökumenische Perspektive auch deshalb aus, will uns doch das Prinzip ‚Allein Christus‘, oder auf lateinisch: ‚Solus Christus‘, gemeinsam als Christen daran erinnern, bei aller Weltbezogenheit unsere wichtigste Orientierung immer im Blick zu halten. Ich werde dazu mit Verweis auf einige Grundgedanken von Martin Luther und Philipp Melanchthon die Krisenphänomene von vor zwanzig Jahren noch einmal in Erinnerung rufen und sie mit der Glaubenskultur von heute konfrontieren, in der der Glaube wieder einladend Menschen gewinnt. Wir können in dieser neuen Kultur manche Grundideen der Reformation erkennen, was mich natürlich besonders freut. Auch das gibt mir wie gesagt Hoffnung auf eine weiter wachsende reale Vision von Kirche in Utopia und auch weit darüber hinaus.

Ich schaue auf einige relevante Grundüberlegungen der beiden Reformatoren, die euch Katholiken ja vielleicht nicht alle so sehr geläufig sind. Mit Hilfe von Luther und Melanchthon können wir etwa Aspekte der bisweilen auch umstrittenen Zwei-Regimenter-Lehre als eine Orientierung der Glaubenskultur von heute identifizieren. Mit dieser auf Bischof Augustinus zurückgehenden Idee von den zwei Regimentern, dem weltlichen und dem göttlichen, haben uns diese Reformatoren zweifellos einige Denkaufgaben mitgegeben, wie wir die Kommunikation zwischen Theologie und Kirche zu einer zunehmend säkularen Welt ausloten können und sollen: Sie unterstellen den Kampf der göttlichen Welt – hier herrscht das Gesetz der Liebe Christi (die so genannte Lex Charitatis), etwa durch Innerlichkeit der Menschen, gelebte Bergpredigt u.a. – mit der Macht des Bösen. Solange dieser Kampf nicht ausgefochten ist, braucht es ein Dazwischen: eben das weltliche Reich, in dem, einer eigenen irdischen Logik folgend, auch Zwang und Gewalt noch legitim sein können. Denn die Menschen sind nun mal so, wie sie sind. Das heißt aber nicht, dass in diesem Zwischenzustand alles erlaubt ist. Letztlich sollen sich beide Welten an der Lex Charitatis Gottes orientieren. Es geht dabei also um eine zwar realistisch ansetzende, aber doch zunehmende Durchdringung auch der Welt mit dem Geist Christi. Ich will jetzt hier nicht diese Lehre exegetisch weiter entfalten oder gar die katholische Pastoralkonstitution ‚Gaudium et Spes‘ damit konfrontieren. Was mir dagegen wichtiger ist: Diese Perspektive hilft doch gemeinsam mit weiteren Grundpositionen der beiden hier zurate gezogenen Reformatoren, christliches Denken und Leben in der Welt zu verorten. Natürlich kann man dazu nicht einfach unreflektiert einzelne auch zeitbedingte Positionen Luthers oder Melanchthons aus diesem oder jenem Traktat heraussezieren. Vielmehr geht es mir um die Herausstellung ethischer Grundprinzipien, mit denen ich die Glaubenskultur von vor zwanzig Jahren mit der von heute vergleiche.

Beim Blick auf die Glaubenskultur von gestern und von
heute schaue ich nicht auf einzelne persönliche Treffen
vis-à-vis. Vielmehr beschreibe ich, wie ich das Auftreten
von Christen und anderen Menschen angesichts von mächtigen Strömungen der säkularen Welt erlebte und erlebe.
Und diese Deutung ist dann natürlich das Ergebnis von
vielen Begegnungen und Beobachtungen. Ich unter-
scheide hierzu zwei eng miteinander verzahnte und doch
sehr unterschiedliche Bereiche. Ich schaue aus zwei Richtungen auf eine Begegnung christlicher Orientierung mit
der entsprechenden normativen Logik einer säkularen o-
der zumindest nicht-christlichen Welt. Zunächst frage ich
dabei, welches Denken wie die Gesellschaft insgesamt
ethisch prägt. Ich will also prüfen, ob und wenn ja welche
christlichen Werte hilfreiche Orientierungen für die Menschen in der Welt sein können, seien diese Menschen nun
Christen oder nicht. Es geht also um den christlichen Einfluss auf eine Ethik und das Selbstverständnis der Welt bei
uns im Bistum. Anschließend werde ich in einem zweiten
großen Block danach fragen, wie sich theologisches Denken gewandelt hat. Auch hier geht es wieder um das Verhältnis von ausdrücklich christlicher Orientierung und säkularem Einfluss, nunmehr aber mit seinen Folgen für das
Selbstverständnis von Kirche- und Christ-Sein. Als ergie-
bige, bisweilen eng miteinander verzahnte Diskussionsfel-
der wähle ich dazu jeweils vor allem Erkenntnistheorie,
Anthropologie sowie Individual- und Sozialethik aus. In
diesen Einzelbereichen schaue ich auf das gestern, dann
auf Positionen von Luther und Melanchthon zum jeweiligen Phänomen und abschließend auf das heute. Ich versuche dabei, Doppelungen mit den Ausführungen von Micha
zu vermeiden. Manche seiner Aspekte greife ich aber hier

wieder auf und interpretiere sie aus einer nunmehr anderen Warte.

2.3 Sauerteig für die Welt

Zunächst also einige Blicke auf das Selbstverständnis der Welt und den Einfluss säkularer und christlicher Orientierungen darauf, damals und heute. Ich schaue also, wie christliches Denken in säkulares Umfeld hinein kommuniziert wurde und wird und welche Wirkungen es hatte und hat. Dazu habe ich etwa Darstellungen in Medien, bei Vorträgen und Ansprachen sowie Lerninhalte in Schulen und Hochschulen in den Blick genommen. Daran können wir sehen, wie sich das Verständnis vom Sauerteig in praxi gewandelt hat.

Was vor zwanzig Jahren und auch schon lange davor deutlich zu spüren war: Die moderne und postmoderne Erkenntnislehre emanzipierte sich zusehends von Theologie und argumentierte mehr und mehr metaphysikfrei. Der Einfluss christlichen Denkens in Wissenschaft und Gesellschaft schwand. Universalisierbarkeit lässt sich nach solcher Auffassung allenfalls durch Vernunftgesetze begründen, wie etwa bei Kant oder anderen. Es gilt, darin überkommene hierarchisch dominierte Wahrheitslehren, die den Menschen unterjocht haben (gemeint ist etwa die Kirche mit ihrer Theologie), zu überwinden. An deren Stelle traten nunmehr säkulare ethische Letztkriterien wie Autonomie und Selbstbestimmung, etwa im Rahmen von Vertragstheorien, von ökonomischen oder diskursethischen Vorstellungen eines ethischen Relativismus. Natürlich schwingt bei manchen zumindest unbewusst das so genannte Drei-Stadien-Gesetz von Auguste Comte mit. Danach sei es an der Zeit, dass der Mensch sich endlich emanzipiere von Metaphysik, aber – radikal gedacht – sogar auch von Vernunftgesetzen wie bei Kant u.a. Der freie, moderne Mensch solle sich im Bereich der Erkenntnis auf die empirischen Fakten beschränken. Alles andere sei Verblendung und Vertröstung. Auch die Reformatoren wollten in ihrer Zeit vorgefundene Unfreiheit überwinden, vor allem die menschliche Willkür im Umgang mit Gottes Gnade. Erkenntnis kommt für sie aber gerade nicht zuerst aus der paganen Philosophie, sondern ganz im Gegenteil aus der göttlichen Offenbarung in Jesus Christus. Mein Eindruck heute ist der, dass die Christen genau das wieder mehr praktizieren und in die Gestaltung der Gesellschaft mit einbringen. Erkenntnislehre ohne Transzendenz war interessant für (post-)moderne Menschen und sogar für manche Christen von gestern. Heute hat sich das Blatt gewendet. Denn die Christen von heute haben gelernt, dass nicht eine von Gott getrennte Autonomie und Selbstbestimmung den Menschen frei machen. Befreiung geschieht nicht durch die Überwindung Gottes, sondern im Gegenteil durch die Verinnerlichung seiner Botschaft, und damit durch die Erkenntnis von Transzendenz. Dieses neue Bewusstsein erlebe ich heute in vielen Gesprächen mit Christen, die es in gesellschaftlichen Diskussionen und Positionierungen so artikulieren. Transzendenzbezug ist in der Welt von heute wieder hoffähig, auch wenn nicht alle ihn teilen.

Die säkulare Anthropologie fragte damals wie auch heute noch, anders übrigens als noch Immanuel Kant, nach dem Menschsein ohne Gott. Dieses Umfeld machte es damals einem ausdrücklich christlichen Denken vom Menschen schwer. Bisweilen reicht solchen Ideen sogar eine bloße Heuristik vom Menschen, wie etwa in modernen ökonomischen Ethiken. Auch die verbreitete Systemtheorie kam

ohne eine Vorstellung personaler Identität aus. Solche
Modelle machten sich bei der Entwicklung ihrer Ethik
nicht ausdrücklich die Mühe, ein Menschenbild zu entwerfen. Vielmehr konzipieren sie ganz ausdrücklich kontra-
faktisch etwa den Avatar eines allein egoistischen und nut-
zenmaximierenden Wesens, den so genannten Homo
oeconomicus. Die Prognose seines Verhaltens dient dann
dazu, Gesetze der Wirtschaft aufzustellen, menschliches
Verhalten zu normieren und vorherzubestimmen. Es ist
also eine Ethik am Menschen vorbei. Später dazu kommende Erkenntnisse der so genannten Verhaltensökono-
mie lösen diese Idee nicht ab, sondern ergänzen diese Heuristik, indem nur scheinbar irrationale Verhaltensmuster
nun doch als rational erklärbar gelten. So lassen sich dann
auch Mitgefühl, Risikoaversion usw. als Früchte der Evo-
lution verstehen, weil sie effizient sind. Frage ich dagegen
nun ausdrücklich nach dem Menschenwesen, so müssen
wir anderswo suchen. Doch auch hier bringen uns die säkularen Antworten keine Klarheit. Ist der Mensch nun
wirklich des Anderen Wolf? Die Unterscheidung zwischen Menschen- und Tierwürde kommt ins Schwimmen,
wenn wir die Vernunft zum Würdemaßstab nehmen, weil
bestimmte Tiere sie womöglich haben, bestimmte Menschen aber nicht. Dann könnte ich mit Peter Singer darauf
kommen, dass schwer behinderte Menschen weniger
Würde und Rechte haben als kerngesunde Affen, oder mit
Martha Nussbaum auf die These, dass es Wesen gibt, die
keine Menschen sind, obwohl sie von zwei Menschen ge-
zeugt sind. Auf dieses Denken hatte Micha ja schon ver-
wiesen. Inzwischen haben Christen die grausamen Konsequenzen solcher Ideen nicht nur entlarvt. Sie stellen sich
auch öffentlich gegen sie und argumentieren mit der unbe-

dingten Menschenwürde, die christlich am besten begründet ist. Die Christen von heute haben auch gemerkt, welche Folgen es hat, wenn der Mensch sich selbst an die Stelle Gottes setzt, etwa im Umgang mit Anfang und Ende des Lebens oder allem möglichen digitalen o.a. Technikeinsatz, wenn also bloße ökonomische Akzeptanz oder technische Machbarkeit zum Kriterium ethischer Akzeptabilität erklärt werden. Entwicklungen fortlaufender Aufweichung des Lebensschutzes finden jetzt einen hörbaren Widerstand von christlicher Seite, und das ist gut so. Die Reformatoren machten in ihrer Zeit auch schon eine Krise des Menschen in der Welt aus. Luther fragte im Gefühl selbst erfahrener Angst nach dem Verhältnis des Menschen zu sich selbst, zum Nächsten und zu Gott. Wir finden hier die Idee des mit dem Sündenfall im Ganzen verderbten Menschenwesens, das aber deshalb nicht unweigerlich verloren ist. Vor allem bei Luther kommt alles Liebenswerte des Menschen allein von Gott. Und deswegen freut es mich zu sehen, wenn heute etwa christlich verantwortliche Ingenieure und Theologen in Entscheidungen und öffentlichen Diskussionen ausdrücklich und dringend vor menschlicher Hybris im Umgang mit modernen Möglichkeiten digitaler Technik, Medizin u.a. warnen. Sie machen deutlich, dass die Akzeptabilität neuer Technologien nicht allein aus der Verantwortung des Menschen vor sich selbst und den anderen oder gar vor Marktgesetzen oder einem anonymen Kollektiv abgeleitet werden darf, sondern aus der gelebten Verantwortung vor Gott. Und dann zeigen sie aus dieser Verantwortung die ethischen Grenzen auf für technisch mögliches Klonen, humanoide Robotik, künstliche Intelligenz sich selbst überlassene Algorithmen, Big-Data-Macht u.a. Micha hatte es schon ausgeführt. Christen widersprechen heute, wenn Anthropologie in der Ethik durch eine Heuristik ersetzt wird, wenn Würde von Nützlichkeit oder Interessen der Starken abhängig gemacht und ungeborenen, behinderten oder kranken Menschen allenfalls eine Würde zweiter Klasse zugesprochen wird. Mit diesen Argumenten haben sie viele Menschen auch außerhalb der Kirche einladend gewonnen, die sich für die Rechte dieser Menschen einsetzen oder berechtigte Sorgen vor einer den Menschen instrumentalisierenden digitalen Macht haben. Die Kirche ist so ein glaubwürdiges Sprachrohr geworden, gerade für den Schutz der Schwachen, die sich nicht oder kaum selbst helfen können. Diese Bewegung wird immer größer und hörbarer. Christen von heute argumentieren dabei wieder ausdrücklich mit Verweis auf Bibel, Offenbarung und – aus der katholischen Sicht zusätzlich – auf Lehramt und Tradition. Dabei wird auf das gemeinsame anthropologische Fundament der Argumentation hingewiesen, und darauf kommt es gerade an: Inkarnation und Gottesebenbildlichkeit bleiben unverhandelbare Garanten der herausgehobenen Menschenwürde in Freiheit vor Gott, die deren Relativierung oder Verwässerung unbedingt verbietet. Viele Menschen, die keine Christen sind, schließen sich der Bewegung für diesen Schutz von Leben und Freiheit an. Man hört sogar schon von einigen, die über einen solchen Weg wieder ihren Glauben an Christus neu oder zurückgewonnen haben.

Vor individueller Moral zumindest im Markt warnen damals wie heute etwa ökonomisch bestimmte Ethiken. In Führungsetagen nicht nur der Wirtschaft fanden und finden sich ja erwiesenermaßen überdurchschnittlich viele Narzissten oder Machiavellisten. Das Maß guter Gewissensentscheidung und Verantwortung verschwimmt dann schnell, es sei denn, man bemüht dazu die Abstraktheiten von Kant oder Adam Smith, die unsere Moral von einer

objektiven Instanz eines unparteiischen Beobachters oder
des objektiven Sittengesetzes überprüft sehen wollten.
Doch wer folgt schon einer solch anspruchsvollen, abstrakten Spekulation? Sinnerfüllung ohne Gott gelingt vielmehr den einen durch irdischen Erfolg (Macht, Geld, Anerkennung), anderen durch einen gottlos verstandenen Humanismus, der vermeintlich dem Geist Jesu mehr entspre-
che als das Leben vieler Christen, die angeblich nur sonn-
tags in die Kirche rennen, im Alltag aber mit der Moral
Jesu nichts am Hut hätten. Solche einflussreichen Unter-
stellungen verunsicherten viele Christen, ihre Moralvor-
stellungen noch offen zu kommunizieren. Und dabei reden
wir jetzt nicht schon von Sexualmoral, sondern von der
Berechtigung christlicher Ethik überhaupt. Ohnehin ist die
unselige Gleichsetzung kirchlicher Moral mit der Sexualmoral überwunden. Christen von heute sprechen wieder
selbstbewusst von christlicher Moral, und das mit guten
Gründen. Denn sie meinen damit die Tugenden in allen
Lebensbereichen. Die Reformatoren wollten in ihrer Zeit
den gefallenen Menschen aus dem Dunkel der Orientie-
rungslosigkeit herausführen. Die Rettung gelingt danach
allein dadurch, dass die Menschen das Evangelium Christi
als inneren Habitus annehmen und ganz daraus leben.
Christus in uns ist der einzige Weg zur Freiheit und zugleich der moralisch verlässliche Gewissenskompass zum
Guten. Dies kam ja eben in dem schönen Gedicht der jungen Frau zum Ausdruck, das uns Mia vorgelesen hat. Als
Christen verstehen wir unser Menschsein als von Natur
aus moralisch. Und diese Moral konstruieren wir uns nicht
selbst, sondern wir finden sie in unserer dreifachen Verantwortung, die Micha sehr gut herausgestellt hat. Die pa-
radoxerweise auch noch ethisch daherkommende Warnung vor individueller Moral in der Wirtschaft, wie sie

ökonomische Ethiker forderten, haben inzwischen viele Menschen als einen Grund für die Verrohung in zahlreichen Unternehmenskulturen erkannt. Christen waren hier gemeinsam mit kantischen u.a. Humanisten die Vorreiter, die das Ideal des moralischen Mitarbeiters am Arbeitsplatz wieder hoffähig gemacht haben. Solche, die sogar im Namen der Theologie von gestern diese Moralfreiheit einforderten, haben keinen Einfluss mehr. Das ist theoretisch wie praktisch auch gut so. Man stelle sich das mal vor: Sie praktizierten ja auch noch ihre Überzeugung, welches Vorbild das wohl abgab? Dies war einer der schmerzlichen Gründe offensichtlicher Unglaubwürdigkeit, sofern man es durchschaute. Christen von heute dagegen sind wieder Vorreiter für Tugend und Moral in allen Lebensbereichen. Ihr guter Grund, den sie dafür anführen und mit dem sie viele einladen, ist: Wir Menschen haben einen Auftrag in unserem Leben mitbekommen, für den wir einmal Rechenschaft ablegen. Für die Christen ist Gott dabei der Auftraggeber. Andere Menschen können sich aber der Grundidee einer Lebensaufgabe anschließen und sie vielleicht anders inhaltlich herleiten. Oder aber sie entdecken dann sogar, wie einladend die christliche Begründung für sie selbst ist…

Nun muss ich als Exkurs an dieser Stelle natürlich auch etwas zur Sexualmoral sagen. Der christliche Umgang mit diesem Thema und seine Wirkung in die Gesellschaft hinein haben sich gewandelt, auch wenn nach wie vor im Bistum reichlich Diskussionsbedarf dazu besteht. Aus meiner Sicht war in der Vergangenheit auch die grundsätzliche Abwendung von einer christlichen Moral eine Gegenreaktion auf die zuvor sehr stark in den Vordergrund getretene Sexualmoral. Offensichtlich war schon vor zwanzig Jahren, dass auch viele kirchlich Engagierte dafür kein Verständnis hatten, geschweige denn, dass sie sich in ihrem Leben daran hielten. Dies hat auch zu einer Verunsicherung unter vielen Christen geführt, da sie sich im Konflikt mit ihrer Kirche und im emotional aufgeladenen Spannungsfeld zwischen gelehrter und gelebter Moral wiederfanden. Eine einfache Abkehr von der kirchlichen Lehre war dann zwar für viele ein Weg, der auch noch zeitgemäß erschien. Doch das hat alles auch zu noch mehr Unklarheit und Identitätsfragen geführt. Ich sehe inzwischen bei uns in diesem sehr schwierigen Feld eine erfreuliche Wendung, mit der christliche Moral auch wieder in der Öffentlichkeit Gehör findet. Ein erster Grund dafür ist aus meiner Sicht, dass die heiklen Themen auch unter Christen offen und kontrovers diskutiert werden, und zwar ohne heißblütige Emotionen. Ein wesentlicher Wandel besteht darin, dass die guten Gründe für die lehramtlichen Positionen wieder ins Bewusstsein der Menschen gerückt, dann aber auch zur kritischen Diskussion gestellt werden. Es ist also inzwischen hier ins Bewusstsein gekommen, dass es in ihrer Position zur Verhütungsfrage der Kirche nicht um Leibfeindlichkeit geht, sondern vor allem um Lebens- und Frauenschutz. Diese Seite der Medaille war ja fast komplett aus dem Blickfeld geraten. Auf einer solchen Grundlage wird nun viel sachlicher über die zugrundeliegenden Werte und die Konsequenzen in der gelebten Praxis diskutiert. Allein dieser Wandel der Gesprächskultur ist ein wichtiger Schritt nach vorn, selbst wenn viele Christen von heute dennoch manche der Vorgaben nicht teilen und einhalten. Diese sind kein Dogma. Ein zweiter Grund für die neue positive Wirkung christlicher Moral auch in die Gesellschaft hinein ist, dass jetzt andere Themen in den Mittelpunkt gestellt werden, die die Relevanz christlicher

Orientierung für Gewissensentscheidungen offenkundig machen. Die klaren Positionen zum Lebensschutz am Anfang und Ende des Lebens zeigen klares Profil, das auch gesellschaftlich manches Aufsehen erregt. Daneben wird christliche Moral inzwischen mit anderen Schwerpunkten verbunden. Dazu gehören etwa die Tugendlehre, die Diskussionen um Gesinnungs- und Verantwortungsethik in schwierigen Dilemmasituationen, die Frage nach einer möglichen Rechtfertigung von Gewalt und Tyrannenmord, der Umgang mit dem eigenen Körper und der Schöpfung, die Verantwortung in der Familie, Führungsmoral in der Wirtschaft u.a. In diesen Diskussionen finden sich viele Menschen von heute wieder und schätzen die Orientierungen, die die christliche Moral hier anbietet. Und was hierbei besonders ins Gewicht fällt: Christen und auch viele andere Menschen spüren heute nicht nur, dass etwas mit der rein egoistischen, anonymen oder kollektivistischen Moral nicht stimmt, sondern sie setzen eine eigene Moral als Grundhaltung dagegen. In dem Bewusstsein, dass unser Bekenntnis der Anker unseres Denkens und Tuns ist, haben Christen in verantwortlichen Positionen der Gesellschaft wieder den Mut, dieser Moral zu folgen und sie in der Praxis etwa des Arbeitsalltags zu kultivieren. Christliche Führungskräfte berichten mir, was es ihnen bedeutet, dass Jesu Geist ihr Habitus geworden ist. Genau eine solche Haltung zu kultivieren, war ein Kernanliegen der Reformatoren. Verantwortung vor Gott ist nunmehr als Gesinnungsethik die christliche Alternative von heute zu allen rein menschlichen Verkürzungen und Eitelkeiten.

Ein letzter, nunmehr sozialethischer Aspekt: Es wurde vor zwanzig Jahren und auch schon davor eine strikte Trennung von Kirche und Staat verlangt. Kirche und Glauben sowie ihre Symbole sollten aus der Öffentlichkeit weiter verschwinden. Und das passierte ja auch, etwa in Schulen, Krankenhäusern oder Gerichtssälen. Am wieder aufgebauten Berliner Schloss sollte das historisch passende Kreuz durch ein Mikroskop ersetzt werden, so der irre Vorschlag der Atheisten. Und in interreligiösen Treffen haben Christen sogar in vorauseilender Rücksicht die Kreuze in ihren eigenen Räumen oder gar Kirchen verhüllt oder sie da herausgeräumt. Gegen ein öffentliches Aufhängen von Kreuzen liefen sogar manche Kirchenvertreter oder Verbände Sturm. Religion wurde bisweilen auch ganz grundsätzlich verantwortlich gemacht für Hass und Krieg in der Weltgeschichte. Deshalb müsse sie überwunden werden. Besonders Christen waren schnell dabei, in solche Selbstanklage mit einzustimmen. Alternative Orientierungen sollten dann etwa ein Glaube an den politischen Diskurs im Sinne von Jürgen Habermas und der 68er Bewegung bieten: Wir müssten herrschaftsfrei nur so lange diskutieren, bis alle Betroffenen zu einem Konsens kommen. Das Ergebnis ist dann legitim, selbst wenn es Menschenrechte relativiert… Aber das kennen wir ja schon. Oder der Glaube an die Eigengesetzlichkeiten von Markt oder Technik, die den Menschen schnell instrumentalisieren. Auch das kennen wir schon. Oder der Glaube an die Herrschaft der Vernunft, wer auch immer sie definiert und was auch immer schon solche Pseudo-Religionen hervorbrachten, so etwa die Französische Revolution mit ihren keineswegs nur freiheitlichen, gleichen und brüderlichen Konsequenzen. Oder etwa der Glaube an kollektivistische Visionen, rot oder braun gefärbt, selbst wenn diese ganz offenkundig das Gegenteil von Frieden und Freiheit brachten. Viele Christen von gestern wurden durch solche gottlosen Orientierungen in Verlegenheit gebracht, weil diese bisweilen auch geschickt ummantelt kommuniziert wurden. Die mit solchen Vorstellungen transportierten Menschenbilder und die damit verbundenen Schattenseiten wurden nämlich in der Regel nicht offengelegt. Und so traten ausdrücklich christliche Orientierungen weitgehend in deren Schatten. Mit den Reformatoren sind Aspekte der Zwei-Regimenter-Lehre solchen Verirrungen von gestern entgegenzuhalten. Zum einen warnt uns die Vorstellung vom grundsätzlich gefallenen Menschen noch einmal deutlich vor allen Folgen gottloser Hybris, die sich etwa in autokratischen Herrschern oder allen Pseudo-Religionen verkörpert. Zum zweiten soll sich dem reformatorischen Gedanken folgend ja auch die weltliche Gewalt letztlich an der Lex Charitatis Gottes ausrichten. Dieser immer näher zu kommen, muss ihre Orientierung sein, auch wenn das in der Welt realistischerweise nicht vollends möglich ist. Politische Schwärmerei lehnten die Reformatoren dafür aber deutlich ab. Für Christen von heute in Utopia heißt das: Theokratie ist für sie kein Thema, ebenso wenig ein weltfremder Sozialismus oder alle möglichen Ideologien, die den Menschen gegen seine Natur verbiegen und umerziehen. Deswegen war unsere Mission auch so wichtig, weil wir versucht haben, den Ist-Zustand der Glaubenskultur in der Welt zu verstehen, wie er wirklich war. Nur von da aus konnte der nachhaltige Wandel im Denken ansetzen, der die reale Vision möglich machte. Die Veränderung der Welt im Geist der Liebe Gottes setzt also einerseits realistisch an in der Welt, wie sie ist, und schreitet von da ausgehend Schritt für Schritt voran. Ich erlebe Christen von heute, die mitten im Leben stehen und die drängenden Fragen und auch Schwächen der Menschen und auch ihre eigenen kennen. Eine überzogene Moral jenseits menschlicher Möglichkeiten führt eher ins Unheil der

Diktatur. Mit einem solchem Realismus jenseits jeder
Schwärmerei, mit dem die Vision in Utopia erst Fuß fassen konnte, hatte etwa auch Thomas von Aquin im Blick
auf die menschliche Schwachheit auch das Privateigentum
als ein bloß sekundäres Naturrecht eingeführt und es der
allgemeinen Bestimmung der Güter dieser Erde gegenübergestellt. Andererseits darf aus christlicher Sicht in der
Welt kein konkurrierendes Letztprinzip als politische Orientierung an die Stelle der Liebe Gottes gesetzt werden.
Solche Götzen lehnen Christen von heute auch öffentlich
hörbar und sichtbar ab. Sie verhüllen ihre Kreuze nicht, im
Gegenteil. Wer im interreligiösen Dialog den Blick auf das
Kreuz in einem kirchlichen Raum nicht aushalten will, der
muss auch nicht kommen. Sichtbare Zeichen sind auch ein
Ausdruck für unser Bekenntnis und dafür, dass wir es
wirklich ernst damit meinen. In allen kirchlichen Einrichtungen des Bistums, der Caritas u.a. befinden sich gut
sichtbar Kreuze und auch Kapellen bzw. christliche Ge-
betsräume. Diese geben den Häusern durch ihre alleinige
Existenz schon einen ganz eigenen Geist, weil sie Orte des
Gebets und der besonderen Präsenz Gottes sind. Wenn ich
also etwa im Krankenzimmer an mein Bett gefesselt bin,
dann strahlt die Präsenz der Kapelle auf mich aus, selbst
wenn ich nicht dorthin gehen kann. Auch deshalb gehören
Kreuze und Kapellen in jede christliche Einrichtung, auch
in die Verwaltung. Die Einstellung zu den Kreuzen hat
sich auch gewandelt, werden sie doch inzwischen auch
von Nicht-Christen als relevantes Symbol verstanden. Das
ist zweifellos ein Verdienst mancher öffentlicher Bekenntnisse der Christen von heute. So es ist wieder ins Bewusstsein gekommen, dass es für eines der wesentlichen Werte-
fundamente steht, die unsere Demokratie nicht aus sich
selbst hervorbringt. Das Christentum ist undenkbar ohne

das Judentum. Und auch der humanistische Islam des Mittelalters (Philosophen wie Averroes u.a. in Al Andalus) hat das christliche Wertedenken Europas zweifellos positiv geprägt. Die Gründerväter unserer Verfassung hatten aber vor allem Christentum und Aufklärung als sichere Anker unantastbarer Menschenwürde im Kopf. Deren Inhalt ist ohne eine solch gute Begründung als bloße Behauptung schnell der Versuchung wechselnder Populismen und Relativierungen ausgesetzt. Das wusste man gerade 1949 nur zu gut. Und so ist der Blick auf das Kreuz zweifellos der Blick auf ein Wertefundament unserer pluralistischen Gesellschaft. Denn es steht, das hat Micha schon schön herausgestellt, für den menschlichen Zusammenhalt aus einem Geist des Miteinanders gerade auch gegenüber vermeintlich Fremden und Fremdem. Das hat Jesus vorgelebt. Dieses Fundament freiheitlicher Toleranz ist im Grundgesetz gerade nicht reduziert auf einen gottlosen Humanismus, wie ihn manche Laizisten militant betreiben (Humanistische Union u.a.). Wer das behauptet, entfernt sich vom Geist des Grundgesetzes. Dessen Ideen von Mensch und Gesellschaft sind eben auch begründet in der Botschaft von Jesus Christus, die für uns Christen den Humanismus untrennbar mit dem Bekenntnis zur Transzendenz vereint. Die Öffnung über rein Irdisches hinaus teilen übrigens die meisten Religionen. Unverständlich waren für mich immer schon öffentlich zur Schau gestellte Solidarisierungen kirchlicher Amtsträger oder Organisationen mit den Laizisten, die die Kreuze schon lange aus der Öffentlichkeit verbannen wollen. Sie grenzt an Selbstaufgabe, die gerade die Menschen anderer Religionen nicht schätzen und die viele Christgläubige befremdet. Christen sollten sich freuen über Kreuze in der

Öffentlichkeit. Diese Symbole haben sowohl dem säkularen als auch dem religiösen Menschen Wichtiges zu sagen. Wer auf das Kreuz schaut, sieht sich dabei gleichermaßen konfrontiert mit einem wesentlichen Werteanker unserer humanistischen Toleranzkultur wie mit Jesus Christus als dem Sohn Gottes. Das mag manchem anstößig bleiben. Christen aber sollten für das Kreuz eintreten. Das befördert ihre Wirkung als Sauerteig in unserer Gesellschaft. Kreuze machen auch immer einen wesentlichen Unterscheid, weil sie die Tür zur Transzendenz öffnen. Und bei aller Sympathie zu manchen Errungenschaften der Aufklärung erlebe ich heute auch wieder ein Bewusstsein der Gläubigen dafür, dass säkularer und christlicher Humanismus nicht das gleiche sind. Säkulare Humanisten können moralisch gute Menschen sein, das stimmt. Christen aber müssen es sein, wollen sie glaubwürdig sein. Dies macht den wesentlichen Unterschied aus. Für Christen von heute ist klar: Die bloße Vernunftreligion fällt hinter den Geist Christi zurück. Damit folgen sie einer wichtigen Idee der Reformatoren: Das Evangelium Christi begründet eine eigene Ratio, die die menschliche übersteigt.

2.4 Entsäkularisierung von Kirche und Theologie

Jetzt komme ich zu meinem zweiten großen Block. Ich betrachte das Selbstverständnis einer Theologie und Kirche von gestern und von heute im Wandel der Zeit. Die Bewertung nach der Wirksamkeit des Sauerteigs in säkularem Umfeld habe ich ja gerade schon in den Blick genommen. Jetzt frage ich vielmehr umgekehrt nach dem weltlichen Einfluss auf das Wesen der Theologie von gestern und von heute. Auch diese jetzt folgenden Interpretationen beruhen auf Ergebnissen unserer Mission von damals und vielem, was ich heute mit einiger Freude hier im Bistum lese, sehe und höre.

Zunächst auch hier wieder ein Blick auf die Erkenntnislehre, selbst wenn es vielleicht etwas abstrakt anmutet. Aber sie ist eben ein Schlüssel zum christlichen Selbstverständnis mit der Frage, was und wie ich als Mensch in dieser Welt erkennen kann. Wir erlebten damals bei unserer Mission in beiden Konfessionen eine starke Säkularisierung theologisch-ethischer Argumentation. Etwa das vor allem katholisch beheimatete Naturrecht war zumindest an deutschen Fakultäten weitestgehend tot. Weltliche Systematik bestimmte maßgeblich die Theologie: Die neueren Bibelübersetzungen und deren Auslegungen orientierten sich an politischen Perspektiven und betrieben schon länger bisweilen eine Art von Eisegese im Sinne von Feminismus, Gender-Perspektive oder Befreiungstheologie. Bibelwissenschaften orientierten sich methodisch modern schnell an Literatur-, christliche Ethik an Sozialwissenschaften. Der von Micha schon angesprochene methodologische Atheismus, also der Verzicht auf den Gottesbezug in der Argumentation, sollte theologische Anschlussfähigkeit an andere zeitgenössische Wissenschaften ermöglichen. Zugleich trat im Argumentieren schnell der Wahrheitsanspruch hinter die Toleranz gegenüber anderen Religionen oder Auffassungen zurück. Luther und Melanchthon hätten widersprochen. Beide, vor allem Melanchthon, verwerfen das Naturrecht nicht. Offenbarung zeige sich danach vielmehr in Naturrecht und Evangelium. Denn beide Quellen bringen die gleiche Lex Charitatis zum Ausdruck. So hat es etwa auch Joseph Ratzinger 1964 in seinem Artikel ‚Naturrecht, Evangelium und Ideologie in der katholischen Soziallehre' herausgestellt und als

Papst in seiner Enzyklika ‚Caritas in veritate' eindrucks-
voll vertieft. Diese ökumenische Brücke trägt also das Naturrecht ökumenisch weiter. Und deshalb erfreut es mich
zu sehen, dass eine solche Begründung an der theologischen Fakultät des Bistums Utopia auch wieder einen
Platz gefunden hat. Natürlich ist es nicht der einzige Weg
der Erkenntnis, der christlich denkmöglich ist. Aber es ist
ein Weg, der sich über Jahrhunderte bewährt hatte, der
viele Fragen des Menschen nach sich und Gott beantwortet, manche aber auch offenlässt. Es ist gut, dass dieser
Schatz christlicher Erkenntnis samt seiner Vertreter nicht
endgültig auf den Müllhaufen der Geschichte geworfen
wurde, wie es manche Theologen von gestern mit Geschick betrieben hatten. Ich finde es heute bereichernd, an
Foren teilzunehmen, in denen neben anderen auch das Naturrecht als eine legitime Erkenntnislehre der Theologie
weiter erforscht und mit alternativen Zugängen verglichen
wird, etwa mit neueren aristotelischen oder narrativen
Ethiken oder Anlehnungen an Modellen der Aufklärung,
die sich als anschlussfähig an einen ausdrücklich theologischen Standpunkt erweisen. Es ist gut zu sehen, dass eine
solche Diskussionskultur an der Fakultät von Utopia wieder Einzug gehalten hat, in der offen gerungen wird ohne
Tabus, Vorverurteilungen und persönliche Befindlichkei-
ten. Auch in einem anderen Punkt würden sich die Reformatoren mit uns heute freuen. Einer politisch motivierten
Eisegese trat Luther in seiner Zeit deutlich entgegen, als er
die revolutionären Bauern mit ihren entsprechend gefärbten Schriftdeutungen mäßigen wollte. Es ist auch aus dieser Perspektive gut zu sehen, dass eine echte hörende Exegese heute wieder in den Vordergrund tritt. Einseitige Ver-
einnahmungen sind Theologie von gestern. Es wird auch

nicht mehr nach theologisch anmutenden Spurenelementen in gar nicht religiösen Kontexten gesucht, wie etwa bei Musik- oder Sportevents mit ihren Riten. Die Pastoral wird nicht mehr vor allem unter den Gesetzen von Marketingstudien erforscht. Theologie von heute setzt andere Themen. Sie fragt nach der Erkennbarkeit Gottes in unserer Zeit und nach der effektiven Instrumentalisierung von Marketing u.a. für eine erfolgreiche Pastoral. Melanchthon würde es freuen, dass heute die Prioritäten so wieder richtig gesetzt sind. Er stellte ja die Logik Jesu im Wort Gottes als eine eigene Rationalität der weltlichen entgegen. Theologie von heute orientiert sich wieder an dieser Ratio, bekennt sie offen, entfaltet sie ausdrücklich als eigenständige und einladende metaphysische Erkenntnistheorie und bringt sie mit den außertheologischen Varianten ins Gespräch auf Augenhöhe. Diese Lebendigkeit und wertschätzende Interdisziplinarität auf Gegenseitigkeit erlebe ich heute, und das freut mich auch im Sinne der beiden Reformatoren sehr.

Nun zur Anthropologie: Hier sehe ich auch erfreuliche Entwicklungen. Ich erinnere daran: Vor allem in der Rechtfertigungslehre sahen und sehen noch viele Theologen das trennende Profil evangelischer Ethik. Doch eine solche Trennung gehört mehr und mehr der Vergangenheit an. Sicher, es gab schon vor vielen Jahren hoch abstrakte theologische Erklärungen der Kirchen zur Rechtfertigungslehre, doch die hatten keinen Durchbruch geschafft. Dieser scheint jetzt aber zu gelingen. Denn kluge Menschen haben noch einmal genauer die Lehre von Melanchthon studiert und diese in Erinnerung gerufen. Dieser Reformator blieb von Anfang an offen für traditionelle Riten und sogar sonst nur katholische Sakramente und hatte auch für diese zentrale Frage der Rechtfertigung schon eine ökumenische Brücke gebaut, die heute bei uns wieder beschritten wird. Theologen beider Konfessionen haben offenbar diese lange verborgene Gemeinsamkeit wiederentdeckt. Worum geht es da? Der Mensch trage Melanchthon zufolge trotz des Sündenfalls mit dem so genannten ‚Lumen naturale', also einem natürlichen inneren Licht, eine wesenhafte Befähigung der Gottesschau in sich. Diese werde durch den Dekalog erleuchtet und komme im Evangelium Christi zur Vollendung. Gott bietet dem Menschen diese drei Perspektiven zur Gottesschau an. Der Mensch muss sie aber selbstverantwortlich einsetzen. So gesehen öffnet Melanchthon hier ökumenisch bedeutsam die Tür für ein Mittun des Menschen an seinem Heil. Dies manifestiert sich dann nicht nur in Werken, welche ohnehin der aus Gnade geschenkten rechten Gesinnung wie automatisch folgen. Der Mensch muss aus eigenem Entschluss Ja sagen zu Gott. Es wird hier also einerseits ein Rest-Gutsein des Menschen wie andererseits auch eine gemäßigte Auslegung der Rechtfertigung angenommen, die meines Erachtens für eine katholische Position anschlussfähig ist. Auch wenn die daraus gezogenen Konsequenzen, also möglicherweise eine strenger interpretierte Sola gratia auf evangelischer, eine ausgefeilte Gnadenökonomie auf katholischer Seite, je anders ausfallen, zeigen sich die Menschenbilder in diesem Licht doch als viel enger miteinander verwandt als es viel zu lange gedacht wurde. Und das hat uns ökumenisch jetzt einen großen Schritt nach vorne gebracht. Darüber hinaus ist die christliche Anthropologie ohnehin weitgehend miteinander konsensfähig. Wir sind ja moralische Wesen, weil Gott uns die Verantwortung zutraut, auch gegen den uns innewohnenden Hang zum Bösen diese uns gegebenen Anlagen im Guten zu entfalten. Denn Jesus Christus hat einen

neuen Bund mit den Menschen geschlossen und uns dazu
den Heiligen Geist gegeben. Gott tritt mit der Schöpfungs-
ordnung und diesem neuen Bund in Vorleistung, um den
Menschen als freien Wesen den Weg zum Heil zu ermöglichen. Diesem Auftrag kommt der Mensch nach, indem
er seine Naturanlagen der Freiheit und Sozialität als Antworten darauf entfaltet: Gott gibt uns Freiheit und zugleich
die Aussicht auf sein Gericht vor. Die heilbringende Antwort darauf ist unsere Eigenverantwortung. Gott schenkt
uns die Aussicht auf neues Leben nach dem Tod. Die heilbringende Antwort darauf ist die Überwindung von Angst
durch die Tugend der Hoffnung. Gott schenkt jedem Menschen seine Liebe. Die heilbringende Antwort darauf ist
die Entfaltung von Eigen-, Nächsten- und Gottesliebe, das
hatte Micha schon angesprochen. Gott gibt uns Talente.
Die heilbringende Antwort besteht in der unseren Fähigkeiten entsprechenden kreativen Nutzung dieser Gaben.
Gott vertraut uns die Güter der Erde an. Die heilbringende
Antwort besteht in einer Kultur nachhaltiger Nutzung und
Wertschätzung der Schöpfung. Materielle Güter sind immer nur Mittel zum Zweck. Diesen Weg zum Heil geht der
Mensch nach christlichem Verständnis in Verantwortung
vor und immer auch mit Gott. Eine solche Anthropologie
ist die gemeinsame ökumenische Grundlage, die schon angesprochene Verantwortung vor dem Gesetz Jesu Christi
als Maß für ethische Urteile auch ausdrücklich konkret zu
machen. Ich freue mich, dass Christen von heute hier ökumenisch mehr denn je mit einer Stimme sprechen, anstatt
sich weiter auseinander dividieren zu lassen.

Nun ein Blick auf das grundsätzliche Selbstverständnis
christlicher Moral gestern und heute. Allein der Begriff
Moral war ja zu Zeiten unserer Mission mächtig verpönt,
auch bei vielen Christen. Er wurde, wie schon gesagt, von

vielen gleichgesetzt mit einer altmodischen Sexualmoral. Und für alle möglichen Gewissensfragen war das Reden von einer Macht des Bösen weitestgehend weicheren Formulierungen gewichen. Es wurde gleichgesetzt mit einer Drohbotschaft, die die Menschen einschüchtern wolle. Dabei war etwa das Reden vom Teufel für die Reformatoren viel greifbarer. Die schon angesprochene Zwei-Regimenter-Lehre baute ja ganz auf dem Kampf Gottes mit dem Satan auf. Gegen das Teuflische in der Welt kann Luther auch Gewaltanwendung unter dem Gebot der Lex Charitatis begründen. Er machte dafür den Papst seiner Zeit als einen solchen Anti-Christen aus. In der Gegenwart mögen uns da wohl hoffentlich und mit gutem Recht andere Phänomene in den Blick kommen, gegen die sich selbst für einen Christen die Anwendung von Gewalt begründen ließen. Und deshalb ist es auch angemessen, wenn heute wieder die Frage nach der Herkunft des Bösen in der Welt unter Christen diskutiert wird. Zu viel an Grausamkeit haben die Menschen doch im letzten Jahrhundert erlebt. Und viel besser ist es jetzt auch nicht geworden. Da reicht kein Achselzucken mit Verweis auf Zufälle oder einfach Unerklärbares. Vieles an Grausamkeit in der Welt hat ihren Ursprung in bösen Menschen, die Gott mit ihrem Tun lästern. Woher diese Bosheit kommt, und was wir Christen dem entgegensetzen können, wird heute wieder offen thematisiert. Hiermit haben wir dieses Totschlagargument der Drohbotschaft endgültig überwunden. Denn es geht im Nachdenken über das Böse in der Welt nicht darum, Menschen einzuschüchtern, sondern im Gegenteil um die Befreiung des Menschen davon und um Wege, wie eine solche Befreiung mit Erfolg gelingen kann. Zum neuen Selbstverständnis von Moraltheologie mit Blick auf die Sexualmoral habe ich ja eben schon etwas gesagt, als es um die Wirkung in die Gesellschaft hinein ging. Dieses Selbstverständnis drückt auch eine neue Diskussionskultur innerhalb der Theologie aus, in der solche Fragen ernsthaft diskutiert werden. Dazu gehört es auch, schwierige Themen anzusprechen und nicht nur darauf zu warten, was uns die Gesellschaft von außen aufzwingen will, etwa weil gerade dies oder jenes als zeitgemäß gilt. Mode-Trends hinterherzulaufen, ist keine Theologie von heute. Vielmehr gilt es dabei immer, die Ratio Christi im Blick zu halten als den wesentlichen Maßstab, ob er nun den öffentlichen Mehrheiten gelegen kommen mag oder eben nicht. Dazu gehört auch, dass die Moraltheologie selbst und gerade die schwierigen Kontroversen mithilfe genau dieser Vernunft angeht und klärt. Die Zeit ist vorbei, in der die heiklen Themen schlichtweg ignoriert oder ausgeklammert wurden und jeder es einfach so auslegen konnte, wie er wollte. Den Mut zu haben, sich mit der Ratio Christi nun auch moraltheologisch unbequemen Fragen ganz offen zu stellen, auch das gehört zur neuen Kultur. So hat der Bischof zur Frage der Einhaltung des Zölibats sowie zur anzutreffenden Homosexualität im Amt der Kirche jetzt einen mutigen Brief an den Nuntius verfasst. Denn es ist doch wichtig, dass solche Fragen nicht hier so und dort so gehandhabt werden. Es braucht schon eine gemeinsame Grundidee dazu. Diese sind in oft heterogenen Bischofskollegien ja meist nicht zu erzielen. Und dann braucht es eben Entscheidungen. In seinem Brief hat Martin noch keine Lösung aller Fragen formuliert. Aber er greift nunmehr offen die Themen auf, für die Micha früher noch gerügt wurde. Martin beschreibt in seinem Brief nur die Fakten, wie sie sind, also den hohen Anteil davon Betroffener im Amt, der aber lange totgeschwiegen wurde. Mit diesem

Wegschauen ist jetzt Schluss. Martin selbst vertritt persönlich die Ansicht, wenn der Zölibat eingehalten werde, sehe er auch in der individuellen Ausrichtung kein Problem. Aber da gibt es in Kirche und Theologie ja auch andere Meinungen zu, die sich auf biblische Stellen und Tradition berufen. Bischof Martin kann sich auch eine weitere Öffnung des Priesteramtes für verheiratete Männer vorstellen, so wie es ja in den uniert-katholischen Kirchen des Ostens schon lange praktiziert wird. Zum Weihesakrament für Frauen bleibt er skeptisch, hat aber nochmal in seiner Fakultät eine nachhaltige Gegenüberstellung theologisch fundierter Argumente angeregt. Persönliche Auffassung kann in so grundsätzlichen Fragen nicht das letzte moralische Maß der Dinge sein. Und deshalb hat Martin in dem Brief nun einmal die Tatsachen und seine Einschätzungen auf den Tisch gelegt und darum gebeten, eine gut begründete gemeinsame Linie der Kirche in solchen Streitthemen zu finden. Dies ist auch ein wichtiger Schritt, dass die Kirche jetzt hinschaut und dann auch transparent ihre Positionen mit guten Gründen vertritt. Noch ein Aspekt zur Moral ist mir aufgefallen: Die vielbeschworene Freiheit des Christenmenschen konkurrierte in der Kirche von gestern noch mit einer modernen Kasuistik auch innertheologisch vorgegebener Sach- oder Denkzwänge, die etwa vorgaben, was kirchenpolitisch korrekt zu kaufen, zu essen, zu tun oder politisch zu denken war und was nicht. Die Reformatoren wollten gerade von menschengemachter Kasuistik befreien und hatten dabei noch die Beichtstuhl-Praxis ihrer Zeit im Blick. Hierzu machten sie auch das an Aristoteles orientierte Epikie-Prinzip stark. Das Prinzip steht für eine Idee der Billigkeit im Einzelfall, wie sie etwa Aristoteles in seine Gerechtigkeitsdefinition mit einbezogen hatte. Es diente den Reformatoren dazu, jenseits des auch in der Kirche vermeintlich evident Richtigen Platz zu lassen für davon abweichende Einzelfallentscheidungen. Gut, dass dieser Gedanke der Epikie heute wieder Anwendung findet und damit auch eine Pluralität von Mindermeinungen in der Einheit der Kirche ermöglicht. Gottes Liebe so also auch habituell zu leben, nach ihr zu handeln und zu entscheiden, auch anderes als eigene Eitelkeit und Meinung auszuhalten, ist Ausdruck dieser inneren Freiheit in Kirche und Theologie von heute. Es ist großartig, dass sich hier ein Wandel vollzogen hat, der Theologie und Kirche wieder viel Glaubwürdigkeit einbringt.

Nun ein Blick auf die Sozialethik: Eine zunehmende Politisierung hatten wir vor zwanzig Jahren und länger davor etwa auf Kirchen- und Katholikentagen erlebt. Fragen des Umweltschutzes, neuer Lebensformen neben der traditionellen Familie und Umverteilungsaspekte traten offensichtlich immer mehr in den Vordergrund. Parteipolitiker nutzten die Bühne für ihre wie auch immer hergeleiteten Positionen, und das oft ohne irgendwelche überzeugend nachvollziehbaren Bezüge zu Jesus Christus und seiner Botschaft. Theologische Ethik profilierte sich unter dem Diktum des heute schon erwähnten methodologischen Atheismus weitgehend selbstverständlich als metaphysikfrei. Es wurde mit Habermas, Nida-Rümelin, Rawls, Popper oder Homann argumentiert, nicht aber mehr mit der Heiligen Schrift, Jesus, Thomas, Luther oder denen, die ihre Argumente aus solcher ausdrücklich auf die Offenbarung bezogenen Systematik speisen. Theologisches Denken hängte sich so an vorgegebene säkulare Muster und ließ das sie ausmachende metaphysische Moment hinter sich. Auch der Anspruch der Universalisierbarkeit wurde aufgegeben und aus Rücksicht auf die ethische Pluralität durch eine so genannte Transpartikularisierung übersetzt.

Der Gedanke kam eher aus der evangelischen Ethik und sollte dann heißen: Theologische Ethik durfte zwar noch behaupten, auch jenseits der Kirche Richtiges zu sagen, aber Orientierungen für alle Menschen beanspruchte sie dann nicht mehr. So wurde also der universale Anspruch Jesu aufgegeben und die Tür für ein synkretistisches Weltethos immer weiter geöffnet. Die Zwei-Regimenter-Lehre forderte dagegen etwas anderes: Ihr zufolge besitzt die Welt zwar ihre eigene Logik, die auch Gewalt und Zwang legitimieren kann. Doch ist es ja die Aufgabe von Theologie und Kirche, dieses Provisorium Schritt für Schritt der Logik der Lex Charitatis anzunähern, die in Jesus Christus zur Vollendung kommt. Und es ist erfreulich, dass sich an der hiesigen Fakultät wie auch in Akademieveranstaltungen die Vorzeichen theologischen Dialogs mit säkularer Wissenschaft im Vergleich zu unserer Analyse vor zwanzig Jahren geradezu umgedreht haben. Theologie von heute vertritt ein neues Selbstbewusstsein: Nicht die weltliche Logik darf die theologische kolonialisieren, sondern die ihrem Wesen nach universalistische theologische sucht im Dialog mit der Welt Schritt für Schritt diese zu durchdringen. Ein grundsätzliches Neudenken theologischer Methodologie war offenbar dazu in den letzten Jahren nötig, damit ein solcher Paradigmenwechsel sich vollzieht. Im Bistum Utopia nehmen manche Theologen von heute sogar wieder das lange verpönte Wort von Mission in den Mund und meinen damit alles andere als Zwangsbekehrung mit Feuer und Schwert. Missionarische Theologie von heute versteht sich als gewinnende Einladung der Menschen von heute, die Botschaft Jesu zum Maßstab ihres Lebens zu machen, dies aber nicht nur als anonyme oder implizite Christen, sondern ganz ausdrücklich. Der Beitrag des Bistums zum letzten Katholikentag war dann auch kein Podium zur aktuellen Sozialpolitik oder zu Umverteilungsfragen. Vielmehr stellten sich dort Christen von heute aus dem Bistum in mehreren Projekten vor, um die hier reale Vision zu präsentieren und über die praktischen Konsequenzen ins Gespräch zu kommen, die sich daraus für ihr Christsein von heute ergeben.

Noch ein letzter Aspekt, der allein das innerkirchliche und -theologische Verständnis betrifft: die Frage nach dem Amt. Gerade auf katholischer Seite hatte damals das Ansehen des kirchlichen Amtes aus bekannten Gründen schweren Schaden genommen. Wegschauen, Willkür und Überheblichkeit wurden einem selbstgerechten Kirchenregiment vorgeworfen. Es gab kaum noch Priesterberufungen hierzulande und auch in anderen Ländern. Als Lösung wurde bisweilen für die katholische Kirche eine weiter gehende Demokratisierung nach evangelischem Vorbild vorgeschlagen. Sicher prangerten auch die Reformatoren in ihrer Zeit eine Kleruskrise an, natürlich mit anderem Akzent. Für sie war es der Klerikalismus ihrer Zeit, der sich weit von seinem Ideal entfernt hatte, der im Sinne eines Standesdünkels Kontemplation und Askese als bevorzugten Weg zur Heiligkeit propagierte, aber das Gegenteil lebte. Die Suche nach dem gnädigen Gott sei dabei damals in einer verweltlichten Selbstgerechtigkeit abhandengekommen. Die bloße Verrichtung von Gebeten und ein selbstverliebtes Amt allein sind für sich genommen kein Beweis für Heiligkeit und christusgemäße Autorität, ganz zu schweigen von zur Schau gestelltem Prunk, von Arroganz, Unbarmherzigkeit oder bloß politischem Salbadern vom Ambo. Nicht weltliche Macht, sondern Christus und sein Gesetz sind für die Reformatoren und uns heute doch das einzige Maß eines glaubwürdigen Kirche-Seins. Sicher gab und gibt es in der katholischen Kirche noch hie und da Reste eines falsch verstandenen Amtes. Umso mehr freut es mich zu sehen, wie viele glaubwürdige Vertreter im Amt hier heute ihren Dienst tun, den Geist des Evangeliums ohne jede Eitelkeit und Machtgelüste, stattdessen mit tiefer Freude am Menschen, Glauben, Kirche und Schöpfung überzeugend vorleben und ohne jede Selbstgerechtigkeit in ehrlicher Demut immer wieder ehrlich nach ihm suchen. Sie sind dabei nicht diejenigen, die alles wissen und meinen, sie verdienten sich allein aufgrund ihres Amtes Ansehen und Loyalität. Es ist spürbar, auch die Geweihten sind Menschen, die auf der Suche mit Gott durchs Leben dabei andere Suchende mitnehmen. Es strahlt gewinnend aus zu sehen, dass so Gebet, Askese, Worte und Leben gemeinsam mit dem Gesetz Christi übereinstimmen. Schließlich ist dies doch, so darf ich als evangelische Christin wohl sagen, das wichtigste Maß der Autorität von Kirche. Vorgelebte Autorität zuerst durch positiv ausstrahlendes Christus-Bekenntnis in Wort und Tat stärkt wieder die Glaubwürdigkeit der Kirche, weil diese ihre Mitte ist. Die Hinweise der Reformatoren wie auch das Vorbild der letzten Päpste, von Bischof Martin und anderen spornen weiter an zu einer überzeugend glaubwürdigen Amtsführung. Dazu gehört es wesentlich, Jesus Christus mehr als sich selbst zu lieben. Eine radikale Demokratisierung legen uns die Reformatoren dabei aber wohl grade nicht ans Herz. Denn im Glauben geht es letztlich nicht um Mehrheitsbeschlüsse, sondern um die eine Wahrheit Christi, und der ist schließlich König. Wie eine geeignete Mitbestimmung funktioniert, das haben wir ja im Rahmen der Entstehung unserer Mission und der anschließenden Umsetzung der Vision erlebt. Wahrheit und Demokratie müssen also kein Widerspruch sein."

2.5 Fazit und Austausch

Gabi trank ihr großes Wasserglas in einem Mal durstig aus und schaute, ob ihre ökumenische Perspektive wohl verstanden wurde.

In dieses Schweigen hinein versuchte **Thomas** wieder eine Zusammenfassung, während er die aus seiner Sicht wesentlichen Punkte auch jetzt wieder auf der Flipchart festhielt:

Fazit

„Ich versuche es mal: Die Reformideen von Luther und Melanchthon können uns helfen, den Wandel im Bistum Utopia zu verstehen, ohne dass wir hier aber von einer Reformation sprechen sollten." Thomas schmunzelte bei seinen Worten etwas in die Runde und fuhr fort: „Zwei große Aspekte im Verhältnis zwischen Kirche und säkularer Welt kommen dabei in den Blick. Es geht also um zwei Perspektiven, die die Kommunikation zwischen Kirche und Welt bestimmen. Wir betrachten dabei einerseits den Wandel hier im Bistum in Bezug darauf, wie Kirche als Sauerteig in der Welt wirkt. Andererseits schauen wir auf diesen Wandel im Selbstverständnis von Kirche und Theologie. Deine Resultate dabei sind: Christen von heute fordern wieder die Welt als Sauerteig heraus, und zwar durch das neue Bewusstsein von Erkenntnis mit und zu Gott als Befreiung, im Umgang mit unseren technischen u.a. Möglichkeiten wieder Bescheidenheit vor dem gnädigen Gott statt Hybris, mit einem gelebten Habitus einer verinnerlichten Christusbeziehung als individuellem Gewissenskompass und dem Liebesgesetz Gottes als oberster Richtschnur christlich-gerechter Ordnung. Im kirchlichen und theologischen Selbstverständnis von heute siehst du folgenden Wandel: die Überwindung des methodologischen Atheismus durch die Rationalität des Evangeliums, die Betonung der ökumenisch gemeinsamen Begründungen und Inhalte christlicher Anthropologie, den wieder weiten Raum für das Mysterium und damit das überraschende Wirken Gottes in der Welt und die Bekämpfung des Bösen, eine die säkulare Logik der Welt einladende metaphysische und bekenntnishafte Methodologie sowie eine Rückbesinnung des kirchlichen Amtsverständnisses auf eine in besonderer Weise verinnerlichte und deshalb glaubwürdig ausstrahlende Imitatio Christi. Du erkennst in dem Wandel der Glaubenskultur also einen reformatorischen Geist vor allem darin, dass Christen von heute dem Säkularen wieder seinen angemessenen Platz zuweisen. Die Ratio Christi tritt dementgegen als Letztprinzip von Ethik und gutem Leben an die erste Stelle. So findet sich dann nach deiner Sicht das reformatorische Prinzip ‚Solus Christus' in der neuen Glaubenskultur des Bistums wieder."

Micha bemerkte: „Ich finde diese Sichtweise sehr spannend. Natürlich weiß ich ja schon um Gabis Ansatz, Welt und Kirche zu deuten. Aber in diesem Kontext habe ich das Ganze bislang auch noch nicht gesehen. Das ist aber natürlich auch nur eine mögliche Position unter anderen. Und ich vermute wohl, dass auch manche evangelische Christen von heute hier einige Akzente ganz anders setzen würden, etwa was die Auslegung der Zwei-Regimenter-Lehre angeht oder auch die Auslegung des ‚Solus Christus' als Maß zum Selbstverständnis von Kirche und Theologie oder allein schon deinen Begriff von Ökumene. Ich glaube, liebe Gabi, das ist nicht mehrheitsfähig."

Gabi widersprach nicht und meinte nur: „Ja, da hast du wohl recht. Ich spreche hier nicht als eine autorisierte Repräsentantin evangelischer Theologie von heute. Aber ich nehme mir in der Tradition meiner Kirche heraus, selbst bewusst und selbstbewusst das Evangelium mit Glauben, Liebe und Vernunft zu lesen und zu deuten, ebenso die Bekenntnisse der Reformatoren. Wir betrachten ja hier in unserer Runde nun auch erstmal nur den Wandel im katholischen Bistum Utopia. Welche möglicherweise ausstrahlenden Folgen dies für meine Kirche hat, das wäre dann ein anderes Kapitel, das ich aber gerne demnächst aufschlagen möchte. Und vielleicht ist dann ja auch jemand von euch wieder mit dabei!?"

Dabei blickte Gabi fragend in die Runde. Die vier lachten und sinnierten, ob sie sich das wohl noch mal zutrauen würden. Es begann ein lockeres Flachsen über diese Perspektive. Und das nutzte Gabi gleich aus für die geplante Unterbrechung des inhaltlichen Teils. Sie machte also den Vorschlag, jetzt eine Runde am Fluss spazieren zu gehen. Denn die frische Luft tat jetzt gut. So machten wir eine Pause mit etwas Bewegung. Jan und ich hatten dabei die Gelegenheit, einiges von uns zu erzählen und von unserer Neugier an diesem erstaunlichen Wandlungsprozess und an den Menschen, die ihn mitgeprägt haben. Thomas betonte dabei besonders die Rolle von Bischof Martin, der ja jetzt nicht mehr so viele Jahre als Bischof vor sich habe. Er hatte schließlich dafür gesorgt, dass die Ideen der vier ‚Missionare' in die reale Umsetzung der Vision so nachhaltig mit einfließen konnten. Ich merkte dann bei dem

Spaziergang auch an, dass mir in den bisher gehörten Reden noch die pastorale und personelle beziehungsweise strukturelle Perspektive gefehlt habe. Diese gehört ja schließlich wesentlich mit zum Erfolg des Wandels. Neue Ansichten, Tugenden, neues Selbstverständnis und Glaubensmut fallen ja nicht vom Himmel, sondern konnten doch nur Folgen sein auch von entsprechenden Maßnahmen, die der Bischof umgesetzt hatte.

Thomas gab mir recht, meinte aber: „Ja, diese Perspektiven werden Mia und ich jetzt gleich in unseren Reden ansprechen. Aber auch das sind natürlich nur unsere persönlichen Deutungen von Mission damals und realer Vision heute. Ich selbst bin kein Verfechter einer Strukturvision. Das wäre sicher ein Thema für die Diskussion, wenn die Zeit es noch erlaubt. Aber ich weiß nicht, wie wir durchkommen. Zeitlich und inhaltlich nehmen die Vorträge schon viel Raum ein. Wenn ihr also anschließend noch Fragen habt, dann nur raus damit! Und wenn wir es heute nicht schaffen, dann gerne in einem anderen Kontext. Vielleicht haben wir mit unseren vier Perspektiven ja manches auch übersehen oder falsch wahrgenommen."

Ich verwies darauf, dass ich selbst bis vor kurzem noch gar nichts über diese neue Glaubenskultur hier im Bistum Utopia gehört hatte und dass ich deshalb heute erstmal viel lieber zuhören wollte. Alles andere würde sich dann eh von selbst ergeben.

3. Transzendenz, Armut, gewinnende Menschen

Als wir wieder in unserem schönen Zimmer mit den großen Fenstern zum Fluss waren, gab es hier erstmal eine Runde kühler Getränke. Gabi erinnerte an unseren Zeitplan. Denn bis zum Vespergebet mussten wir ja heute fertig sein. Nun kam Mia an die Reihe, weil Thomas für sich so eine Art Schlussstatement vorbehalten wollte.

DIE REDE VON MIA

3.1 Fokus

„Als Überleitung von Gabis zu meinen Gedanken möchte ich einsteigen mit einem Zitat von Dietrich Bonhoeffer, das aus meiner Sicht wunderbar ausdrücken kann, warum der bisher zu beobachtende Wandel im Bistum Utopia aus der Krise zu einem wieder frischen Glauben gelingen konnte:

‚Optimismus ist keine Ansicht über die gegenwärtige Situation, sondern er ist eine Lebenskraft, eine Kraft der Hoffnung, wo andere resignieren, eine Kraft, den Kopf hochzuhalten, wenn alles fehlzuschlagen scheint, eine Kraft, Rückschläge zu ertragen, eine Kraft, die Zukunft niemals dem Gegner lässt, sondern sie für sich im Anspruch nimmt.'[1]

Warum fange ich so an? Ich sah vor zwanzig Jahren in unserem Land diese Kraft der Hoffnung zwar durchaus noch bei manchen Christen. Aber insgesamt hatten viele Christen von gestern in ihrem Innersten eine solche Hoffnung verloren, auch angesichts von so vielen Herausforderungen aus dem Umfeld, von denen Micha und Gabi gerade ausführlich berichteten. Und auch deshalb beobachteten wir ja manche der Phänomene, die wir damals zurecht als eine tiefe Krise ausmachten. Einiges davon hatten wir ja sogar schon bei unserem ersten Treffen zu viert in dem ersten gemeinsamen Thesenpapier zusammengetragen und richtig vorhergesehen. Wir alle wissen, in welcher ausweglosen Situation Bonhoeffer seinen Text damals geschrieben hat. Und deshalb möchte ich heute in meinen Ausführungen vor allem diejenigen Menschen würdigen, die gerade in der Zeit der Krise ihren Glauben nicht aufgegeben haben, sondern wie Bonhoeffer aus ihm Kraft und Hoffnung geschöpft haben. Damit stehen bei mir genau diese Christen im Mittelpunkt, die die Keimzelle des Wandels waren, der jetzt wieder weitere Kreise zieht und Menschen von heute gewinnt. Vor zwanzig Jahren hatte ich mich ja schon dafür stark gemacht, dass wir auch die Menschen in den Blick nehmen, die gerade in Zeiten der Glaubenskrise zu ihrem Bekenntnis stehen. Diese positive Betrachtung macht uns die Stärken unseres Glaubens und die Anziehungskraft für Außenstehende bewusst. Nicht nur aus Defiziten, sondern gerade auch aus diesen Stärken gelernt zu haben, ist aus meiner Sicht ein wesentlicher Grund für das Gelingen der Vision.

Und mit dieser Perspektive möchte ich einen Akzent herausheben, der mir für den sichtbaren Erfolg der Vision entscheidend ist. Wir haben schon einiges gehört darüber, wie wichtig es für die Umsetzung war, vor uns selbst und vor anderen gute Gründe für den Glauben wieder vernunftmäßig bewusst zu machen. Auch sehen wir, wie wichtig es ist, auch Menschen zu haben, die dafür mit ihrem Reden, Tun und mit ihrem ganzen Leben einstehen. Dies ist nach meiner Meinung sogar neben dem Vertrauen auf das Wirken des Heiligen Geistes der wesentliche Schlüssel zum Erfolg. Über die schon gehörten Argumente hinaus gibt es

viele weitere gute Gründe für den Glauben: etwa die großen Werke christlicher Architektur, Kunst, Musik und Liturgie u.a. Was aber nutzen sie alle, wenn sie nur noch einen musealen oder unterhaltenden Charakter haben. Oder
schauen wir auf unsere besondere Verantwortung für die
Schwachen. Doch was nutzt die, wenn sie sich beschränkt
auf nachgebetete politische Parolen. Werden gute Gründe
nicht mit Leben gefüllt, bleiben sie ungehört. Der Heilige
Geist belebt unsere Schätze: Unsere großen Kirchbauten!
Ich denke an meinen ersten Moment in der Kathedrale von
Chartres vor vielen Jahren, wo mich die Sonnenstrahlen
durch die wunderbaren blauen Rosetten-Fenster innerlich
gepackt und durchgeschüttelt haben. Unsere große Kunst!
Ich denke an meine ersten Blicke auf den Isenheimer Altar
in Colmar, wo mich vor dem Bild des Gekreuzigten und
erst recht vor dem Bild des Auferstandenen ein innerer
Schauer überkam. Unsere großen Schätze der Liturgie! Ich
denke an meine bewegende Messe zur Hochzeit und an
das ‚Großer Gott' zum Auszug bei der Priesterweihe eines
Freundes. Immer, wenn ich dieses Lied höre, bin ich innerlich bewegt. Ich denke an eine Anbetungsnacht mit Jugendlichen in einer dunklen Kirche mit wenigen Kerzen
vor dem Allerheiligsten, wo von dieser Mitte aus ein er-
greifendes Gefühl der gemeinsamen Nähe zu Gott aus-
ging. Unser großer sozialer Auftrag! Ich denke an die Begegnung damals mit den Franziskanern, die etwa in einer
großen Innenstadt mit ihrer Kutte bekleidet Menschen, die
auf der Straße lebten, in ihren Speisesaal mit dem großen
Kreuz hinein holten, ihnen dort Zeit, Essen und Würde
schenkten. Aus ihren Augen funkelte die Begeisterung des
Heiligen Geistes. Auch hier erlebte ich vor zwanzig Jahren, dass Gottes Ruf noch wirkte! Mich persönlich haben

solche Erfahrungen schon immer begeistert. Diese Erlebnisse gehören zu meiner eigenen Geschichte des Glaubens. Das sind für mich Begegnungen mit Gott in der
Welt. Sie prägen mein Leben und meinen Glauben. Und
bei unserer Mission vor zwanzig Jahren kamen manche
dazu. Das stärkste Argument für den einladend gewinnenden Glauben sind wir doch immer selbst, indem wir ihn
leben und von Herzen ausstrahlen. Dieses neue Bewusstmachen der eigenen Beziehung zum dreifaltigen Gott hat
die Christen von heute wieder gepackt. Und deshalb gewinnen sie wieder mit dem, was sie existenziell bewegt.
Das ist aus meiner Sicht das Wesen der neuen Kultur hier
im Bistum.

Wenn ich im Folgenden vor allem die Pastoral in den Blick
nehme, schaue ich dabei auf die Menschen und weniger
auf die Strukturen. Mein Vortrag ist zugegebenermaßen
etwas assoziativ und nicht so schön systematisch wie vielleicht die beiden davor. Ich werde aufzeigen, inwiefern es
in der real werdenden Vision darum geht, einerseits in der
Pastoral die für Christen wirklich wesentlichen Themen zu
adressieren und andererseits die Türen zur Transzendenz
zu öffnen. Meine sich anschließende Bewertung der Kultur von heute fängt bei konkreten Menschen und ihrem gelebten Glauben an. Danach nenne ich einige pastorale
Maßnahmen, die diese Entfaltung des Glaubens ermög-
lichten. Ich arbeite mich also ausgehend vom Menschen
zu den Bedingungen vor. Im Mittelpunkt bei mir stehen
immer Begegnungen und Erlebnisse, die für den neuen
Glauben von heute typisch sind.

3.2 Argumente allein genügen nicht

Ich möchte zuvor vor allem für unsere beiden Gäste heute an zwei Erlebnisse erinnern, die mir damals am Rande unserer Mission die Augen dafür geöffnet haben, was im Kirche- und Christsein von gestern wieder neu belebt werden musste, damit solche positiven Samen auch anschlagen und Frucht bringen konnten. Ich hielt damals auf unserer Reise vor einem Kreis eher säkularer Zuhörer in der Volkshochschule einen Vortrag zu guten Gründen für den christlichen Glauben. Auch manche der eben von euch in den Vorträgen aufgeführten Argumente konnte ich damals mit anbringen. Mir ging es vor allem darum, die Menschen wieder darauf aufmerksam zu machen, welcher Schatz unsere christlichen Werte sind, sei es als Kompass für das eigene Leben, sei es als Maßstab für die Gestaltung des Zusammenlebens und der Gesellschaft oder des verantwortlichen Umgangs mit der Schöpfung. Die Aufmerksamkeit war hoch. Ziemlich am Ende meinte dann ein Teilnehmer: ‚All das, was Sie hier sagen, klingt ja überzeugend. Aber wissen Sie, warum ich mich trotzdem nicht bekehre? Es ist, weil ich die Kirche in vielen dieser Wertefragen als unglaubwürdig erlebe. Und deshalb dringen diese guten Gründe etwa zum Menschenbild, zu der Verantwortung für die Schwachen, zur Würde von Menschen mit Behinderung, zum Lebensschutz u.a. gar nicht zu mir vor, mögen sie noch so überzeugend sein.‘ Diese innere Blockade war offenbar bei vielen Menschen von gestern eine Realität. Deshalb wirkten auch viele gut gemeinte Reden, Papiere und Predigten zwar inhaltlich überzeugend, sie kamen aber bei den Menschen nicht gewinnend durch. Viele hatten und haben sich auch heute noch innerlich abgeschottet gegenüber dem, was von Kirche kommt, und sei es noch so gut. Diese innere Schale musste also erst wieder aufgebrochen werden, damit sich Menschen wieder gewinnend einladen lassen. Ich bin Gabi dankbar, dass sie schon auf einige wesentliche Neuerungen etwa in Fragen der Moral hingewiesen hat, die tatsächlich viele Menschen von gestern irritiert hatten. Ja, diese neue Transparenz knackt schon manche harte Schale. Aber es muss noch etwas dazukommen. Das wurde mir damals klar. Denn nach dem Vortrag kam der Mann noch einmal zu mir und fragte mich danach, was für mich persönlich die wichtigsten Gründe für meinen persönlichen Glauben sind. Er wollte jetzt nichts mehr weiter hören von all den guten Argumenten, die auch vernunftmäßig einleuchten mögen. Er wollte ausdrücklich hören, was ich wirklich glaube. Als ich ihm dann von der Menschwerdung Gottes, von Gottes Wirken in der Welt, meinen persönlichen Begegnungen mit Gott in meinem Leben, dem erfahrenen Trost im Schmerz und eigenem Versagen, dem erfahrenen Netz beim eigenen Sturz in die Tiefe und von meiner tiefen Hoffnung auf die Auferstehung sprach und ich immer wieder durch interessierte Fragen unterbrochen wurde, da wurde mir klar: Das sollten wir wohl viel öfter tun: davon sprechen, was mein Glaube für mich persönlich bedeutet, nicht nur davon reden, dass er ein guter Kompass für mein Leben ist, sondern warum und inwiefern er es ist und wie ich das ganz konkret erlebe und lebe. Mir wurde klar, dass dieses ganz persönliche Zeugnis für suchende Menschen außerhalb der Kirche vielleicht fremd, aber doch auch wieder anziehend wirkt. Ebenso wirkt es stärkend für die, die noch dabei sind, aber selber voller Fragen und Zweifel sind.

Bei einer nächsten Gelegenheit, wo es in einer Diskussion mit Studenten auch darum ging, welche Gründe es für eine christliche Gestaltung der Gesellschaft heute gibt, bin ich dann – es war an Allerseelen – einen Schritt weitergegangen. Gemeinsam ging ich mit der Gruppe zum Abschluss in eine nahe, dunkle Kapelle. Jeder erhielt eine Kerze und wurde eingeladen, mit dieser Kerze an einen lieben Verstorbenen zu denken und sich ihm jetzt nahe zu fühlen, da Christen doch glauben, dass die Verstorbenen ein neues Leben bei Gott finden. Und dann war da eine lange Stille vor den Kerzen, die doch noch viel zu kurz wurde. In dieser Schlichtheit wurde erlebbar, was viele vernünftige Argumente nicht sagen können. Warum erzähle ich das jetzt?

Diese Erlebnisse damals haben mich darauf gebracht, wie eine einladende Mission wieder gelingen und Blockaden der Menschen gegenüber Kirche und Glauben aufbrechen kann: Sie setzt einerseits an beim persönlich glaubwürdigen Zeugnis jedes glaubenden Christen, der sich traut, von seinem Glauben anderen zu erzählen. Wir alle sind also dazu zu befähigen, dies unseren Möglichkeiten entsprechend auch zu tun. Andererseits setzt solche Mission an bei der existenziellen Erfahrung des Menschen mit den Grenzen des eigenen Denkens. Das Wesentliche meines persönlichen Glaubens ins Gespräch bringen und Transzendenzerfahrungen im Kontext von Kirche ermöglichen, das kann die verschlossen Türen von Menschen öffnen, die sich distanziert oder abgewandt hatten. Und es hält die Türen offen für diejenigen, die mit mir als bekennende und sicher auch schon einmal fragende oder zweifelnde Christen unterwegs sind. Ich freue mich sehr, dass diese beiden Zugänge für eine gewinnende Offensive christlichen Glaubens in die Umsetzung der Vision so maßgeblich mit eingeflossen sind.

Jetzt aber schaue ich auf das Kirche- und Christsein von heute. Meine Kinder haben mit Freunden über einige Jahre

hinweg die Jugendarbeit der Pfarrei wieder ans Laufen gebracht. Und was diese jungen Erwachsenen heute darüber
berichten, was ihnen ihr Bekenntnis bedeutet, bestätigt
mich darin, wie wir auch junge Menschen heute wieder für
Kirche und Glaube gewinnen können. Davon möchte ich
jetzt berichten. Wesentlich dabei ist es, dass diese Christen
ihren Glauben wieder artikulieren, als wesentlichen Teil
ihrer Existenz erkennen und diese Erfahrung miteinander
teilen. Erst beim zweiten Blick schaue ich dann auf die
konkreten Inhalte, die hier benannt werden. Bei dem, was
sie sagen, entdecken wir wieder einiges von dem, was Micha und Gabi schon herausgestellt haben. Das bedarf dann
meinerseits jetzt keiner weiteren Interpretation. Andererseits habe ich hierbei aber auch ganz andere, existenzielle
Gründe gefunden, die nunmehr auch inhaltlich den neuen
Habitus des Christseins von heute greifbar machen. Nach
dieser Vorstellung und Deutung möchte ich dann aufzeigen, wie sich die Pastoral in den letzten Jahren gewandelt
hat, um die Christen von heute wieder zu einem solchen
Zeugnis zu befähigen. Offenbar gibt es eine neue Kultur
des Bekennens und der kirchlichen Begegnung mit Transzendenz. Und abschließend ergänze ich noch, wie ein
neues Verständnis auch von materieller Bescheidenheit
und Armut der Kirche wieder mit zu einer neuen Glaubwürdigkeit beigetragen hat. Der jetzt ja beschlossene
Wegfall der Kirchensteuer war dazu nur ein äußerer Anlass.

3.3 Junge Glaubenszeugnisse von heute
Zunächst also ein Überblick über einige, mich bewegende
Glaubenszeugnisse von heute, die mir zeigen, dass die
Hoffnung von Dietrich Bonhoeffer damals nicht umsonst
war und die Glaubenskultur im Bistum Utopia heute auf

einem guten Weg ist. Danach versuche ich einen Abgleich mit einigen umgesetzten Maßnahmen in der Pastoral, die solche Glaubwürdigkeit heute ermöglicht, fördert und stärkt.

Ich schaue mit meiner Brille auf diese neue Haltung der Christen von heute. Die jungen Erwachsenen aus meiner Pfarrei sind dafür nur ein Schlaglicht, das aber aus meiner Sicht ein Vorbild für unsere neue Glaubenskultur ist. Ich lese euch jetzt nacheinander – immer mit einer kleinen Pause dazwischen – die Kernsätze dieser jungen Erwachsenen vor, die darin die Bedeutung des christlichen Glaubens für ihr Leben zum Ausdruck bringen. Wir sehen eine große Vielfalt, die doch geeint ist in dem gemeinsamen Selbstverständnis, davon zu sprechen und das Christsein als wesentlichen Bestandteil der eigenen Existenz auszumachen. Ich habe versucht, diese Aussagen ein wenig thematisch zu sortieren, aber das ist nicht so einfach.

Unter der Überschrift ‚Bewusstsein' sind das folgende Zeugnisse:

- *Glauben heißt, Dinge nicht zu tun, weil es alle tun oder es andere erwarten, sondern weil es richtig ist, dass man sein Leben einfach im Zeichen der Nächstenliebe lebt.*
- *Glauben heißt, auch im Alltagsleben auf andere Menschen zu achten und nicht mit verschlossenen Augen und Ohren durch die Welt zu gehen.*
- *Kirche ist nicht gleich ‚Sonntag in die Kirche gehen, hinsetzen, zuhören, nach Hause gehen, Pflicht erfüllt', sondern aktiv mitmachen, was erleben, den Glauben erarbeiten und Spaß daran haben.*
- *Jetzt weiß ich auch, warum ich glaube.*

- *Immer wieder hat es in meinem Leben auch Zeiten gegeben, in denen mein Glaube schwach war. Religiöse Impulse helfen aus diesen Phasen immer wieder heraus.*

- *Glaube ist für mich heute ein wahrhaftiger Blickwinkel auf die Welt und mich selbst, ein tiefes Geheimnis und eine froh machende Hoffnung, Glaube ist Realität.*

- *Spielerisch habe ich gelernt, meine Ahnung zum Glauben an Gott zu verstehen, so dass ich eine Gewissheit gewinnen konnte, die ich immer noch kreativ ausleben kann.*

- *Ein Schritt zu einem erwachsenen Glauben war die Erkenntnis einer klaren inneren Logik der christlichen Morallehre. Alle Normen sind logische Implikationen des einen Liebensgebots.*

- *Erfahrungen und Diskussionen während meines Studiums zeigten mir, dass unser Glaube eine große Sache mit unendlich vielen Facetten ist.*

- *Logik wirft für mich Fragen auf, die nicht immer leicht sind, aber zu einem stärkeren Glauben beitragen.*

Unter der Überschrift ‚Kompass' sind das folgende Zeugnisse:

- *Mein Glaube und ich lernen uns noch besser kennen, um dann Hand in Hand durchs Leben zu gehen.*

- *Meine Motivation: Es ist ein wenig wie bei den Jüngern. Auch sie haben erkannt, dass da jemand* ist, der von etwas Besserem berichtet und sogar die Macht hat, dieses Neue zu verwirklichen.

- Mich motiviert der Auftrag, den Gott mir mit auf den Weg gegeben hat.

- Werdet stark durch die Kraft und Macht des Herrn (Eph. 6,10). Der Sinn des Lebens besteht für mich darin, den Glauben weiter zu geben.

- Mein Glauben ist für mich wie ein großes, großes Bücherregal. Es kommt immer wieder ein Buch dazu. Sollte das Regal voll sein, baue ich ein neues.

- Glaube ist für mich, das gute Gefühl zu haben, da ist noch wer, und ich stehe in vielen Lebenssituationen nicht alleine da.

- Nach und nach habe ich gelernt, den Glauben auf mein Leben zu beziehen.

- Indem ich das alltägliche Arbeitsleben und Weltgeschehen kennen gelernt habe, habe ich mir die Frage nach dem Sinn des Lebens gestellt und eine tiefere Auseinandersetzung mit meinem Glauben und der Heiligen Schrift begonnen.

- Gerade in diesem kritischen Alter des Übergangs, in dem viele der Kirche den Rücken zukehren, braucht man Halt, um nicht nur andere Interessen, die zu dem Zeitpunkt ‚spaßiger‘ sind, zu verfolgen.

- Glaube war und ist auf meinem Weg ein verlässlicher Kompass.

- Ich sehe meinen Glauben als etwas, aus dem ich unwahrscheinliche Kraft und Energie für meine Entscheidungen ziehen kann.

- Glauben ist immer ein Teil, den ich in meinem Inneren trage.

> - *Glauben und ich gehören zusammen, auch wenn
>   wir nicht immer einer Meinung sind.*

Schließlich unter der Überschrift ‚Transzendenz' noch einige Zitate, wobei mir hier die Überschrift besonders schwerfiel. Aber ich glaube, hier tut sich in den Zeugnissen genau diese Tür vielfältig auf.

> - *Trotz des frühen Todes meiner Mutter wäre ich
>   heute nicht der Mensch, der ich bin. Und diese Er-
>   fahrung hat mich auch näher zum Glauben hinge-
>   führt. Es ist ein Gefühl von gleichzeitiger Nähe und
>   Distanz.*
> - *Man geht zwangsläufig rationaler an den Glauben
>   heran. Dennoch spielt bei mir die kindliche emoti-
>   onale Seite für meinen Glauben eine erhebliche
>   Rolle.*
> - *Manches Mal wurden wir früher in der kirchlichen
>   Jugendarbeit als rebellisch bezeichnet, manchmal
>   stand eine Ruhe bringende Atmosphäre im Vorder-
>   grund. Diese Vielfalt war für mich Teil des Glau-
>   bens, und danach sehne ich mich auch heute immer
>   wieder.*
> - *Glauben ist Hoffnung. Hoffnung ist Leben.*
> - *Der Gang zur Kirche und das Beten dort geben
>   Ruhe und Kraft, den Alltag zu meistern und opti-
>   mistisch zu sehen.*
> - *Ich sehe viele Dinge in meinem Leben aus ver-
>   schiedenen Perspektiven, hadere nicht mit jedem
>   Schicksalsschlag, muss da aber um mein eigenes
>   Gottvertrauen kämpfen: Zweifel ja, verzweifeln
>   nein.*[2]

Ich will jetzt diese Zeugnisse nicht weiter interpretieren. Das steht mir auch nicht zu. Denn hinter jedem steht eine individuelle Lebens- als Glaubensbiographie, die diese jungen Menschen aber nicht für sich behalten, sondern auch miteinander teilen. In der Gemeinschaft ermutigen sie sich gegenseitig darin, und das nicht nur im Gespräch, sondern auch im gemeinsamen Gebet und Gottesdienst. Und diese jungen Menschen bilden keine Sondergruppe, fern ab der Realität, im selbst erdachten siebenten Himmel oder Elfenbeinturm. Sie stehen mitten im Leben, haben inzwischen zum Teil schon feste Beziehungen oder geheiratet und sind vielseitig wirkender Sauerteig in unserer Zeit, sei es untereinander, in ihrer Gemeinde, im Beruf oder ihrer eigenen Familie und ihren Freundeskreisen. Der Aspekt des geteilten Glaubens in einer solchen Kerngruppe ist kaum zu überschätzen. Und dies hier ist ja nur ein einzelnes Beispiel für eine solche Zelle, wie es sie jetzt wieder so viele in unserem Bistum gibt. Wo Menschen sich so ihren Glauben bewusst machen und ihn miteinander teilen, da trägt der Samen Früchte. Und das auch ausdrückliche Christsein strahlt wieder einladend gewinnend auch nach außen aus.

3.4 Pastorale Praxis von heute

Ich möchte euch jetzt noch einige weitere konkrete Beispiele für diese neue Kultur vorstellen, die der großen Vision entsprechen. Es sind nur einzelne Begebenheiten, die aber doch zusammen betrachtet einen guten Eindruck geben von dem, was Christsein von heute nun wieder ausmacht. Ich versuche mich dabei zumindest grob an die drei großen Bereiche christlicher Identität zu halten, selbst wenn dabei das Verständnis von Liturgie, Martyrie und Diakonie von mir sicher etwas weit ausgelegt ist. Das mögt ihr mir bitte verzeihen. Es soll ja auch nur als eine grobe Zuordnung helfen. Und Thomas wird in seiner Zusammenfassung nachher schon das Wesentliche gut herausfiltern, da bin ich sicher.

Mein erstes Beispiel hat im weitesten Sinn etwas mit Gottesdienst zu tun. Eine befreundete Geschichtslehrerein berichte mir davon, dass sie mit ihren Schülern Inhalte ihres Fachs erlebbar machen möchte. Sie fährt also seit einigen Jahren zu markanten Orten, die für sich selbst sprechen, etwa in frühere Stasigefängnisse, in Konzentrationslager, an frühere DDR-Grenzanlagen, die Berliner Mauer oder auf Soldatenfriedhöfe. Sie macht das immer so, dass sie jeweils vorbereitend mit einer Projektgruppe eine Exkursion zu dem jeweiligen Ziel unternimmt. Diese Schülergruppe soll dann ein entsprechendes Programm erstellen für die ganze Jahrgangsstufe, die dann mit zeitlichem Abstand als Ganze dorthin kommt. Und jetzt berichtete mir die Freundin davon, dass ihre letzte Projektgruppe, die den Besuch eines riesigen Soldatenfriedhofs mit über 30.000 Kreuzen vorbereitet hatte, vorschlug, dort einen selbst gestalteten Kreuzweg zu beten, der sich am Kreuzweg Jesu orientiert. Er sollte sich zugleich auf den Eindruck des unüberschaubaren Gräberfeldes und der damit verbundenen Geschichte beziehen. Eigentlich machte der Anblick dieses riesigen Feldes in der Vergangenheit die Schüler immer eher sprachlos, berichtete mir die Freundin. Diese neue Idee mit dem Kreuzweg aber half, dem Schweigen Worte zu geben. Das hatte die Jugendlichen offenbar sehr berührt. Die Projektgruppe hatte verstanden: Der Glaube an Jesus Christus hilft uns hier, nicht wegzuschauen oder nur stumm zu bleiben. Gerade im Blick auf das Kreuz und die vielen Kreuze gelang es, aus der Geschichte zu lernen und dem eigenen Empfinden Ausdruck zu verleihen, wo rein menschliches Sprechen an seine Grenzen stößt. Ich habe euch heute zumindest das Eingangsgedicht mitgebracht, mit dem die Projektgruppe diesen Kreuzweg für ihre ganze Stufe in der Mitte des Friedhofs begann:

Kreuze bis zum Horizont hinauf
Totes Meer – Betroffenheit
Stumme Warner vergangener Zeit
Doch sag: wer hört darauf?

Was uns bleibt,
ist nicht Erhabenheit
zu urteilen, welche Schuld die tragen,
die an Gräben und Grenzen lagen;
die Menschen zu verachten,
die Krieg und Sterben brachten,
doch die auch weinten um zu Haus,
die Angst hatten um Frau und Kind.
Frag lieber: Was lernen wir daraus,
ob wir wirklich klüger sind?
Geschichtsbücher berichten,
trockne Daten sie belichten,
doch wer erzählt, was täglich war?
Wer bringt uns den Alltag nah?

Doch nur, wer wirklich fühlt,
sich öffnet, der versteht,

ist in der Lage zu verhindern,
dass solch ein Morden weiter geht.
So stell Dich auf den Weg,
sieh auf das weite Feld hinab,
sieh auf jedes einz'lne Grab
und spüre selbst ...

Und danach begannen sie mit den Stationen Jesu und entsprechenden Bezügen zu Terror, Krieg, Verrat, Mord u.a. ihren Weg über das weite Feld. Und die Schüler erlebten dabei: Gerade auch Geschichte und Geschichten mit so vielen Kreuzen verstehen wir als Menschen neu im Blick auf das eine Kreuz. Das ist eine zutiefst christliche Botschaft, die die Menschen anspricht und die die abweisende Schale aufbrechen kann, mit der sich viele ihren Zugang zu Christus und Kirche verschlossen hatten. Solche Begebenheiten sagen viel mehr als theoretische Analysen.

Nun mein zweites Beispiel, in dem es um unser Zeugnis, also die Martyrie geht: Sie beschreibt das, was wir ja schon einige Male heute als eine einladende Offensive identifiziert haben, jetzt aber als Ausdruck einer gegenseitig wertschätzenden Begegnung von Religionen, in der das Christliche sich nicht mehr versteckt. In den letzten Jahren hatte ich immer mal wieder Schülergruppen aus dem Bistum nach Israel begleitet. Zum Programm gehört dabei auch jedes Mal eine Begegnung mit jüdischen und palästinensisch-muslimischen Jugendlichen. Nach dem letzten Treffen sagten mir die Begleiter der beiden anderen Gruppen übereinstimmend, sie hätten über die Jahre einen Wandel in den Gesprächen erlebt. Früher, bevor ich mit dabei war, sei es so gewesen, dass die Christen sich vor allem interessiert gezeigt hätten an den anderen Kulturen und Meinungen. Das sei auch immer gut angekommen. Nur hätten sie eigentlich nie oder kaum etwas von sich selbst berichtet, was ihnen in ihrem eigenen Glauben wichtig ist, welche Bedeutung er für ihr Leben und ihre Identität hat. Das hätten die jüdischen und muslimischen Altersgenossen so ausgelegt, dass unsere Jugendlichen entweder ihren Glauben nicht kennen oder ihn nicht wertschätzen. Dabei hätten sie gerne nicht nur von sich etwas erzählt, sondern auch etwas von christlicher Glaubenskultur in Deutschland erfahren. Das war dann für sie eher ernüchternd, da sie die Alleinunterhalter waren und die Gäste aus Deutschland meist nur zugehört hätten. Nun ist es aber inzwischen anders. Das Interesse am Anderen ist nach wie vor groß. Doch nun beteiligen sich auch die deutschen Christen aktiv an diesem Austausch. Sie können auf die Fragen der anderen antworten und berichten darüber, was ihnen Jesus Christus bedeutet, was sie an ihm fasziniert, was für sie Gottessohnschaft heißt, Heiliger Geist, Kreuz und Auferstehung. Sie berichten auch von ihrer Art zu beten oder auch zu fasten. Die jüdischen und muslimischen Jugendlichen haben jetzt, bei allen auch politisch bedingten Differenzen untereinander, richtig Spaß bekommen am Gespräch mit unserer Gruppe, weil es ein echter Austausch geworden ist, in welchem sie selbst mehr über das Christsein, unser Gottes- und Menschenbild, unsere Hoffnung und einige christliche Vorbilder der Geschichte erfahren. Das deute ich als eine gute Frucht der real werdenden Vision.

In meinem dritten Beispiel geht es um gelebte Grundwerte im Sozialen, also etwa in Caritas, in Diakonie o.a. Engagement in diesem Bereich. Ich war von einer Freundin eingeladen zu einer besonderen Tauffeier. Die Freundin arbeitet in einem Kinderhaus der Caritas, in welchem schwerst behinderte Kinder wohnen und dort oft bis zu ihrem meist frühen Tod begleitet werden, sowohl medizinisch wie pädagogisch als auch seelsorglich. Ich kam zum ersten Mal in dieses Haus. Es war nun nicht nur so, dass hier selbstverständlich Kreuze im Haus sichtbar sind. Eine kleine Kapelle befindet sich nicht weit vom Eingang. Vor allem atmet das Haus den Geist, der diesem Bekenntnis entspricht. Meine Freundin hatte die Taufe weitgehend vorbereitet, weil die Eltern damit überfordert gewesen wären. Die Taufe musste hier in der kleinen Hauskapelle stattfinden, weil die dreijährige Ruth, der Täufling, einen Transport in die Pfarrkirche nicht schaffen würde. Ich sah also in die Runde der schwer kranken Kinder, für die dieses Fest etwas ganz Besonderes war. Ich schaute in ihre Augen und sah so viel Lachen, Strahlen, Hoffnung. Ich merkte auch daran, dass meine Freundin und viele im Team ihren beeindruckenden Dienst hier mit großer Leidenschaft und Hingabe für die Kinder tun. Die Freundin sagt mir, das mache sie aus einem tiefen Gefühl der Liebe, die sie selbst in Gott spüre und hier weitergibt. Das sei ihr nicht immer bewusst, aber genau dieses innere Wissen sei ihre tiefste Motivation dazu. Und genau diese innere Haltung strahlte hier aus, auch in der so liebevollen Gestaltung der Taufe, die der dortige Diakon dann gespendet hat. Ich kann es gar nicht richtig in Worte fassen: Wenn ich jetzt davon berichte, bin ich tief von dieser Haltung bewegt. Denn hier erlebe ich ein Zeugnis für das Leben, und zwar radikal, bis zum Letzten und auch mit der großen Hoffnung darüber hinaus. Und sie wirkt dann auch segensreich selbst auf diejenigen kranken Menschen, die keine Christen sind. Ich bin dankbar für ein solches Zeugnis, mit dem unser Glaube gerade auch in vielen christlichen Hospizen so glaubwürdig ausstrahlt, Menschen einlädt und auch gewinnen kann. Die Umsetzung der Vision in unserem Bistum hat dazu beigetragen, dass wir solche Erfahrungen wieder an vielen Stellen machen können. Nun gibt es ja auch heute noch Menschen, die sagen dann schnell relativierend, das können Atheisten doch alles genauso gut. Und deshalb habe eine solche Begebenheit gar nichts mit einem wieder gewinnenden Christsein heute zu tun. Ich widerspreche: Natürlich können Atheisten und Menschen anderer Bekenntnisse auch gute Menschen sein und auch einen solchen sozialen Dienst mit großer Leidenschaft ausführen. Für Atheisten ist solches Gut-Sein dann eine frei gewählte Moral, die sie aber auch wieder abstreifen können, ohne dass sie sich untreu werden. Denn sie sind allenfalls ihrem Gewissen oder einer abstrakten Vernunft gegenüber verantwortlich. Die Auffassung darüber kann sich wandeln. Für Christen wie meine Freundin aber ist solche Leidenschaft ein existenzieller Ausdruck ihres tiefsten Seins. Sie können diese nicht einfach abstreifen, ohne sich selbst zu verraten. Darauf hatte Gabi eben schon kurz hingewiesen, und das noch einmal zu betonen, finde ich sehr wichtig. Denn aus der lebendigen Beziehung zu Christus folgt dieses Verständnis von gelebter Caritas und Diakonie. Und sie findet ihren Ausdruck dann auch nicht allein in sozialem Tun, sondern ebenso auch darin, den Kindern und Familien die Tür zur Transzendenz zu öffnen, so wie ich es in der bewegenden Tauffeier erleben durfte. Auch das macht einen wesentlichen Unterschied. Wie gut ist es, wenn überzeugte Christen nicht nur sozial, sondern in diesem Sinne wirklich auch diakonisch helfen. Die als Organisationen verfasste Caritas und Diakonie haben hieran einen großen Anteil, weil sie hier in den letzten Jahren wieder großen Wert darauf gelegt haben, gerade im Bereich der Pflege den Mitarbeitern die Wesenszüge des christlichen Menschenbildes und deren Folgen für die soziale Arbeit und Pflege vertraut zu machen. Meine Freundin und viele, die wie sie eingestellt sind, haben entsprechende Kurse besucht und bilden ihre Kolleginnen und Kollegen jetzt darin aus.

Daneben könnte ich von zahlreichen weiteren Begegnungen berichten, die den neuen Geist von heute widerspiegeln, so etwa von den Treffen christlicher Künstler oder Journalisten, bei denen der Bischof und seine Mistreiter die Vision zur Diskussion gestellt haben, und die zu einem positiven öffentlichen Echo führte. Oder die Ehrung im Dom für Haupt- und Ehrenamtliche, die gerade jenseits der großen Öffentlichkeit in ihren Gemeinden und Bereichen in besonderer Weise die Vision in die Tat umsetzen. Oder die offenen Türen im Bischofshaus, wo Menschen auch ohne langfristige Terminplanung spontan willkommen sind, egal, ob der Hausherr da ist oder nicht. Oder die Klöster im Bistum, die für viele Sinnsucher unserer Tage ein willkommener Ort christlicher Besinnung waren, sind und bleiben. Oder der schöne Wallfahrtsort, zu dem nach wie vor viele Gruppen pilgern, inzwischen auch wieder mehr junge Menschen, die nicht nur sich suchen, sondern auch Christus in ihrem Leben. Dies und vieles mehr spricht sich herum und wirkt wie ein Sauerteig der Vision einer gewinnend einladenden Kirche. Aber manches davon habt ihr ja auch mitbekommen vom Hörensagen oder sogar über auch wieder kirchenfreundlichere Berichte in den Medien.

3.5 Befähigung zu einer Pastoral aus der Mitte

Jetzt komme ich – wie angekündigt – in meinem nächsten größeren Teil zu einigen Rahmenbedingungen, die ein solches gewinnendes Christsein von heute erst möglich machten und machen. Die nachhaltigste Veränderung wurde – so mein Eindruck – durch die große pastorale Schulungsoffensive im Bistum erzielt. Diese haben wir Vier ja gemeinsam mit zahlreichen Experten mit konzipiert. Für unsere beiden Gäste heute kann ich diese hier nochmal gerade skizzieren: Es ist ja so, dass die Kirche schon lange vor unserer Mission nach den schlimmen Erfahrungen mit den Missbrauchsskandalen flächendeckende Schulungen für alle Mitarbeiter in der Pastoral durchgeführt hatte. Dies galt nicht nur für diejenigen, die hauptamtlich in der Pastoral tätig sind. Es galt auch weitgehend umfassend für Ehrenamtliche. Ein solches Knowhow flächendeckender Schulung mit unterschiedlicher Intensität, je nach Aufgabe, konnte nun logistisch genutzt werden für die Umsetzung der Vision, also zu einem völlig anderen Thema. Hier ging es also nunmehr nicht um die Aufarbeitung schlimmer Vergehen und Prävention zum Schutz vor Übeln in der Zukunft. Diesmal hat die flächendeckende Schulung stattdessen einen offensiven Charakter. Sie stand und steht weiter unter dem visionären Vorzeichen, Kirche- und Christsein hier wieder einladend gewinnend zu gestalten. Andere pastorale Bildungsmaßnahmen wurden dafür erstmal für einige Jahre deutlich zurückgefahren, damit das überhaupt finanzierbar ist. In diesen neuen Kursen können wir als inhaltliches Organisationsteam, in Abstimmung mit dem Bischof und unterstützt von weiteren begeisterten Mitstreitern der Vision, die Themen setzen und umfassend transportieren. Bildungswerk,

Akademie und die Fakultät haben uns dabei ja auch tat-
kräftig unterstützt. Dabei geht es vor allem um eine theologisch saubere Reflexion zu Grundfragen des Glaubens,
wie etwa Inkarnation, Auferstehung, Umgang mit der Heiligen Schrift, Heiliger Geist und die entsprechenden Konsequenzen für unsere Begegnung mit Gott und den Menschen von heute im konkreten Lebensalltag. Das ist jetzt
kein abstraktes Theologieseminar. Das Gewinnende, das
Tröstende, das Sinnstiftende, das Versöhnende, das Vernünftige, das Staunenswerte unseres Glaubens herauszustellen, ist dabei vielmehr das Ziel. Es ist also eine durchaus gelenkte Auffrischung theologischen Wissens, verbunden mit ihrer Umsetzung, eine pastoral angewandte
Theologie sozusagen, verbunden mit praktischen Elemen-
ten aus Spiritualität, Liturgie, Bekenntnis und diakoni-
scher Praxis. Natürlich gehören auch sozialwissenschaftli-
che, psychologische u.a. Themen sowie Techniken der
Kommunikation dazu. Diese stehen aber nicht im Mittelpunkt, sondern sind bloß Mittel zum Zweck gewinnender
Pastoral von heute. Auch Marketinginstrumente wie etwa
Milieustudien sind Thema, aber kein Selbstzweck. Da
stimme ich Gabi völlig zu. Sonst raubten sie viel zu viel
Aufmerksamkeit und Energie ohne erkennbaren Output.
Insgesamt verfolgen wir ja das Ziel einer milieuübergrei-
fenden Pastoral der Persönlichkeit. Das heißt: Ein jeweils
ganz anders durch das Leben geläuterter und reifer Optimismus im Glauben hat eine ausstrahlende Kraft. Dafür
sprechen etwa manche der schönen Zitate von eben. Eine
solche Haltung kann und soll bekannt gemacht werden.
Denn sie kann Menschen gewinnen. Dieser hoffende Habitus überzeugt milieuübergreifend, weil er glaubwürdig
ist. Wir modellieren also in der Pastoral nicht verschiedenen Milieus entsprechend unserer Glaubensinhalte bis zur

Unkenntlichkeit um. Natürlich sind Sprachspiele u.a. zu berücksichtigen. Aber was am Ende zählt, ist genau diese ausstrahlende Glaubwürdigkeit, durchs Leben geläutert und deshalb mit Tiefgang. Die kann man nicht antrainieren oder glaubhaft vorspielen. Sie wirkt aus sich heraus. Sie wird von allen Menschen verstanden, weil sie die Sprache einer natürlichen menschlichen Sehnsucht spricht. Eine solche Pastoral der Persönlichkeit bringt das große Potential glaubwürdiger Zeugen zur Geltung. Auch dazu dienen die Schulungen, solche Talente zu entdecken, sie intensiv aufbauen, zu begleiten und zu fördern. Diese Kurse müssen alle pastoral Verantwortlichen und Tätigen durchlaufen. Und es gibt nach einem Basiskurs immer wieder entsprechende Updates. Das ist alles ein beträchtlicher Aufwand, der sich aber lohnt. Diese große Schulungsoffensive hat dazu maßgeblich beigetragen, die wichtigsten Themen christlichen Glaubens zu vertiefen, wieder bewusst zu machen und dafür zu begeistern. Es sind Kurse, in denen nicht ein Abergeist, sondern der Geist des Evangeliums das Wort führt. Ich freue mich schon auf die nächsten Update-Kurse.

In aller Bescheidenheit besehen ist das doch ein großer Wurf. Daneben gibt es zahlreiche weitere pastorale Maßnahmen, die zum Gelingen der Vision beitragen. Nur einige stelle ich hier kurz vor, die aus meiner Sicht das Christsein von heute erst mit ermöglicht haben. Viele davon sind eng verbunden mit der Schulungsoffensive. Es sind pastorale Schwerpunkte, die in den letzten Jahren hier umgesetzt wurden. Zum Teil erlebe ich sie selbst vor Ort, zum Teil höre ich davon aus Gesprächen bei unseren Kursen, zum Teil habe ich davon aus dem Ordinariat erfahren. Insgesamt lässt sich sagen: Konzeptpastoral am grünen Tisch ist einer tätigen Pastoral gewichen. Das heißt etwa, auf der Grundlage der einmal erstellten Vision des Bischofs wurde das Ordinariat personell deutlich verschlankt. In den pastoralen Stellenbeschreibungen wird der Fokus deutlich auf die konkrete Seelsorge am und mit dem Menschen gelegt statt auf die Erarbeitung immer neuer theoretischer Konzepte am Schreibtisch. All das ist übrigens auch der damals weitsichtigen Idee Martins geschuldet, Geld zu sparen und sich frühzeitig auf die jetzt angebrochene Zeit nach der Kirchensteuer einzustellen. Das hatten wir also auch schon vor gut zwanzig Jahren mit auf dem Schirm, als wir mit unserer Mission gestartet sind. Heute wissen wir, wie gut dieser Weitblick war. Aber jetzt zu einigen dieser Bedingungen, die unmittelbar in der Praxis wirksam sind. Dies ist natürlich auch wieder nur eine bloß exemplarische Auswahl.

Es wurde die Förderung von lokalen und auch überregional vernetzten pastoralen Kerngruppen des Glaubens mit je unterschiedlichen Schwerpunkten ohne großes bürokratisches Drumherum und ohne endlose Tagungen und Konzeptpapiere angeregt und gefördert. Solche Kerngruppen des Glaubens schaffen etwa bei jungen Menschen Räume für ein kreatives Mitgerissensein, welches sich jeweils ganz unterschiedlich zeigt, je nach Ort und den konkreten Menschen dort. Schwerpunkte werden hier etwa erlebt im weiten Spektrum zwischen Kontemplation und tätiger Nächstenliebe, oder anders zwischen Räumen für Stille und für Rebellion, wie es ja etwa eine junge Frau aus meiner Pfarrei mit ihrem Zitat treffend auf den Punkt brachte. Mit Stille sind solche Erfahrungen gemeint wie zum Beispiel das Anzünden der Kerzen für die Verstorbenen an Allerseelen. Mit Rebellion kann gemeint sein, auch wieder einmal bewusst im Namen des Glaubens Grenzen auszutesten, etwa durch provozierende Themen oder Aktionen.

Bei uns in der Pfarrei haben beispielsweise Jugendliche den Kirchturm mit einem riesigen Plakat verhüllt. Auf dem stand in riesigen Buchstaben: ‚Kirche ist, was du draus machst'. Natürlich kann man das jetzt theologisch wieder in Frage stellen. Aber es ist doch ein sichtbarer Ausdruck der Jugendlichen, sich herausfordernd mit ihrer Kirche auseinanderzusetzen, das kreativ zu tun und auch andere Menschen damit anzusprechen. So etwas ist gar nichts ganz Neues, aber mir schien es leider so, als sei das sich auch an sich selbst und an anderen reibende Erwachsenwerden in den letzten Jahren vor allem außerhalb von Glauben und Kirche geschehen. Dass diejenigen Menschen sich dann vom Christlichen verabschieden, wundert mich wenig. Es ist gut, wenn genau dieser Prozess nun wieder eine Heimat in der Mitte der Kirche findet. Wichtig erscheint mir bei dem neuen ‚Sich-als-Christ-Erleben', dass es Räume bietet, die gerade nicht alltäglich sind. Diese können jeweils ganz unterschiedliche Formen annehmen. Es passt sich also das Miteinander in der pastoralen Erfahrung nicht dem Alltag gleichförmig an, sondern setzt sich als spannendes Erleben gerade ausdrücklich davon ab. So kann der erfahrene Glaube unbewusst doch schon existenziell persönlich erfahren werden, weil er etwas erkennbar Eigenes, Unterscheidbares anbietet, und weil junge Menschen so gleichzeitig mit ihrem Glauben wachsen. Es geht um eine wesentliche Erfahrung: Jesus Christus nimmt mich als Mensch ernst, auch wenn ich vielleicht als Jugendlicher mich selbst suche oder viele Fragen und Zweifel habe. Dazu hilft in besonderer Weise vielen Menschen die Erfahrung der Gemeinschaft mit Gleichgesinnten. Kerngruppen, in denen sich der Glaube bewähren kann, schaffen dazu für die Begegnung auch mit

Zweifeln einen persönlichen Raum, in dem man auf glaubwürdige Zeugen trifft. Vor allem ist die Pastoral hier eng-
maschig gesetzt, also nicht von fernen Schreibtischen oder
von Konferenzpapieren gesteuert. Hier sind auch viele Ehrenamtliche voll mit dabei. Und sie machen es gut. Wichtig ist, dass es vor Ort ein Gesicht oder mehrere Gesichter
der Pastoral gibt, Menschen, mit denen man sich identifiziert und die selbst mit dem Glauben identifiziert sind.
Und ich bin überrascht zu sehen, dass das wieder so gut
funktioniert. Offenbar gibt es da doch viel mehr Menschen
als gedacht, die das können und die dazu gerne bereit sind,
weil sie nun vom Bischof ausdrücklich auch als Missionare der Vision im Bistum ausgewählt und in einer Feier
beauftragt wurden.

Dieser Spruch am Kirchturm steht auch für einen neuen
Geist einer Mitmach-Kultur. Da ja nun weniger Geld be-
reitsteht und zentralistische Bistumspastoral von gestern
ist, formieren sich neue Initiativen vor Ort. Die Menschen
spüren, dass ohne ihr Dazutun die Gemeinden sterben werden. Solches Mittun gelingt aber nur mit begeistertem Personal, das mitreißt. Da hat sich auch so manches getan.
Thomas wird gleich darüber noch berichten. In der Kirche
aktiv zu sein und etwa Glaubenskurse mitzugestalten oder
Katechesen, Freizeiten, Bildungsfahrten, Hilfsprojekte
u.a. findet wieder eine größere Anerkennung in der Gemeinde. Ziel soll es ja gerade sein, dass sich möglichst alle
mit verantwortlich fühlen. Das geschieht eben auch im aktiven Mitmachen, über das es einmal im Jahr auch einen
Austausch auf Bistumsebene gibt. Hier stellen die Gemeinden ihre Ideen vor, vernetzen sich und ehren ihre oft
stillen Helden.

So sind in vielen Gemeinden des Bistums verschiedene
Kerngruppen entstanden, die jetzt durch Priester, Diakone,

andere hauptamtliche und vor allem durch viele ehrenamtliche Bekenner begleitet werden. Früher meinte man,
junge Menschen sitzen nur vor dem Smartphone und sind
genervt von realen Gruppen. Das aber stimmt offenbar
nicht, denn hier bieten sich jetzt Räume, die sie sonst in
ihrem Alltag nicht mehr oder kaum noch erfahren. Gerade
dieses ‚Andere' macht es wieder anziehend. Bewusst
Glaubende aus den eigenen Reihen begleiten jetzt selbst
solche Gruppen, so wie früher schon in Verbänden oder
bei Messdienern. Jetzt legen sie vor allem großen Wert darauf, hier Raum zu geben, das eigene Ringen mit sich
selbst und dem Glauben zum Ausdruck zu bringen, wie
etwa in solchen Plakaten am Kirchturm oder auch mit un-
konventionellen Gottesdiensten, Nachtwachen oder anderem. Sie konnten so selbst Kerngruppen entstehen lassen
und helfen, diese zu vernetzen. Die schon bewährten
Kerngruppen bleiben dann die Heimathäfen, die durch re-
gelmäßige liturgische, atmosphärische und inhaltliche Akzente gefestigt werden, z.B. auch durch Bildungs- und Besinnungstage im Sinne der Vision. Diözesane Verbände
haben mit ihrer Erfahrung eine solche Bildung von Kerngruppen gezielt gefördert und unterstützt, ohne dabei eigene Interessen oder gar ideologische Botschaften zu
transportieren. Alle fühlen sich in dem einen Boot Kirche
wieder mit verantwortlich für das Gelingen der gemeinsamen großen Vision.

Das haben wohl die meisten begriffen, dass es so wie in
der Krise von gestern mit Glauben und Kirche nicht weiter
gehen konnte. Manche aber haben der Kirche den Rücken
gekehrt, weil ihnen die Vision nicht passte, zu wenig politisch oder zu paternalistisch oder zu ausdrücklich kirchlich
sei. Aber diesen Schwund musste das Bistum wohl hin-

nehmen, um auf der anderen Seite mit viel mehr Durch-
schlagskraft wieder Menschen für eine Mitte zu gewinnen,
die diejenigen, die im Namen der Kirche auftreten, auch
selbst verkörpern und überzeugt wie überzeugend bekennen. Hier ist dann auch kein Platz für enges Kirchturmden-
ken oder rein politische oder persönliche Profilierungen.
Vertreter von kirchlichen Bildungseinrichtungen haben
sich vor Ort in den Gemeinden des Bistums auf die Suche
nach funktionierenden Kerngruppen gemacht, etwa in der
Jugendarbeit. Hier gab es dann auch logistische Hilfen und
thematische Begleitung. Eine Vernetzung auch der Akademien und Hochschulgemeinden mit pfarrlichen Angeboten wurde zur Förderung der subsidiären Bildungsstruk-
turen forciert. Theologiestudenten und angehende Religi-
onslehrer sind hier ebenso mit im Boot wie die wissenschaftlichen Mitarbeiter und Dozenten der Fakultät. Ihnen
allen ist bewusst, dass sie sich alle am Aufbau solcher
Gruppen im Bistum beteiligen sollen. Welche Ausrichtung
und Schwerpunktthemen diese Gruppen haben, ist nicht
fixiert, wohl aber muss es der Vision entsprechend einer
wieder lebendigen einladenden Glaubenskultur dienen,
die sich nicht auf beliebige Freizeitangebote beschränkt.
Wer im Bistum gefirmt werden will, muss sich ein halbes
Jahr in einer solchen aktiven Gruppe mit engagieren. Wer
das nur missmutig absitzen will, ist raus. Es haben sich
dann auch viele Jugendliche in solchen Gruppen beheima-
tet. Und die Firmung macht wieder Sinn als Ausdruck einer bewussten Entscheidung für Christus und Kirche von
heute.

Es wurden übrigens überall bistumsweit ähnliche Befragungen nach der persönlichen Bedeutung des Glaubens
unter jungen engagierten Christen durchgeführt wie in unserer Pfarrei. Einige markante Zitate habe ich euch ja eben

vorgestellt. Durch diese Initiative wurden individuelles und gemeinschaftliches Glaubensbewusstsein der Beteiligten gestärkt. Es wurden dann auch Treffen solcher Gruppen miteinander arrangiert, was eine Vernetzung und einen Austausch ermöglichte und stärkte. Alle, die dazu bereit waren, konnten die Ergebnisse der Befragung mit ihren Kerngedanken in eine Studie des Lehrstuhls für Pastoraltheologie einfließen lassen, der im Rahmen eines Forschungsprojektes den Glaubenswandel im Bistum erforscht. Ich bin schon sehr gespannt auf die Veröffentlichung dieser Ergebnisse. Die tiefgründige Vielfalt der so verschiedenen Glaubensphänomene wird auch weiter bekannt gemacht. Das wird nicht bloß in einen Forschungsbericht oder in ein ungelesenes Fachbuch einfließen, das schnell im Regal verstaubt. Vielmehr gehen die Inhalte mit ein in die Kurse der großen pastoralen Offensive, die ja möglichst alle Hauptamtlichen und viele Ehrenamtliche erreicht. Eine weitergehende Bekanntmachung dieser Vielfalt in Diskussionen, Verkündigung u.a. wird so vorangebracht. Das bringt unseren Glauben mit seinem lebensrelevanten und attraktiven Profil in Erinnerung. In dieser Vielfalt können dann viele suchende Menschen ein Sprachrohr ihres ganz persönlichen Lebens und Glaubens wiederfinden oder neu entdecken. Das macht ihnen Mut zum Leben mit Glauben.

In der Kinder- und Jugendarbeit des Bistums wird jetzt verstärkt Wert darauf gelegt, den kirchlichen Kontext des gemeinsamen Erlebens auch sichtbar zum Ausdruck zu bringen, etwa in bekenntnishaften Riten wie Gebeten und Gottesdiensten, aber auch mit Symbolen und der ausdrücklichen Beschäftigung mit dem Transfer der Botschaft Jesu in unsere Zeit, so wie etwa auf dem Soldatenfriedhof. Dadurch bleibt bei jungen Menschen die nunmehr positive Erfahrung von Gemeinschaft und Erlebnis auch als Teil ihres Glaubens im Gedächtnis, was für den späteren Glaubensweg auch in Zeiten des Fragens und Zweifelns wichtig ist. Auch das Zusammensein von Kindern mit Senioren in Mehr-Generationenhäusern der Caritas wird gefördert. Hier gehört dann das gemeinsame Beten ebenso mit dazu wie ein Erzählen über den eigenen Glauben.

In der Seelsorge mit alten, kranken und sterbenden Menschen gibt es noch mehr Bewegung. In den Schulungen wird darauf hingewiesen, welchen nachhaltigen Eindruck für junge Menschen die Begegnungen mit Kranken und Sterbenden haben können. Prägend für den heranwachsenden und hierbei vielseitig herausgeforderten Glauben ist ein Zusammentreffen mit glaubwürdigen Menschen. Der kranke und sterbende Mensch verkörpert eine Glaubwürdigkeit allein dadurch, dass er sichtbar leidet, vielleicht sein irdisches Ende vor Augen hat und in dieser Situation nichts mehr vorspielen muss. Glaubende Menschen werden schon frühzeitig vorbereitet und auch dazu befähigt, dann später im eigenen Leiden und Sterben dieser Situation ehrlich ins Gesicht zu blicken und darüber mit ihren Kindern, Enkeln und anderen offen zu sprechen. Diese Menschen werden so zu wichtigen Missionaren der Hoffnung, wenn es ihnen gelingt, vom Glauben im Leiden und vom Glauben im Sterben Zeugnis abzulegen.

Und noch eine Initiative trägt Früchte. Wir hatten doch im Rahmen unserer Mission festgestellt, dass gerade unter jungen Menschen manche Christen enttäuscht von den großen Kirchen waren und sich deshalb von Freikirchen haben anziehen lassen. Diese lockten mit freien Formen des Gottesdienstes, mit peppiger Musik, Kinderangeboten, persönlicher Nähe, Jugendlichkeit und nicht zuletzt auch mit einem moralisch klar identifizierbaren Profil. Das teilen nicht alle, natürlich. Aber für viele waren die großen Kirchen in moralischen Fragen zu beliebig geworden. In manchen Freikirchen fanden sie die Klarheit, die sie suchten. Leider war es ja so, dass die Ökumene in diesem Bereich nicht immer leicht war. Schließlich geisterten hier auch mancherlei gegenseitige Vorurteile herum. So etwa, dass die Katholiken Maria als Göttin ansehen oder dass sie Heilige anbeten würden. Oder dass alle Freikirchen fundamentalistische Eiferer und Kreationisten seien. Martin hat sich dieses Problems ausdrücklich angenommen und einen Experten ausbilden lassen, der die Ökumene in diesem Bereich neu auslotet. Ziel dabei ist es, einerseits Vorurteile abzubauen und andererseits ein aggressives Abwerben von Seiten der Freikirchen zu stoppen. Denn das hatte zu viel Verstimmung und Misstrauen im Miteinander geführt. Dieser Experte hat sich in den letzten Jahren intensiv mit der Theologie und dem Selbstverständnis der im Bistum aktiven Freikirchen beschäftigt. Das gilt etwa für das Tauf- und Abendmahlsverständnis, aber auch die Fragen der Exegese, Sakramente, des Amtes, von Mission und Moral. Der vom Bischof beauftragte Experte hat auch einmal diejenigen Vorwürfe sauber zusammengestellt, die von Seiten der Freikirchen am katholischen Verständnis des Kirche- und Christseins geübt werden. Und diesen hat er dann gemeinsam mit einem Mitarbeiter katholische Antworten gegenübergestellt. Diese Gegenüberstellung von Urteilen, Vorurteilen und Argumenten hat er jetzt publiziert. Zum einen ist sie Teil der pastoralen Schulungsoffensive. So können nämlich prima facie gut klingende Widerlegungen des Katholisch-Seins angemessen pariert

werden. Zum anderen ist das Bistum in die Offensive gegangen und hat den offenen Dialog mit den Freikirchen
über diese Streitschrift gesucht. Was mich besonders freut,
ist, dass sich daraus jetzt ökumenische Diskussionsforen
gebildet haben, in denen Gläubige und Theologen beider
Seiten auf Augenhöhe ihre Argumente austauschen, einander wertschätzend zuhören und an ihren Positionen feilen.
Das aggressive Abwerben gibt es bei diesen Dialogpart-
nern nicht mehr. Auch das ist ein Erfolg der Vision, die
das einladend gewinnende Christsein nunmehr ökumenisch versteht. Das heißt: Missionarisches Selbstverständnis richtet sich vor allem an die Nicht-Christen und Su-
chenden ohne christliche Glaubensheimat. Die Zeit des
Wegmissionierens von schon glaubenden Christen ist vorbei. Dass es darüber hinaus ein gutes Miteinander mit der
evangelischen Kirche vor Ort gibt, ist uns ja allen bekannt
und nichts Neues.

3.6 Verantwortete Bescheidenheit

Zum Abschluss noch einige Bemerkungen zur Förderung
einer Kultur kirchlicher Bescheidenheit, die sich auch in
einer Form materieller Armut zeigt. Schon damals vor
zwanzig Jahren und länger hatte der damalige Papst Franziskus ein solches Umdenken und neues Handeln einge-
fordert und auch vorgelebt. Martin hat dafür gesorgt, dass
dieses Vorbild im Bistum Utopia Schule macht. Das hat
verschiedene Gründe: 1. Der Botschaft Jesu entspricht es,
wenn die Kirche weniger prunkvoll auftritt als in der Vergangenheit. 2. Die Glaubwürdigkeit bei den Menschen erhöht sich dadurch, so dass die gewinnende Botschaft mehr
Gehör findet. 3. Die jetzt kürzlich politisch umgesetzte
Abschaffung der Kirchensteuer machte auch aus rein prag-

matischen Gründen eine solche neue Bescheidenheit erforderlich. Das alles bedeutet nun nicht, dass die Kirche ihr Vermögen verschleudert, nur um es los zu werden. Denn es gilt ja, im Sinne von Martin möglichst unabhängig zu bleiben von den politisch denkenden Elite-Katholiken, die sich durch Geld ihre eigene Kirche kaufen und inhaltlich bestimmen wollen. Für eine solche Unabhängigkeit war es sinnvoll, Rücklagen zu bilden und zu halten, um so Gehälter und Gebäudebestand in den Kernbereichen auch in der Zukunft ohne die Einnahmen aus der Kirchensteuer nachhaltig zu sichern, Klöster zu unterstützen und um damit auch stets großzügig Hilfe für Bedürftige leisten zu können. Gewinnende Armut bedeutet aber die Überwindung von Verschwendung und Ineffizienz sowie das Abstoßen von bloßen Macht- und Statussymbolen, die heute nicht verstanden werden. So wurde eine Reihe von Stellen gestrichen. Auch gibt es im Personalbereich einige strukturelle Neuerungen mit erheblichem Einsparpotential. Allein durch die Verschlankung und Zusammenlegung der Verwaltung wurde viel gespart. Ich glaube, oberflächlich betrachtet, dass hier aus der Not tatsächlich inzwischen mit einigem Erfolg eine Tugend gemacht wurde. Zu diesem Thema Geld und Personalarbeit will, das weiß ich, Thomas gleich noch etwas sagen. Das überlasse ich dann auch besser ihm, weil er da mehr den Durchblick hat als ich. Aber neben diesem umstrittenen Bereich, der Geld im Personalbereich spart, greifen mit Blick auf die jetzt abgeschaffte Kirchensteuer andere Maßnahmen, die zugleich einer Bescheidenheit von Kirche ein gewinnendes Gesicht geben. Dazu wurden nicht die Kulturschätze aus der Domschatzkammer im Internet oder nach Saudi-Arabien o.a. meistbietend verscherbelt, wie es sich manche wünschten. Die Jahrhunderte alten liturgischen Geräte etwa sind Zeugen der Kultur, der Glaubenstradition und so auch der Identität des Glaubens. Diese bleiben Eigentum der Kirche, sollen weiter der Öffentlichkeit gezeigt werden und bisweilen mal wieder in der Liturgie zum Einsatz kommen. Auch nicht wurden Kirchenglocken eingeschmolzen, wie es Napoleon machte. Denn auch die gehören zum Herzen christlicher Identität. Schon Generationen lauschten ihren Klängen, in Krieg und Frieden mit allen dazu gehörenden Emotionen. Auch nicht wurden alle Rücklagen und Mietobjekte aus dem Eigentum des Bistums veräußert. Denn gerade angesichts der mit der neuen Sozialsteuer wohl deutlich geringeren Einnahmen müssen ja laufende Kosten, und dabei vor allem das Personal auch bezahlt werden. Der dafür nötige Kapitalstock ist vorhanden und wird nicht aufs Spiel gesetzt. Das ist weitsichtig und verantwortungsbewusst. Gut aufgenommen wurde aber etwa bei den Gläubigen im ganzen Land, dass Martin es mit Unterstützung weitsichtiger Amtsbrüder durchsetzen konnte, einen bundesweiten Bistumsfinanzausgleich zu etablieren. Damit unterstützen die von Natur aus reicheren Bistümer finanziell die strukturell benachteiligten Diözesen. Das stärkt den solidarischen Geist des Miteinanders im Land, motiviert aber zugleich zu einem verantwortungsbewussten Sparkurs bei allen. Denn die Höhe der Umlage richtet sich nicht zuerst nach dem aktuellen Netto-Jahresüberschuss oder -defizit, sondern vor allem an der erfolgreichen Umsetzung entsprechender besonnener Maßnahmen, die in einem von allen Bistümern abgestimmten Katalog zusammengestellt wurden. Wer hier also mit Erfolg nachhaltig sparsam agiert, wird dafür in der Quotierung auch belohnt. So kann es also auch sein, das dasjenige Bistum mit dem höchsten Defizit nicht unbedingt die höchste finanzielle Umlage als Transfer erhält.

Dann, wenn hier im Gegensatz zu anderen defizitären Bistümern weitsichtige Maßnahmen fahrlässig unterlassen wurden, so mindert das die entsprechende Quote und spornt im Sinne des Subsidiaritätsprinzips an zur Besserung. Wenn ein Bistum etwa durch besonders besonnene Maßnahmen in der Bilanz trotz ausbleibender Kirchensteuer aus den roten in die schwarzen Zahlen rutschen würde, so braucht es im Jahr dieses Erfolgs noch keine Transferzahlungen an andere zu leisten. In den Folgejahren wird es, wenn die Zahlen gut bleiben oder noch besser werden, dann in den Kreis der Netto-Zahler aufrücken, dies aber auch wieder in Abhängigkeit von weitsichtig erfolgreichen Umstrukturierungsprozessen.

Für die Instandhaltung der Kirchen müssen die Menschen vor Ort zwar ihren eigenen Beitrag leisten. Doch stellt das Bistum nach wie vor anteilig und je nach Härtefall Mittel dafür zur Verfügung. Denn gerade diese Orte von Gottesdienst und Gebet sollen nicht verfallen oder umgewidmet werden. Sie sind der Mittelpunkt des lebendigen Glaubens vor Ort, auch wenn ein Priester oder Hauptamtlicher hier nicht mehr regelmäßig Dienst tut. Aber dafür gibt es ja zum Glück die lebendigen Kerngruppen und die Missionare, die in zeitlichem Abstand hierhin kommen. Kein Dorf soll seine Kirche ganz verlieren, das ist eine Devise des Bischofs. In die Kirchen integriert wurden bisweilen Gemeinderäume. Zahlreiche repräsentative Gebäude aber wurden veräußert, so etwa auch das Bischofspalais und viele viel zu große Pfarrhäuser, auch einige wenig einladende Gemeinderäume. Große Dienstwagen und Fahrer gibt es auch für die Leitung nicht mehr. Die Amtsträger sind gehalten, öffentlich als solche erkennbar zu sein mit einem gepflegten, aber nicht museal wirkenden Auftreten, wie es eine barocke äußere Erscheinung oder entsprechendes Gehabe und Argumentieren vermitteln. Nicht nur in der Verwaltung oder Pastoral wurde Personal abgebaut, auch die Anzahl der Weihbischöfe ist jetzt von fünf auf zwei reduziert worden. Da der Staat ja nicht mehr für deren Gehälter u.a. aufkommt, ist auch das ein wichtiger Spareffekt. Für Firmungen werden Priester beauftragt, die es mit Leidenschaft übernehmen. Grundsätzlich alle kirchlichen Mitarbeiter sind gehalten zu einem bescheidenen Lebensstil und Auftreten, ohne dabei aber ihr äußeres Auftreten zu vernachlässigen. Gabi hatte ja auch schon in ihrem letzten Punkt auf den Aspekt des glaubwürdigen Kirche-Seins hingewiesen. Das heißt nicht, dass Priester kein Eigentum haben sollen. Denn das Bistum ist kein Kloster. Auch ermöglicht es ihnen ihr Eigentum ja, selbstverantwortlich und in Freiheit damit Gutes zu tun und Not zu lindern. Diese neue Bescheidenheit bedeutet auch keineswegs, dass etwa an Fronleichnam oder anderen Festen nicht auch mit schönem Schmuck und festlicher Musik gefeiert werden soll, im Gegenteil. Doch teure Konzertpianisten werden an Hochfesten nicht mehr engagiert. Hier sind nun verstärkt eigene Talente im Einsatz, die es auch für einen kleinen Obolus gerne machen, und das gar nicht schlecht. Da, wo Gottes Gegenwart gefeiert wird, sind Blumen und Festlichkeit zu Seiner Ehre und als offensives Bekenntnis dazu geboten, nicht aber, wo sich Vertreter von Kirche selbst feiern oder feiern lassen wollen. Der Sinn, das Einüben und die Verinnerlichung einer solchen Haltung sind übrigens auch ein wichtiges Thema im Rahmen der Schulungsoffensive."

3.7 Fazit und Austausch

Mia machte eine kleine Pause und ergänzte noch: Mein Resümee zur neuen Kultur: Umgangssprachlich heißt es ‚Wenn du einen Kreis zeichnen willst, frage zuerst nach der Mitte'. Unsere Vision lenkt den Blick der Christen auf die Mitte. Und sie hat zugleich in dieser Mitte angefangen, bevor sie einladend auch an den Rand geht, sei es inhaltlich wie auch personell. Deshalb zieht sie jetzt erfolgreich ihre Kreise."

Es trat wieder eine kleine Stille ein, und manche unserer Blicke gingen sinnierend hinaus auf den Fluss, auf dem gerade ein Lastschiff vorbeituckerte.

Thomas sortierte derweil seine Gedanken, um dann wieder seine Zusammenfassung vorzuschlagen:

Fazit

„Danke, Mia, für deine Sichtweise, die viele wichtige Aspekte neu eingebracht hat. Ich versuche es mal so mit der Zusammenfassung: Für dich wurde die Vision real besonders in zwei Bereichen, mit denen sie die Menschen von heute angesprochen hat. Zum einen werden die Kernthemen von Kirche wieder erkennbar, mit denen sie den Menschen Gutes zu sagen hat. Dies ist durchaus auf der Vernunftebene bespielbar. Zum anderen ermöglicht sie Transzendenzerfahrungen. Dieses Feld, das übrigens auch der säkulare Soziologe Niklas Luhmann als Spezifikum von Religion ausmachte, geht dann weit über Vernunft hinaus. Menschen werden über diese beiden Richtungen von der Kirche wieder einladend angesprochen. Dazu trägt auch eine sichtbare neue Bescheidenheit der Kirche bei. Die große Schulungsoffensive war zur Implementierung

---

der neuen Kultur ein entscheidender Motor. Daraus
folgten neue pastorale Initiativen wie etwa die Bildung
und Vernetzung von Kerngruppen des Glaubens, ein
missionarischer Konsens mit einigen Freikirchen u.a.
In diesem Umfeld wird unser Glaube in den Bereichen
Liturgie, Bekenntnis, Caritas und Diakonie so also wieder als existenziell erfahren. Menschen tauschen sich
darüber aus und sind so als ein Sauerteig unserer Gesellschaft zugleich miteinander verbunden. Ist es das in
etwa?"

Mia hatte nichts dagegen: „Puh, danke, dass du das so zu-
sammenstellst, als hätte ich hier gerade einen systematisch
sauber gegliederten Vortrag gehalten. Dabei waren es
auch viele Assoziationen und Zwischentöne aus ein-
drucksvollen Begegnungen und Erfahrungen. So bin ich
nunmal …"

Gabi ergänzte: „Das aber finde ich gerade beeindruckend
an deiner Perspektive. Danke dafür. Vor allem die Zwischentöne klingen bei mir nach. Tja, es ist gut, dass du
auch die Schulungsoffensive so herausgestellt hast. Sie ist
wohl wirklich ein wichtiger Meilenstein gewesen, und sie
wirkt ja weiter. Wir müssen natürlich auch ganz ehrlich
sagen, dass es gegen diese Initiative einigen Widerstand
gab. Manche sprachen von Gehirnwäsche, andere von Paternalismus. Manche sicher auch fleißige Mitarbeiter haben wir dadurch auch verloren. Da müssen wir schon ehrlich sein."

„Ja", sagte *Mia*, „das stimmt und ist leider die Kehrseite
der Medaille. Ich hatte es ja auch kurz angedeutet. Es war
schon schade zu sehen, mit welcher Verbissenheit manche
sich zur Wehr gesetzt und verweigert haben. Dafür mag es
sicher auch gute Gründe geben, vielleicht auch negative

biographisch bedingte Erfahrungen aus der Vergangenheit oder Schreckensbilder von einer autoritären Kirche des Mittelalters, die ihre Leute nur auf Spur bringen will, um die eigene Macht zu sichern, auszuweiten o.a. Dabei ist unser Bischof genau das Gegenteil von einem barocken Kirchenfürsten, der die Nepoten um sich schart, um es sich selbst gut gehen zu lassen und seine Macht zu zelebrieren. Er will wirklich mit ganzer Leidenschaft für das Evangelium die Menschen von heute genau dafür begeistern. Das ist seine Vision, und für die musste er natürlich auch Entscheidungen treffen, Themen und Personen setzen und somit manchen auch enttäuschen, der sich anderes oder andere gewünscht hätte. So aber ist er als Hirte voran gegangen und hat doch dann nach unserer Mission damals in zahllosen Veranstaltungen und Begegnungen mit den Menschen persönlich die Grundideen der Vision erklärt. Dass er dabei nicht alle mitreißen konnte, ist bedauerlich, aber leider nicht zu ändern. Unterm Strich aber hat die Schulungsoffensive auch manchen pastoralen Wildwuchs beendet, der auf Kosten der Kirche suchende Menschen sogar mehr verwirrte als Orientierung gab. Ich sehe so also am Ende wieder das Positive. Wir müssen zwar die konstruktive Kritik aufmerksam hören, aber nicht endlos nur darum streiten, wie wir unsere Schwächen mindern können. Es ist die Zeit gekommen, auch wieder das Gute und unsere Stärken zu schätzen und selbstbewusst zu stärken. Das ist ja ohnehin mein Credo …"

4. Führung, Personal und gewinnende Vielfalt

Gut, dass Thomas das alles auch schriftlich festhielt. Denn sonst hätte ich all meine Betrachtungen gar nicht mehr so gut rekonstruieren können. Jetzt fehlte noch Thomas' Einschätzung der neuen Kultur, auf die Jan und ich und vermutlich auch die anderen Drei schon sehr gespannt waren. Für die anschließende Zusammenfassung beauftragte Thomas jetzt Mia, die ja mit ihm unterwegs gewesen war. Dann nahm er noch einen großen Schluck kühle Apfelschorle und legte los.

DIE REDE VON THOMAS

4.1 Fokus

„Wir haben jetzt verschiedene Aspekte gehört, die die gewinnende Wirkung der Vision ausdrücken. Deutlich geworden ist dabei auch, dass die Mitte der Anfang des Kulturwandels ist, und das in mehrfacher Hinsicht: die Mitte unseres Glaubens bei jedem Einzelnen; oder etwa Kerngruppen des Glaubens als pastorale Mitte mit missionarischer Ausstrahlung. Da stimme ich zu. Weniger vertraue ich auf die visionäre Wirkung von Struktur. Die ist für mich jedenfalls nicht so zentral. Sonst würde ich sie jetzt breit thematisieren. Um es anders als Berthold Brecht zu sagen: Zuerst ändern sich die Menschen, dann die Verhältnisse. Oder: Zuerst die Moral, dann die Struktur. Das ist jedenfalls meine Sicht. Der Erfolg der Vision liegt nicht zuerst begründet in großen Strukturkonzepten, in neuen Plänen für die Zusammenlegung von Pfarreien oder Bistümern, für die Nutzung von Synergien durch gemeinsame Verwaltung, Ausbildungs- und Bildungsprogramme, die

Umnutzung entwidmeter Kirchen und kirchlicher Immobilien, für die die sinnvolle Einrichtung kirchlicher Stiftungen oder etwa gar für die nicht immer sinnvolle Schaffung neuer Gremien für dies und das. All das gehört dazu, und all das wurde ja auch schon vor zwanzig Jahren und davor gemacht. Allein für sich betrachtet sind es solche Stellschrauben aber gerade nicht, die den Unterschied machen zwischen Kirche- und Christsein von gestern und von heute, zwischen der Kultur im Bistum Utopia und anderswo. Grund für den besonderen Erfolg hier ist dagegen zuerst ein neues Selbstbewusstsein der Christen im Bistum. Das wurde ja auch schon in den drei ersten Vorträgen deutlich. Ich kann nicht ausmachen, dass hier Strukturen der Motor der Innovation waren und sind. Deswegen werde ich sie hier nicht groß thematisieren. Strukturen sind nicht die Vision, sie folgen dem Wandel der Menschen. Ist das nicht sogar auch ein wenig evangelisch, liebe Gabi? Wenn ich es recht verstehe, folgen doch die Taten da der guten Gesinnung. Und so meine ich es ja jetzt auch: Es folgen die passenden pastoralen Strukturen auch einer solchen neuen Gesinnung der Christen."

Gabi schmunzelte etwas, wollte aber jetzt nicht dazwischenfunken. Und so machte *Thomas* dann auch direkt weiter:

„Strukturfragen verdienen also für mich hier keinen so großen Raum, wie man es früher noch meinte und viel zu viel Zeit darauf verwendete. Dennoch werde ich das Thema nicht ganz ausblenden, weil es einfach zumindest am Rande mit dazu gehört, und weil es untrennbar verbunden ist mit dem Thema Personal, auf das ich jetzt eingehen werde.

Worum es mir vor allem geht, ist eine neue Glaubwürdigkeit des Kirche-Seins, die nach innen und nach außen wirkt. Früher haben es viele Menschen kritisiert, dass die Kirche Moral predigt, aber intern das Gegenteil tun. Es stimmte ja auch, dass in vielen Reden und Erklärungen die Menschen in der Welt ermahnt wurden, sie sollten dem Geist Jesu entsprechend leben, ehrlich, barmherzig, integer, hilfsbereit, verzeihend, verantwortungsbewusst, demütig, enthaltsam, opferbereit und vieles andere mehr sein. Doch im eigenen innerkirchlichen Umgang erlebte man leider oft das Gegenteil. Hier wurden im Umgang miteinander immer wieder solche nach außen hin gepredigten Tugenden missachtet. Das höhlte die Glaubwürdigkeit nach innen hin ebenso aus wie die gewinnende jesuanische Botschaft in die Welt hinein. Das hat sich jetzt im Bistum Utopia grundlegend geändert. Und genau diese neue Vertrauenskultur durch Glaubwürdigkeit ist mein Thema.

Dazu schaue ich jetzt nochmal genauer auf die Kultur des Miteinanders derer, von denen die einladende Botschaft vor allem ausgeht. Wenn Kirche ein Unternehmen wäre, würde man von Unternehmenskultur sprechen, aber das passt ja nicht so ganz. Ich meine die gelebten Beziehungen der Christen und in der Kirche. Hierzu zählen etwa die Kultur der Führung und des Umgangs miteinander, sei es nun im Bistum in Pastoral und Verwaltung, sei es bei Verbänden oder in sozialen oder Bildungseinrichtungen, sei es auch im Bereich theologischer Bildung und Wissenschaft. Ich schaue nicht noch einmal auf inhaltliche Schwerpunkte oder auf pastorale Maßnahmen, sondern darauf, wie die Kirche im Sinne des Korintherbriefs von Paulus ihr Miteinander lebt. Auch wenn diese Binnenperspektive zunächst nicht unmittelbar gewinnend nach außen wirkt, so prägt sie doch die daran beteiligten Menschen, sagt viel über ihren jeweiligen Charakter und erfahrbares Kirche-

Sein aus. Das tragen diese Menschen in ihren Alltag hinein. Und weil sie dort mit Kirche identifiziert werden, sind sie, ob sie sich nun dessen bewusst sind oder nicht, ob sie wollen oder nicht, immer auch Gesandte der Kirche, an deren Ausstrahlung christliche Glaubwürdigkeit auch von außen gemessen wird. Hier hat sich in den letzten Jahren in dieser Ausstrahlung eine Menge geändert, natürlich nicht alles. Denn so etwas braucht seine Zeit. Und Menschen sind, wie sie sind, auch mit Fehlern und Defiziten. Das war immer so, und das wird wohl auch immer so sein. Dennoch erlebe ich hier einen Kulturwandel, dessen Wirkung in die Gesellschaft hinein oft unterschätzt wird. Ich mache das fest an zahlreichen Gesprächen und Begegnungen, die ich mit vielen Beteiligten auf allen Hierarchieebenen geführt habe.

Drei Anwendungsbereiche von Kultur, in denen das Christliche sich in innerkirchlichen Arbeits-Beziehungen beweisen muss, sind hierfür aus meiner Sicht besonders relevant. Diese sind so eng miteinander verzahnt, dass sie auch inhaltlich ineinandergreifen. Das erkennt ihr schon in meiner kurzen Vorstellung:

1. Personalplanung, -einsatz und -entwicklung bestimmen etwa durch die Auswahl von Führungskräften und anderen Mitarbeitern, durch die Teamzusammensetzungen sowie durch Förderungs- und Bildungsprogramme oder Bildungsmaßnahmen wesentlich das Miteinander und die Entscheidungskultur.

2. Die Art der internen Kommunikation und die mit ihr verbundenen Strukturen etwa der Hierarchie-, Macht- und Delegationskultur stehen zwischen dem Grundsatz einer schnellen Entscheidungsfindung, weil das

Zeit, Geld und Ressourcen spart, und einer kritischen Mitbeteiligung möglichst Vieler, weil das die Mitverantwortung und Identifikation stärken kann.

3. Die Kultur zeichnet sich auch wesentlich durch ihr Verständnis von Motivation aus. Die Ausgestaltung der Vertrauenskultur, der Stellenwert von Kontrolle, Formen von Leistungsbereitschaft und Identifikation, ein Abwägen zwischen der Förderung von eher intrinsischer und extrinsischer Motivation sowie entsprechende Bildungsangebote und Anreize sind entsprechend zu gestalten.

Diese Anwendungsbereiche haben unmittelbaren Einfluss auf die Beantwortung ganz praktischer Fragen im Alltag institutionell verfasster Kirche:

- Welche Charaktere sollen sich als Führungskräfte durchsetzen?
- Welche Mitarbeiter sollen eingestellt werden und welche Bildungsmaßnahmen sind zu fördern?
- Sollen Führungskräfte in ihrem Verantwortungsbereich mehr auf kooperative oder auf Top-Down-Entscheidungen, mehr auf Kontrolle oder auf Vertrauen, mehr auf Konkurrenz oder Teamarbeit setzen?

Christliche Führungskultur muss diese ganz praktischen Fragen mit ihrem Menschenbild und den daraus abgeleiteten Werten und Prinzipien beantworten. Nur dann ist sie transparent und glaubwürdig. Genau diese Kultivierung ist in den letzten Jahren mit großem Erfolg umgesetzt worden. Um das zu verdeutlichen, stelle ich kurz diese Grundorientierungen vor. Anschließend zeige ich auf, wie sie in den drei Anwendungsbereichen in kirchlichen Organisationen und Einrichtungen des Bistums inzwischen wirksam sind.

4.2 Wertekompass glaubwürdiger Führungskultur

Ganz kurz hier der Wertekompass, der die neue Kultur in der Kirche von Utopia prägt. Den hier voranzustellen, will keine Eulen nach Athen tragen. Denn so selbstverständlich diese Werte auch klingen mögen, so wissen wir doch, dass die Kultur von gestern bisweilen weit davon entfernt war. Nach diesem kurzen Theorieteil komme ich sehr schnell zur Umsetzung in der jetzigen Praxis. Grundlage muss also natürlich das christliche Menschenbild sein, und zwar nicht als leere Chiffre, sondern mit unmittelbaren Konsequenzen für die Anwendungsbereiche. Im Blick sein müssen als Grundorientierung die Gottesebenbildlichkeit jedes Menschen, die dreifache Verantwortung, der Mensch als soziales Freiheitswesen und moralische Person mit von Gott geschenkten Talenten, Schwächen, Hoffnung auf Gnade und ewiges Leben. Aus dieser Wertebasis folgen unmittelbar einige Prinzipien für die Führungskultur. Menschen, die im Bereich Kirche arbeiten, verbringen hier einen mehr oder minder großen Teil ihrer Lebenszeit. Der an jeden gerichtete menschliche Auftrag, als moralische Person einen Weg zum Heil zu finden und ihn zu gehen, muss auch im Kontext Arbeit erfüllt werden können. Der Mitarbeiter ist also niemals nur eine austauschbare Humanressource, deren Fachwissen und Motivation optimiert werden muss, um einen höheren Output zu erzielen. Das heißt etwa, dass auch der Mitarbeiter in der kirchlichen Finanzverwaltung wie die Küsterin der Pfarrei ihre Arbeit als Teil ihrer menschlichen Erfüllung erfahren. Arbeit ist Lebenszeit, die mit so verstandenem Sinn zu füllen ist. Dieser orientiert sich am Auftrag Gottes, dem Menschen auch am Arbeitsplatz Wege zu seinem Heil zu eröffnen. Bloße Jobs zum bloßen Geldverdienen sollte es hier nicht geben. Nun ja, das ist alles nicht so ganz neu. Nur in der Umsetzung hat sich jetzt einiges geändert, und das wirkt in der Kirche, die betroffenen Familien und in die Gesellschaft als ganze hinein. Was so theoretisch logisch erscheint, erleben wir nun hier in der Praxis unserer neuen Visions-Kultur. Ziel im Arbeitskontext ist jetzt auch ausdrücklich und erlebbar die Befähigung des Menschen zur Entfaltung der dreifachen Verantwortung. Sie realisiert sich in konkreten Tugenden und Regeln. Sowohl die Gestaltung von Regeln und Strategien als auch die sichtbaren Handlungen der Beteiligten sind systematische Orte von Moral und Tugend. Christliche Führungsethik ist deshalb immer Tugend- und Institutionenethik. Auch muss es darum gehen, dass das Miteinander nicht als ein anonymes Nebeneinander oder als ein Gegeneinander in Konkurrenz, oder dass ein Miteinander als bloß lästige Pflichterfüllung gestaltet wird. Der Grund dafür kann natürlich einerseits betriebswirtschaftlich gesehen werden, indem man kooperative Leistungspotentiale betont. Mir geht es aber um eine ganz andere Sicht: Ich will zeigen, dass solche Haltungen und solches Miteinander vor allem in unserem Glauben begründet liegen. So soll im Miteinander am Arbeitsplatz ein Geist der Zuneigung entfaltet werden, der aus der gemeinsamen Gotteskindschaft abgeleitet ist. Das ist ein hoher Anspruch. Und natürlich werden niemals alle Kollegen Freunde sein. Und doch ist dieser Anspruch nicht nur schwärmerische Nostalgie. Erlebbar werden muss auch am Arbeitsplatz Kirche: Teams sind mehr als die Summe der Individuen, weil sie sich auch menschlich miteinander verbunden fühlen. Der Einzelne darf dabei aber auf der anderen Seite im Team bzw. in der Einrichtung nicht einfach einem abstrakten Kollektiv untergeordnet werden. Denn als freies Individuum vor Gott trägt er immer noch selbst Verantwortung auch für das, was und wie er arbeitet. Christliche Verantwortung und belohnte Leistung widersprechen sich nicht, wenn dabei die jeweiligen Möglichkeiten des Einzelnen berücksichtigt sind. Gleichmacherei widerspricht der uns geschenkten Individualität. Mitarbeitern ist die ihnen zumutbare Verantwortung zu übertragen, weil sie vor Gott moralische Wesen sind, die sich entfalten sollen einerseits, weil sie aber auch Grenzen haben andererseits.

Auch das Leben am Arbeitsplatz ist Teil des menschlichen Weges zu seinem Heil. Den erfolgreich zu beschreiten, ist kein pelagianischer Leistungsakt. Vielmehr wird Heil dem Menschen letztlich von Gott zuteil. Damit behält auch die Schwäche des Menschen die gleiche Wertschätzung wie etwa der frei zur Entfaltung kommende erfolgreiche Geist kreativer Gestaltung. Aus christlicher Sicht hat der Mensch gegenüber Gott und sich selbst den Auftrag zur Entfaltung seiner individuellen und sozialen Personalität und zur Wertschätzung jedes menschlichen Lebens, gerade auch des schwachen. Das gilt im Blick auf die eigenen Schwächen ebenso wie im Blick auf die Schwächen anderer. Leistung und Wertschätzung auch des Schwachen gehören somit untrennbar zu einer christlichen Arbeitskultur. Anders als etwa rein marktwirtschaftlich orientierte Unternehmen steht es der Kirche gut zu Gesicht, in ihren eigenen Reihen, etwa im Bereich von Diakonie und Caritas, aber auch anderswo, Menschen eine Chance zu bieten, die sonst auf dem ersten Arbeitsmarkt chancenlos sind. Das muss natürlich alles finanziell vertretbar sein. Aber da, wo die Ressourcen vorhanden sind, sollten solche Möglichkeiten geboten werden. Das entspricht schließlich auch der Option für die Schwachen.

Auch soll die Verschwendung von Zeit, Geld und Ressourcen vermieden werden, da diese unter sonst gleichen Bedingungen an anderer Stelle im Sinne des Heilsauftrages und/ oder in der Verantwortung vor der Schöpfung besser eingesetzt werden könnten. Mia hat es schon angedeutet. Eine Arbeitskultur christlichen Miteinanders und Entscheidens legt also das in Jesus Christus begründete Menschenbild und das daraus folgende Verantwortungsideal mit seinen Konsequenzen für die wesentlichen Anwendungsbereiche zugrunde. Es besteht auch ein transparent gemachter missionarischer Anspruch, ebenso gewinnend wie einladend Menschen zu Gott zu befreien. Hierbei geht es nicht um eine aggressive Bekehrung, sondern um die ermöglichte Befähigung der Mitarbeiter zu einer selbstverantwortlichen Freiheit, die im Arbeitsleben Raum lässt zur Begegnung mit Transzendenz, sei es in Gottesdiensten, Seelsorge, mit sichtbaren Symbolen oder Gesprächen, die diese Tür öffnen. All das macht eine christliche Wertebasis aus, die im Kontext der Anwendungsbereiche konkret werden muss, will ihre Kultur glaubwürdig sein.

Das ist also der zunächst etwas theoretisch dargestellte Kompass für gute christliche Kultur der Führung, des Miteinanders und der Entscheidung. Nun könnte man ja sagen: Eine solche Kulturfrage sei doch wirklich unspannend, erst recht für eine Charakterisierung der Vision hier im Bistum. Schließlich sei das Miteinander von Christen – und das auch noch im Kontext der Kirche – doch ganz selbstverständlich geprägt vom Geist des Evangeliums, also völlig unabhängig von Ellenbogendenken, Egoismus,

Eitelkeit, Narzissmus, Machtspielen, Eifersucht, Lügen,
Arglist, Intrigen, Vetternwirtschaft, Neid, Geldgier o.a.
Das ist leider ein großer Irrglaube. So hatten wir es bei unserer Mission vor zwanzig Jahren eindeutig festgestellt.
Fast alles, was es in anderen Bereichen der Gesellschaft an
fragwürdigen Einflüssen auf die Kultur des Miteinanders
gibt, fand sich leider auch im Kontext von Kirche wieder.
Menschen sind wie sie sind, und viele Facetten des Kirche-
Seins waren dann auch ein Spiegel dieses Querschnitts. In
dem Bereich hat sich in Utopia inzwischen viel getan. Um
das deutlich zu machen, analysiere ich nun die drei Anwendungsbereiche für kirchliche Arbeitskontexte in Utopia, soweit ich sie beurteilen kann. Im Personalbereich un-
terscheide ich die Aspekte Planung, Einsatz und Entwicklung. Ich werde auch Vergleiche zur Kultur von gestern
andeuten, um das wirklich Besondere des neuen Miteinanders herauszustellen. Denn es lässt das Christsein bei uns
einladend und gewinnend wirken.

4.3 Glaubwürdige kirchliche Personalarbeit

Personalplanung

Erfreulicherweise nehme ich hier im Bistum Veränderungen in der Personalauswahl allgemein wahr, vor allem in
Führungspositionen. Es gilt im Bistum grundsätzlich die
Vorgabe, dass Führungskräfte in kirchlichen Einrichtungen auch jenseits der unmittelbaren Pastoral überzeugte
Christen sind. Da solche Vorgaben des lange bewährten,
so genannten Dritten Weges der Kirchen juristisch schon
seit geraumer Zeit mächtig unter Beschuss sind, wird sich
die Frage immer dringender stellen, wie das Bistum darauf
reagiert, wenn solche Autonomie im Arbeitsrecht kippt.
Der Bischof hat schon zu bedenken gegeben, dass sich die
Kirche ab dem Zeitpunkt zurückziehen wird, zu dem sie

das ihr wichtige christliche Kulturprofil nicht mehr ge-
währen kann. Noch aber kann die Kirche hier Einfluss
nehmen. Konfessionelle Unterschiede geben hier – je nach
Arbeitsfeld – nicht immer den Ausschlag. Es wird ausdrücklich erwartet, dass alle Führungskräfte, sei es nun im
Bereich Bildung, Verwaltung, Soziales und natürlich in allen Bereichen der Pastoral, nicht nur die dreifache Verantwortung bei sich selbst entfalten, sondern auch ihren Mitarbeitern und den Menschen, für die sie verantwortlich
sind, entsprechende Räume mit einladender Wirkung dazu
ermöglichen. In der Pastoral ist das katholische Bekenntnis natürlich Voraussetzung. Der eigenen Heilsbestim-
mung zu folgen und Mitarbeiter dazu zu befähigen, ihrer
je eigenen Bestimmung selbst in freier Verantwortung
nachzukommen, ist wesentlicher Bestandteil der erwarteten Professionalität. Dies wird entsprechend geschult und
auch abgefragt. Es ist in der Mitarbeiterschaft von Kirche
aber auch – je nach Arbeitsbereichen – Raum für Menschen unterschiedlicher Weltanschauung und Religion,
vorausgesetzt, sie wertschätzen und unterstützen die
christliche Leitkultur. Christliche Personalität zeichnet
sich gerade dadurch aus, dass alle Menschen – auch die
Fremden und die Anderen – selbstverständlich als Gottes
Ebenbilder mit voller Würde angesehen werden. Das darf
aber auch in Bereichen jenseits der Pastoral nie so weit gehen, Führung ohne überzeugte Christen kultivieren zu
wollen. Dies ist ausdrücklich festgelegt und wird in der
Besetzung entsprechender Positionen auch so konsequent
umgesetzt. Denn Führungskräfte auch im Bereich der Verwaltung oder im Krankenhaus o.a. sind Vorbilder und
Wegbereiter dafür, im Arbeitsumfeld das ausdrückliche
Bekenntnis und seine Entfaltung zu ermöglichen und zu
fördern. Erst recht gilt das auch für inhaltlich agierende

Referenten, die im Namen der Kirche soziale Fragen bearbeiten und dabei das christliche Menschenbild als Orientierung einsetzen müssen. Beliebigkeit im Bekenntnis läuft der visionären Idee von Profil, Freiheit und Toleranz ebenso entgegen wie ein Paternalismus mit Zwang oder ein auf notwendigen Konsens gepolter Diskurs.

Gerade für Führungspositionen und Vordenker werden im Bistum neben dem Bekenntnis grundsätzlich auch gute Charaktereigenschaften verlangt. Diese Vorgabe wird konsequent umgesetzt, und das macht einen großen Unterschied. Erinnert euch doch bitte mal daran, wie damals zur Zeit unserer Mission etwa im Bildungsbereich bisweilen Christen miteinander umgingen. Hierzu gab es auf unserer Missionsreise einige doch sehr ernüchternde Resultate. Wer etwa in politischen oder kirchenpolitischen Themen andere Position vertrat als die herrschende Mehrheit der Kollegen, wurde bisweilen mit Intrigen klein gehalten oder sogar persönlich gebrochen. Das wurde dann auch noch gut kaschiert, so dass am Ende Drahtzieher unentdeckt blieben. Keiner konnte dann keinem etwas nachweisen, wenn etwa persönliche Rufbeschädigungen o.a. initiiert wurden. Solche Machenschaften, aus anderen Bereichen der Gesellschaft und auch der kirchlichen Geschichte reichlich bekannt, betrafen übrigens ganz unterschiedliche Lager. Die Deutungshoheit oder aber eigene Pfründe oder Netzwerke galt es für manche Eiferer mit allen Möglichkeiten zu verteidigen, ohne Rücksicht auf eine Moral im Sinne Jesu. Auch um einmal in der Vergangenheit vermeintlich erfahrenes Unrecht durch andere heimzuzahlen, wurden im Namen einer Toleranzfassade Andersdenkende in Sippenhaft genommen, Inhaltliches und Persönliches vermischt und entsprechende Stellvertreterkriege geführt.

So wurden Karrieren verhindert oder Menschen diffamiert. Hier blickten wir leider auch schon einmal in menschliche Abgründe, die mit dem Geist des Evangeliums nun wirklich nichts zu tun haben. Was klar gesagt werden muss: Niemals waren alle auf solchen Abwegen, sondern immer nur einzelne, die aber doch bisweilen große Wirkung erzielten. Und das machte auch nach außen ein schlechtes Bild. Zum Glück haben solche Personen im Bistum Utopia keine Macht über andere. Bischof Martin und seine Vertrauten haben dafür gesorgt, dass diesem vergiftenden Geist ein Ende gesetzt wird, ganz gleich aus welcher Ecke er wehen mag. Deshalb wurden auch Personen ausgetauscht. Andere sind in Rente gegangen und wurden bewusst und ganz ausdrücklich durch auch charakterlich überzeugende Persönlichkeiten ersetzt. Intriganten werden nicht geduldet. Diese Vorgabe hatte der Bischof damals auch seiner Fakultät für kommende Berufungen mit auf den Weg gegeben. Mit Erfolg! Heute erleben wir hier im Bistum Utopia eine Kultur gegenseitigen Vertrauens in der Vielfalt von Meinungen. Sie zeigt sich in spannenden Diskussionen auch konkurrierender inhaltlicher Positionen. Ich weiß sicher, dass bei der Besetzung von Stellen neben der fachlichen Eignung die menschliche Qualität tatsächlich eine wesentliche Rolle spielt, und nicht das Lager, dem man zuzuordnen ist oder sei. Das entspricht übrigens etwa der Gerechtigkeitsidee von Aristoteles. Der hatte ja schon vorgeschlagen, öffentliche Ämter entsprechend der moralischen Qualität der Bewerber zu vergeben. Dieses Prinzip hat im Bistum Utopia nun Einzug gehalten, ergänzt um das Glaubensbekenntnis, welches aber mit charakterlicher Güte zusammenfällt, wenn es denn wirklich glaubwürdig sein will. In Auswahlrunden

für entsprechende verantwortliche Positionen ist es selbstverständlich, auch Andersdenkende zu fördern, die den
Geist des Evangeliums teilen und rein menschlich gegenüber Gleichdenkenden vorzuziehen sind. Personalauswahl
und -arbeit erfolgt also heute unter Berücksichtigung des
aristotelischen Grundsatzes charakterlicher Güte und des
geteilten Glaubens.

Das Personal in der Bistumszentrale wurde deutlich abgebaut, sei es durch die Versetzung pastoraler Mitarbeiter in
die praktische Arbeit vor Ort, sei es durch ausgebliebene
Neubesetzungen entsprechender Bürokratiestellen. Wir
hatten damals ja bei unserer Mission festgestellt, dass in
manchen Ordinariaten mit viel Einsatz pastorale Konzepte
und Programme entworfen und verbreitet wurden, die aber
dann in der praktischen Arbeit quasi keine oder nur wenig
Resonanz fanden, so etwa Gebetsvorlagen, auf Hochglanz
gedruckte Plakate und Infomaterialien, bistumsweite Jugendseminare, Flyer und ganze Bücher mit diesen und jenen am grünen Tisch geplanten Aktionen fernab von der
Basis vor Ort. Das fanden wir sehr bedauerlich, weil viele
gute Ideen hier leider verpufften. Das frustrierte alle, die
sich dafür engagiert hatten und sorgte auch für manchen
Unmut in der Pastoral vor Ort, weil man dort den Sinn solcher Vorgaben und Materialien oft nicht einsah und so vieles in der Tonne landete. Solche Stellen zentraler Pastoralorganisation wurden deshalb deutlich reduziert. Das minderte Frust, sparte Geld, und setzte Ressourcen für die pastorale Arbeit ‚face-to-face' frei. Das Ordinariat ist keine
aufgeblähte Behörde mit entsprechender Mentalität. Vielmehr wird großer Wert darauf gelegt, dass möglichst viele
Begegnungen nicht in der Zentrale, sondern vor Ort stattfinden, etwa auch wichtige Personalentwicklungsgespräche o.a.

Personaleinsatz

Für den Personaleinsatz diskutiere ich schwerpunktmäßig mögliche vielleicht auch unkonventionelle Denkanstöße für den Beruf des Weltpriesters. Im Bistum wurde eine – das muss man wohl zugeben – gar nicht ganz neue Idee des Priesterbildes in der Ausbildung und im Einsatz aufgegriffen, welche nun aber auch konsequent in die Tat umgesetzt und ausgeweitet wurde. Die Früchte sind jetzt nach zwanzig Jahren schon zu sehen. Weil es aber auch heute immer noch viel zu wenige Priester gibt, mussten pastoral Abbrüche in Kauf genommen werden. Die Feier der Eucharistie und die Spendung von Sakramenten ist nicht mehr so flächendeckend möglich wie etwa vor achtzig Jahren. Vor zwanzig Jahren hatte man versucht, in ausgedehnten Seminaren aus möglichst vielen Seelsorgern Manager zu machen, auch wenn sie es nicht wollten und auch nicht konnten. Dabei sind viele auf der Strecke geblieben und gescheitert. Diese Erfahrung hat dann in der nachfolgenden Zeit viele im Land davon abgehalten, einen solchen Weg zum Priesteramt überhaupt einzuschlagen, selbst wenn sie den Ruf dazu in sich spürten. Auch ist die gesellschaftliche Anerkennung des Priesterberufs gesunken, was manche zusätzlich abschreckte. Bei uns im Bistum ist es nun so, dass mit ganz unterschiedlichen Priesterprofilen geworben wurde, die sich jetzt bereits in der Pastoral erfolgreich bewährt haben. So werden junge Männer mit unterschiedlichem Talent, aber gleicher Leidenschaft für die Botschaft Jesu, für diesen Weg wieder begeistert. Folgende Profile werden inzwischen unterschieden und auch öffentlich beworben:

- Da ist zum einen der klassische hauptamtliche Pfarrer, der einen nunmehr großen Seelsorgebezirk leitet und trotz mancher professioneller Entlastung dennoch zweifellos ein Managertalent haben muss.

- Da ist zum anderen der Missionar, der durch verschiedene Gemeinden zieht, in denen kein fester Priester mehr ist. Er hält hier Katechesen, ermutigt die Engagierten vor Ort und feiert die Sakramente.

- Da ist der Pionier, der in eine entkirchlichte Gegend zieht und dort versucht, Kirche und Christentum wieder neu aufzubauen.

- Da ist der angewandte Denker, der für Mitbrüder, Haupt- und Ehrenamtliche Seminare hält und auf Podien, in Medien und in Vorträgen das Gewinnende des Glaubens vertritt.

- Und dann gibt es die nebenamtlichen Priester, die ihr Geld vor allem in anderen Berufen verdienen. So können auch handwerkliche, technische, ökonomische, pädagogische o.a. Talente entfaltet werden, die zugleich den priesterlichen Dienst bereichern. Andererseits spart diese Option auch Geld und findet bei vielen Menschen in Kirche und Gesellschaft durch die damit verbundene Lebensnähe eine große Anerkennung.

Solche festen Bilder sind seit einigen Jahren im Bistum mit klar umrissenen Stellen verbunden, auf die sich angehende Studenten frühzeitig einrichten können. Auch hat das Bistum mit den noch verbliebenen Ordensgemeinschaften Verträge abgeschlossen, die für das priesterliche Leben vieler attraktiv sind. So können Priester sich, anstatt alleine zu leben, lose einer klösterlichen Gemeinschaft anschließen, dort leben, die Spiritualität teilen und sich neben ihrer Tätigkeit als Seelsorger des Bischofs, auch mit in die Kommunität einbringen. Vorausgesetzt ist, dass beide Seiten Ja dazu sagen und dass die Bezahlung dafür vereinbart wird. Für alte Priester besteht die Möglichkeit, gegen einen entsprechenden Obolus, in das Altenheim eines Ordens zu ziehen und dort in geistlicher Atmosphäre und Gemeinschaft gepflegt zu werden.

Im Studium, in ihrer Seminarausbildung und vor allem auch in sich anschließenden Fortbildungen werden die Kandidaten und Priester neben den für alle gleichermaßen vorausgesetzten Grundinhalten und Haltungen in dem einen oder anderen Schwerpunkt spezialisiert und auf eine entsprechende Aufgabe in der Praxis vorbereitet. Dass es inzwischen auch eine leistungsbezogene Besoldung der pastoralen Berufe gibt, das sei nur am Rande erwähnt.

Der Einsatz in den von Gabi eben als ökumenische Chance beschriebenen Profilgemeinden bietet zudem weitere differenzierte Priesterbilder, die unterschiedlichen Talenten gerecht wird. So ist es nunmehr möglich, etwa als eher traditioneller Priester in einer entsprechenden Profilgemeinde Dienst zu tun beziehungsweise diese zu leiten. Gleiches gilt für weniger traditionell ausgerichtete Priester, die es in einem traditionellen Umfeld eher schwer hätten. Es wird also nicht verlangt, dass sie sich verbiegen müssen und es allen recht machen müssen, obwohl ihre Leidenschaft eine andere ist. Hier wird dem Charisma also durchaus Raum gegeben. Der personelle Einsatz in den Profilgemeinden betrifft übrigens nicht allein die Priester, sondern auch die anderen pastoralen Mitarbeiter und idealerweise auch anderes nicht-pastorales Personal, wie etwa Küster, Organisten o.a. Diese Profilierung wird von den Gläubigen nach anfänglicher Sorge vor zu viel Vielfalt auf Kosten der Einheit sehr geschätzt. Und auch die dort arbeitenden Priester, Pastoralen und Nicht-Pastoralen zeigen eine hohe Berufszufriedenheit, wie eine kürzlich erhobene Studie belegt. Auch diese neue Vielfalt in der Berufsperspektive macht den Priesterberuf attraktiver. Diese transparente Vielfalt der Berufsbilder und das Erleben dieser Priester in ihrer jeweiligen Berufungspraxis ist neben dem spürbaren Kulturwandel im Bistum und der theologischen Neuausrichtung der Fakultät wohl mit ein wichtiger Grund dafür, dass auch die Zahl der Priesterstudenten wieder kontinuierlich ansteigt. Soweit dazu.

Personalentwicklung

Was seine Wirkung auch im Sinne der großen Vision nicht verfehlt, sind neue Formen der Personalentwicklung. Diese tragen nebenbei auch zu notwendigen Sparmaßnamen bei, die durch die nun wegfallende Kirchensteuer nötig sind. Nur ein Beispiel dazu: Das Bild von gestern, dass Priester, Diakone und alle anderen pastoralen Berufe alles können müssen, ist ja ad acta. Das heißt aber keineswegs, dass jeder im Sinne der viel beschworenen Charismenorientierung einfach das machen kann, was er gerade will. Eine solche Selbstbedienung ging dann etwa so: Der eine missioniert in seiner Arbeitszeit die Kneipenbesucher, der nächste hält Wahlkampfreden auf politischen Kongressen, eine andere findet ihr Selbst bei fortlaufenden Kursen wie Bogenschießen und Yoga, wieder eine andere betreibt pastorale Ernährungsberatung, und der nächste bietet spirituelle Kurse an, die keiner besucht u.a. So weit geht die Selbstverwirklichung in Utopia heute nicht. Denn das ist Verschwendung an Ressourcen und deshalb auch ineffizient. Solche Privilegien sind inzwischen konsequent abgeschafft. Was dagegen im Bistum erkannt und umgesetzt wird, ist das Folgende: Man muss immer zwei Seiten sehen, wenn vom Vorrang der persönlichen Entfaltung geredet wird. Schließlich gibt es Charismen auf der einen Seite, notwendige Einsatzfelder zum Wachsen der realen Vision auf der anderen Seite. Beides muss zusammenkommen. Im Idealfall trifft sich beides. Aber einige so genannte Charismen treffen es eben nicht. Und so manche Talente zu wichtigen Aufgaben blieben früher unentdeckt, oder sie gingen unter, weil man den pastoralen Berufsgruppen bisweilen uniforme Schablonen angelegt beziehungsweise übergestülpt hat. Talentsuche und -förderung ging auch schon mal über Zufall, Zuruf, Abhängigkeiten oder Netzwerke. Das ist jetzt anders. So ziehen jetzt ständig zwei ausgewiesene Experten durch die Gemeinden und kategorialen Bereiche des Bistums auf der Suche nach bislang verborgenen Talenten. Über diesen Weg wurden zum Beispiel schon ausgezeichnete Prediger gefunden, die man noch gar nicht auf dem Schirm hatte. Mit ihrem großen Talent wurden sie an die bekannten Predigtkirchen des Bistums versetzt, wo sie nun segensreich wirken. Oder da sind Gemeindereferentinnen, die in ihrem kleinen lokalen Bereich exzellente Angebote für Besinnungstage machten. Sie wurden dafür auf die Bistumsebene berufen. Diese Form der Talentsuche ist beim Sport abgeschaut, wo Experten mit diesem Auftrag durch die Lande ziehen. Aber warum nicht? Der Unterschied dabei ist: In der Kirche werden die Talente nicht abgeworben, sondern im eigenen Haus entdeckt und gefördert. Diese Praxis hat sich herumgesprochen und viel Anerkennung gefunden, vor allem, weil auch bislang unentdeckte Talente so endlich eine Chance oder gar einen Durchbruch erleben und davon begeistert berichten, abgesehen davon, dass sie in ihren neuen Aufgaben aufblühen und segensreich wirken. Dies

sind nur wenige Beispiele für eine neue Kultur der Personalentwicklung. Talente im Dienst der Vision werden
identifiziert, gezielt gefördert und finden bei entsprechender Leistung auch eine angemessene Anerkennung, etwa
durch entsprechende Berufungen auf solche ausgewiesenen Stellen.

Insgesamt hat diese neue Kultur die Personalkosten in der
Pastoral aber nicht erhöht. Und das ging nicht etwa so,
dass man einfach auf das Aussterben des Priesterberufs
setzte. Geradezu makaber war ja das damals geflügelte
Wort, dass finanziell betrachtet jeder tote Priester ein guter
Priester war. Denn das sparte unmittelbar Geld, und Nachwuchs gab es ja nicht. So hätte man sich pastoral zu Tode
sanieren können. Doch diese Untergangslogik ist heute
lange vom Tisch. Das Bistum setzt gerade auch wieder auf
neue Berufungen mit entsprechenden Priesterbildern, die
ich eben kurz skizziert habe. Das Modell des Teilzeit-
Priesters gehört ja dazu. Es wird ausgebaut und hat viele
Vorteile, auch finanzieller Art natürlich. Das Gehalt aller
pastoralen Berufe folgt nicht mehr logisch einer bestimmten, in der Vergangenheit absolvierten Ausbildung. Es
richtet sich vielmehr nach der Stelle, die man konkret in-
nehat. Diese werden jetzt mit einem entsprechenden Gehalt oder auch mit einer entsprechenden Teilzeit-Angabe
ausgestattet und ausgeschrieben. Die Anzahl hauptamtlicher Stellen in der Pastoral vor Ort musste reduziert werden. Mia hat ja schon davon gesprochen, mit welch großem Erfolg ehrenamtlich gesteuerte Kerngruppen des
Glaubens dafür entstanden sind. Auch die missionarischen
Priester und die anderen hauptamtlich Pastoralen mit diesem Schwerpunkt stärken auf ihren Reisen und mit ihren
Angeboten vor Ort diese neue Lebendigkeit auch ohne
dauerhafte hauptamtliche Begleitung. Das führte und führt

insgesamt im Bistumsetat zu einem deutlichen Absinken der Personalkosten. Eine solche Umstellung wurde und wird Schritt für Schritt umgesetzt und zeigt nach anfänglich auch spürbaren Widerständen erste gute Früchte, etwa, was neben Spareffekten die Zufriedenheit und Leistungsbereitschaft bei haupt- und ehrenamtlichen Mitarbeitern wie auch bei den Gemeinden betrifft.

4.4 Glaubwürdige Kommunikationskultur

Jetzt möchte ich zum zweiten Anwendungsbereich kommen, Kommunikation: Der schließt sich jetzt gut an und ist eigentlich kaum sauber zu trennen vom Thema Personal. Ich beginne mit dem Stichwort einer neuen Konfliktkultur. Es war ein schwieriger Prozess des Umdenkens, der sich aber gelohnt hat. Hierbei haben auch entsprechende versierte Bildungsprofis und Coaches im Bistum gute Arbeit geleistet. Wir können jetzt beobachten, dass selbst bis in schwierige Personalfragen hinein Konflikte offen angesprochen und ausgefochten werden. Früher haben wir hie und da beobachtet, dass solche Offenheit gemieden wurde, um aus falsch verstandener Nächstenliebe möglicherweise Verletzungen zu vermeiden. Dahinter steckte sicher bisweilen ein hohes Ethos. Woanders wollte man grundsätzlich vermeiden, unangenehme Konflikte auszutragen. Inzwischen geht es in Utopia anders zu. Die Kirche konnte dabei auch von der Wirtschaft lernen, ohne deren normativ aufgeladenes Menschenbild gleich mit zu importieren. So werden also in entsprechenden Gesprächen inzwischen nicht nur Qualitäten und Fähigkeiten lobend erwähnt. Das ist wichtig und notwendig, auch wenn manche Personalgurus wie Reinhard Sprenger früher meinten, Lob zerstöre die Motivation. So eine Haltung

kann sich die Kirche natürlich nicht zu Eigen machen. Neben dem Ausdruck positiver Wertschätzung ist es nun ge-
lungen, auch die Kommunikation wertschätzender Kritik
zu kultivieren, ohne dabei verletzend zu sein. Das hilft den
Betroffenen, auch einmal unerwartete oder enttäuschende
Entscheidungen zu verstehen, zielbewusst an sich zu arbeiten und daraus sich ergebende Erfolge in der eigenen
Entwicklung klarer zu identifizieren. Diese Transparenz
tut vielen gut, die früher darunter gelitten haben, mit oberflächlich wertschätzendem Lob degradiert oder klein gehalten worden zu sein, ohne die Gründe dafür wirklich zu
kennen. Die sich daran rankenden Verschwörungstheorien
konspirativer Willkür sind endgültig vom Tisch und gehören der Vergangenheit an.

Jetzt zur Kultur des Miteinanders verschiedener Meinungen. Heterogenität kann natürlich auch anstrengend sein,
solange es keine guten Regeln der Kommunikation gibt.
Es finden sich ja, etwa in Leitungsteams oder auch in der
Fakultät und Akademie, Personen mit unterschiedlichen
inhaltlichen Auffassungen, über die jenseits der gemeinsamen Wertebasis des Glaubens auch fair und konstruktiv
gestritten und gerungen wird. So habe ich verschiedene
Diskussionsveranstaltungen der katholischen Akademie
besucht. Da erlebe ich jetzt eine andere Diskussionskultur
als früher: Also zum Beispiel zum Thema Soziales und
Wirtschaft. Da gab es neulich eine Podiumsdiskussion:
Der eine Redner trat dabei für mehr Umverteilung und
eine Reichensteuer ein. Er will aus christlicher Überzeugung eine nicht nur europäische, sondern sogar eine welt-
weite Schuldenunion ganz offiziell vertraglich festlegen,
um dadurch verstärkt den Schwachen zu helfen. Ein anderer tritt dem entgegen und setzt mehr auf die Eigenverantwortung, weil zu viel Umverteilung auch Bequemlichkeit

zur Folge haben kann und dazu einlädt, die eigenen Talente nicht verantwortlich zu entfalten. Das schade dem Heil des Einzelnen und der Gesellschaft als Ganzes. Auch widerspreche die Idee der Schuldenunion dem Prinzip der Subsidiarität. Beide Antipoden sind Kollegen an der Fakultät, und es gab einen ebenso fairen wie spannenden Austausch mit den Zuhörern. Ein anderes Beispiel: Thema Liturgie. Hierzu gab es jetzt in der Fastenzeit eine Predigtreihe. Einer der Prediger vertrat eine möglichst offene Gestaltung von Liturgie, etwa mit moderner Kunst im Kirchraum, durch den Einsatz moderner Musik und zeitgenössischer Texte. Das provoziere den Menschen, um sich so Gott zu öffnen. Andererseits solle es möglichst viel räumliche Nähe des Priesters zu den Menschen im Gottesdienst geben. Das schaffe ein besonderes Gemeinschaftsgefühl. Ein anderer Prediger vertrat dagegen eine traditionelle Ausrichtung der Liturgie, die auch gerne mal auf Latein oder in der alten Form gefeiert werden solle. Menschen sollten sich im Gottesdienst auf diese Weise dem Geheimnis gegenüber öffnen und so Transzendenz erfahren. Beide Prediger arbeiten als Seelsorger in einem Dekanat eng zusammen und helfen sich viel gegenseitig aus. Das spricht dafür, dass hier Wesentliches miteinander verbindet, und Dinge zweiter Ordnung eben erst danach folgen. Und da darf und soll auch schon mal kontrovers miteinander gerungen werden. Selbstverständlich gibt es bei uns im Bistum, wie auch anderswo, viele Gläubige und Theologen, die sich irgendwo zwischen solchen Positionen verorten. Das Großartige dabei ist: Vertreter und Anhänger selbst ganz unterschiedlicher Meinungen ringen miteinander und streiten auch, aber kultiviert. Denn sie tun es auf Augenhöhe. Und sie erkennen an, dass man aus einer ehrlichen

Glaubensperspektive eben auch eine Gegenposition begründen und vertreten kann. Sie schätzen sich also auch gegenseitig. Und wenn es solche Differenzen gibt, so ist doch klar, dass sich die Vertretungen in den besonderen Profilgemeinden dann nach den Gepflogenheiten dort richten. Das heißt dann auch, dass sich ‚liturgische Gegenspieler‘ ganz selbstverständlich den Gottesdienst des anderen mitfeiern oder besuchen und als voll gültig akzeptieren, vorausgesetzt natürlich, die wesentlichen kirchlichen Vorgaben sind eingehalten. Also, wenn da jetzt die Wandlungsworte verwandelt würden, ein Laie zelebriert oder das Zweite Vatikanum als Grundübel verkündet würden, das ginge dann nicht. Die jetzt anzutreffende Gemeinsamkeit auch in der Differenz war nicht immer so, als etwa Priester und andere Gläubige nicht miteinander die Heilige Messe feiern konnten nur, weil sie unterschiedliche Auffassungen von Liturgie haben. Das neue Miteinander hier spricht für eine gute Streitkultur von echter Toleranz, die diesen Namen auch wirklich verdient. Es ist eine Toleranz aus Glauben in Freiheit. Eine solche Kultur bringt wirklich neue Gedanken hervor, bereichert also Erkenntnis und Entscheidungsfindung. Vorausgesetzt dabei ist, sie wird von einer klaren Entscheidungskultur flankiert. Darüber will ich jetzt in meinem nächsten Argument etwas sagen.

Was speziell die neue Entscheidungskultur betrifft, so haben wir diese auf dem Weg von Martins Idee der Vision über unsere Mission bis zur Umsetzung selbst hautnah mitbekommen. Leitung wird wahrgenommen, Räume des Vertrauens werden einbezogen. Transparenz wird zur rechten Zeit geschaffen, alles im Dienst des Zieles, um das es geht. Wichtig im Raum des Vertrauens ist neben Fachlichkeit und Glauben die schon angesprochene charakterliche Eignung der Verantwortlichen, Treue und eine kritisch-kreative Loyalität. Ich erlebe in den kirchlichen Arbeitskontexten des Bistums ein hohes Maß an Eigenverantwortung und Gemeinschaftlichkeit. Räume, in denen etwa Whistle-Blowing für die Zerschlagung von Konspiration erwünscht sein könnte, gibt es nicht. Das ist gut, denn Misstrauen und Angst widersprechen grundsätzlich dem christlichen Ideal des Miteinanders. Sie zersetzen das gemeinsame Fundament.

Ich habe ja schon ausgeführt, wie wichtig die Einbeziehung auch unterschiedlicher Positionen in Entscheidungsprozessen ist. Wesentlich bei all dem ist, dass nicht immer wieder über Adam und Eva diskutiert wird. Denn es gibt einen inhaltlichen Konsens wie einen ethischen Kodex, die einfach vorausgesetzt sind, weil sie wesentlich die Gemeinschaft bilden. Auf dieser Grundlage darf und soll auch diskutiert werden, das ist erwünscht, weil es den Erfolg der Vision weiterbringt. Führungskräfte und andere Entscheidungsträger haben gelernt, in ihren Leitungsteams mit konstruktiver Kritik auch an ihrer Person oder an von ihnen vertretenen Inhalten professionell und gut umzugehen, Inhaltliches und Persönliches möglichst gut zu trennen. Vertrauen heißt hier: In diesen Teams trauen sich Kollegen, konstruktive Kritik zu äußern, da wo es der Sache dient, nicht aber zur eigenen Profilierung auf Kosten anderer oder aus dem Bedürfnis, zu einem Thema auch noch seinen Senf dazugegeben zu haben.

Der Raum für diese anspruchsvolle sanktionsfreie Diskussionskultur auf allen Hierarchieebenen ist zugleich sauber abgesteckt. Denn auch die Grenzen einer guten Diskussionskultur sind im Blick. Zu viel davon weckt nämlich Frust und verschleudert Ressourcen. Erinnert euch doch mal daran, was wir damals erlebt haben: Da gab es etwa in

kirchlichen Verwaltungen auch Bereiche mit einer Behördenmentalität. Da wurde bisweilen auch bei nicht so sehr
entscheidenden Aufgaben in endlosen Schleifen hin- und
her diskutiert mit zahllosen Beteiligten, die unbedingt alle
informiert werden mussten, damit sie sich bloß nicht über-
gangen fühlen. Der Output solchen Arbeitens war in einigen Bereichen sehr fragwürdig. Diese Behördenmentalität
gibt es nicht mehr. Es gibt nun durch entsprechende Reformen schlanke Entscheidungsprozesse und klare Zuwei-
sungen von Aufgaben. Solche Effizienz war auch wegen
der Sparvorgabe notwendig. Ein Beispiel aus der Praxis
macht das deutlich: Früher konnten etwa bis zu zehn Personen monatelang daran beteiligt werden, eine Richtlinie
zu entwerfen, etwa über die Regelung von Fahrtkosten.
Heute macht hier einer den Entwurf. Einige andere Betei-
ligte schauen noch einmal darüber. Es gibt eine Abstimmung über die Endredaktion, und fertig ist die Sache.
Auch skrupulöses moralisches Grübeln, das Leistung und
Entscheidung blockiert, wird möglichst in die Schranken
gewiesen. Das alles spart enorm viel Zeit, Geld und Ner-
ven, setzt Ressourcen frei für andere, wichtige Aufgaben
zur tätigen Umsetzung der Vision und erhöht die Arbeits-
zufriedenheit auch in der Verwaltung, da das eigene Tun
als eindeutig produktiver im Dienst an der Vision erfahren
wird. Diese Folgen strahlen nach innen und nach außen
aus. Das heißt aber nun ganz und gar nicht, dass es keine
Diskussion mehr gibt, dass also Top-down durchregiert
würde, und Kadavergehorsam die Regel sei. Ich denke und
hoffe, das ist durch meine Gesamtbewertung der neuen
Entscheidungskultur hinreichend klar geworden.

Entscheidungen folgen also inzwischen weitgehend einer
solchen zielorientierten Diskussionskultur. Voraussetzung
dafür ist natürlich ein entsprechendes Personal. Aber das

habe ich ja schon ausführlich betont. Diese neue Kultur auch effizienter Kommunikation führte dazu, dass Stellen eingespart werden konnten. Das war bekanntlich notwendig angesichts der versiegenden Geldflüsse. Gerade die Führungskräfte transportieren diese Kultur bis an die Basisebene, und das gilt wieder für alle Bereiche kirchlicher Arbeitskontexte. Als solche Vorbilder sind dann nicht nur der Bischof, der Generalvikar oder sein weiteres Leitungsteam im Blick, sondern letztlich alle, die Verantwortung tragen. Als christliche Bekenner schaffen sie auf der Grundlage ihres Menschenbildes gemeinsam die Freiheitsräume für eine Verschiedenheit im Geist der Einheit. Diese jetzt breit angelegte und erlebte Kultur schafft auf dem Fundament des christlichen Glaubens und charakterlicher Stärke Raum für Heterogenität. Eine solche darf natürlich nicht die gemeinsame Quelle vergiften, die ja diese Freiheit erst ermöglicht. Hier schließt sich wieder der Kreis zur theologischen Wertebasis, die in der gelebten Vision lebendig wird. Denn eine wesentliche theologische Gemeinsamkeit dieser Kultur des Miteinanders ist die christliche Idee sozialer Liebe, die letztlich auch affektiv und in ehrlicher Wertschätzung den Geist des Miteinanders konkret macht.

4.5 Glaubwürdige Motivationskultur

Nun bleibt schließlich noch als dritter Anwendungsbereich die Motivationskultur. Auch sie ist aufs engste mit den anderen Bereichen verbunden. Dennoch versuche ich unter dieser Überschrift noch einige kurze Ergänzungen. In der Personalauswahl und -förderung des Bistums geht es jetzt, das habe ich eben zumindest schon angedeutet, nun zuallererst um die Frage des persönlichen Seins. Ich meine damit die existenzielle Frage nach der jeweiligen menschlichen Identität. Das heißt: Es wird nicht zuerst auf das Tun geschaut, nicht zuerst auf das Wissen eines Menschen, sondern auf das, was den Menschen im Wesentlichen ausmacht: seine Werte, Ideale, Prinzipien, sein Charakter. Motivation setzt, das haben die Verantwortlichen im Bistum Utopia verstanden, bei der Verinnerlichung der gemeinsamen Idee an, für die wir in der Kirche hier gemeinsam eintreten. Dieser Ansatz von Identifikation und daraus folgender Loyalität ist aus meiner Sicht unübertroffen. Spannend dabei ist, dass es dabei offensichtliche Parallelen zu militärischen Motivationsidealen gibt. Also selbst wenn die Arbeitsfelder von Kirche und Militär ja nun weiß Gott weit auseinander liegen, so haben sich die Verantwortlichen im Bistum getraut, hier einzelne Anleihen zu nehmen, und das offensichtlich mit großem Erfolg. Sie zielen vor allem auf den personalen Ansatz der Personalarbeit.

Was alle Führungskräfte des Bistums und alle Mitarbeiter in den Bereichen Pastoral, Bildung, Verwaltung, Soziales und Wissenschaft miteinander verbindet:

1. Das gemeinsame Bekenntnis, und zwar aus tiefer Überzeugung und nicht allein auf dem Papier;

2. die Begeisterung für die gemeinsame Vision, der gegenüber sich alle mitverantwortlich wissen;

3. die miteinander verbindende charakterliche Stärke, selbst sein Bestes zu geben und füreinander einzutreten.

Diese Identität ist der Grund der Loyalität und sogar auch einer Opferbereitschaft für das Gelingen der Vision. Alle auch erwünschte kreativ wirksame Unterschiedlichkeit ist dieser fundamentalen Gemeinsamkeit untergeordnet. Die freie Entfaltung von Talenten und Individualität steht dem nicht im Wege, sondern baut gerade darauf auf. Die einzigen Grenzen sind: Wer seinen Glauben an den dreifaltigen Gott ganz fundamental verliert, wer die Vision im Bistum für ganz grundsätzlich falsch hält und wer sich charakterlich als gewissenlos, egoistisch, arglistig o.a. entpuppt, der ist letztlich nicht mehr mit im Boot. Entsprechende Loyalitätsregeln sind den Mitarbeitern bekannt. Ich sagte ja schon, dass es am Anfang hier auch einige personelle Veränderungen gab. Doch seitdem ist diese Karte meines Wissens nicht mehr gezogen worden. Ich erlebe es jetzt so: Man kann sich aufeinander verlassen, wenn es hart auf hart kommt. Man freut sich neidlos und ehrlich miteinander, auch über individuellen Erfolg. Jeder soll und kann im Zweifel seinen Fähigkeiten entsprechend Mitverantwortung übernehmen. Die Stärkeren schützen die Schwächeren und treten für sie ein, ohne paternalistisch in das Private einzugreifen, wie es bisweilen bei Sekten geschieht. Ein solcher insgesamt korporativer Gedanke widerspricht nicht der Idee des kreativen Dialogs, sondern ist gerade seine Basis. Dieses Verständnis von Heterogenität auf einer trans parenten personalen Basis zieht an, gibt Orientierung und Raum für viel kreative Gestaltung. Das habe ich hoffentlich eben schon klar gemacht. Wichtigste Voraussetzung für eine solche gute Motivationskultur sind glaubwürdige Akteure, die in ihrem Namen auftreten und handeln. Motivation erwächst einem solchen Gemeinschaftsgefühl, in einem Boot und für dessen visionäre Mission mit verantwortlich zu sein. Dem militärisch entlehnten Motivationsslogan ‚Be-Know-Do‘ entsprechend folgt der Frage nach dem personalen Sein als zweites erst die Frage nach dem Wissen und dann die nach dem konkreten Tun.[3] Die Motivationskultur ist aber nicht allein korporativ gedacht. Deren Überbetonung birgt nämlich die Gefahr, dass

die Entfaltung von Individualität und Freiheit zu kurz
kommen könnten. Letztlich geht es darum, jedem im Arbeitskontext einen Weg zu seinem Heil vor Gott zu ermöglichen. Das nimmt ihm keine Gemeinschaft und erst recht
kein normativ sanktionierendes Kollektiv ab. Dafür trägt
letztlich jedes Individuum selbst Verantwortung. So gilt
auch hier im Blick auf das persönliche Heil der durchaus
liberale Imperativ ‚Handeln und Haften!‘ Motivationskultur im Bistum hat also eine individuelle und eine soziale
Seite. So verstandene synergetische Motivation lässt
Raum für Wettbewerbs- und Team-Motive gleichermaßen. Eine Abtötung eigennützigen Denkens wäre der Weg
in die kollektivistische Diktatur. Vielmehr ist es das Ziel,
auch diese Seite des Menschen fruchtbar zu machen für
das Gelingen der gemeinsamen Vision. So ähnlich hat es
Adam Smith ja auch gedacht, der – wie Platon mit seiner
Allegorie vom Seelenwagen – dringend vor Abtötungside-
ologien warnte, aber ein Sozialgefüge so ausrichten
wollte, dass auch eigennütziges Denken am Ende dem Gemeinwohl dient. Das lässt sich auf die Motivationskultur
im Unternehmen und auch im Bereich Kirche analog übertragen. Die christliche Variante dieser Motivationskultur
geht sogar mit Smith den Schritt weiter und fordert eine
Zügelung des Egoismus durch das Gewissen und eine dem
Menschen übergeordnete Moral, die Smith etwa in einem
unparteiischen Beobachter verkörpert sieht. Ergo: Die
Motivation soll letztlich vor allem intrinsisch wirksam
sein und dem Menschen auf dem Weg zu seinem Heil vor
Gott voranbringen. Dabei muss der Egoismus gezügelt
werden. Wer ganz dem Egoismus verfällt, ist dann auf
dem Holzweg und kann letztlich eben auch nicht mehr
Vorbild der neuen Kultur sein. Leistungsbereitschaft
durch einen guten Wettbewerb ist dabei aber durchaus

nicht ausgeschlossen. Kollektive Phantasien sind dagegen Leistungstöter. Das hatte auch schon Thomas von Aquin etwa in der schon erwähnten Begründung des Privateigentums sehr überzeugend illustriert. Weil den Menschen als moralisches und zugleich fehlerhaftes Wesen seine natürliche individuelle und soziale Seite ausmachen, werden Wettbewerbs- und gruppenrationale Team-Motivation gleichermaßen gefördert. Die Verkürzungen durch Abtötung oder Umerziehung von Konkurrenzdenken münden in einem verfehlten Verständnis von Motivation, das die christlich verstandene selbstbestimmte Freiheit verletzt und zugleich Effizienzpotentiale vergeudet. Christliche Motivation will ja gerade die Potentiale des Eigennutzens und der kollektiven Integration als Teamgeist gemeinsam ausschöpfen. Das ganzheitliche menschliche Wesen ist der Maßstab. Das heißt: Es werden neben der Förderung intrinsischer Motivation auch extrinsische Aspekte berücksichtigt, die dem einzelnen Menschen, dem Bistum und dem Erfolg der Vision gleichermaßen dienen. Das neue Entlohnungssystem, das auch Leistungsaspekte in der Pastoral berücksichtigt, ist dafür ein Beispiel.

Abschließend möchte ich sagen: Kirche im Bistum Utopia ist nicht identisch mit einer Klostergemeinschaft. Und erst recht ist ihre Kultur des Miteinanders alles andere als militärisch. Was stimmt, ist vielmehr: Der Geist des Evangeliums prägt hier das Miteinander kirchlicher Arbeit, nicht nur in der Pastoral. Personal, das von dieser Botschaft begeistert ist, schätzt die große Freiheit des Denkens, der Kreativität, der individuellen Entfaltung und des kritischen Disputs, die das gemeinsame Bekenntnis bietet. Paulus würde das Ideal des Kirche-Seins aus dem Korintherbrief in dieser einladend gewinnenden Kultur gut wiederfinden. Es ist eine wertschätzende Toleranz aus einem

Glauben in Freiheit, mit der die von ihr begeisterten Christen von heute auch die Welt um sich herum herausfordern."

4.6 Fazit und Austausch

Nach dieser letzten Rede war nun *Mia* an der Reihe, es mit der Zusammenfassung zu versuchen und dabei wieder gleichzeitig die wesentlichen Stichworte an der Flipchart festzuhalten. Und so versuchte sie es:

Fazit

„Ich hoffe, ich kriege es jetzt auch einigermaßen hin. Also, ich halte fest: Du siehst den Erfolg in Utopia vor allem darin begründet, dass die Kirche nicht nur der Welt die Moral predigt, sondern diese auch in der Kultur des eigenen Miteinanders unter Christen lebt. Das wirkt glaubwürdig nach innen und nach außen. Du hältst den Einfluss von Strukturprozessen für die neue Kultur für überschaubar, zumindest sind sie keine Besonderheit. Die Kultur des Miteinanders im Arbeitskontext Kirche ist dein Thema. Sie wirkt nicht allein auf den Glauben der unmittelbar Betroffenen und ihrer Familien, sondern auch in die Gesellschaft hinein. Fragen von Personal, Kommunikation und Motivation werden hier konsequent im Geist des Evangeliums und der Vision umgesetzt. Neue Priesterbilder werden erfolgreich getestet. Vor allem das gemeinsame Glaubensfundament und charakterliche Redlichkeit sind im Sinne von Aristoteles Maßstäbe für die Besetzung von Stellen. Sie stiften auch eine Kultur der Freiheit im Glauben, die ehrliche konstruktive Diskussionen gerade auch konkurrierender Positionen möglich macht. Korporativer und individueller

> Gedanke gemeinsam sollen so den Beteiligten in ihrem Arbeitsalltag dazu verhelfen, ihrem Heil vor Gott und der Umsetzung der Vision gleichermaßen einen Dienst zu tun. Ist es das in etwa?"

Thomas war soweit einverstanden, wollte aber offenbar doch noch einen Aspekt besonders unterstreichen: „Das Ganze ist nicht das Resultat einer rein ökonomischen Marketing- oder Unternehmensberatung. Mit solchen Change-Prozessen hatte Kirche von gestern ja schlechte Erfahrungen gemacht. Denn solche haben nicht das große Ziel von Kirche im Blick, auch nicht unser Menschenbild. Wichtig finde ich in der Kulturbewertung meinerseits deshalb: All diese Aspekte von Personal, Kommunikation und Motivation lassen sich unmittelbar aus unserem Bekenntnis und Menschenbild ableiten. Das macht es für die unmittelbar Betroffenen und auch nach außen hin so überzeugend und herausfordernd zugleich."

Besonders *Micha* war offensichtlich ganz begeistert und warf dann noch bestärkend ein: „Ja, diese Perspektive wurde in all der Literatur von gestern weitestgehend ausgeblendet, wenn auf immer neue Weise in unterschiedlichsten Variationen der neue Aufbruch der Kirche beschworen oder herbeigeredet werden sollte. Also danke dafür. Mir gefällt besonders der Mut, sogar Aspekte aus einer ökonomischen und erst recht einer militärischen Idee von Motivation zu übernehmen. Aber ich ahne es schon. Sobald das noch weiter bekannt wird, stürzen sich die altbekannten Geister auf das Bistum, die Vision und überhaupt alles, was sich hier verändert hat. Denn das sei doch mal wieder der Beweis dafür, dass im Bistum Utopia der Kreuzzug ausgerufen wurde und mit militärischen Methoden nun die letzte Schlacht geschlagen werden sollte. Da bin ich auf die Pressarbeit des Bistums gespannt, wie darauf reagiert wird. Das ist ja dann auch Kommunikation im Dienst des gemeinsamen Zieles."

Thomas entgegnete: „Da hast du völlig recht. Je mehr sich der Erfolg der Vision insgesamt und der gerade von mir beschriebenen Kultur herumspricht und Kreise zieht, umso mehr zieht sie die Kritiker an, die sie aus unterschiedlichsten Gründen wieder kaputtreden wollen. Sei es, weil sie die Kirche sowieso gerne abgewickelt sähen, sei es mit neidischem Blick, weil sie selbst nicht diese gute Idee wie Martin hatten, oder sei es, weil sie wieder einfach eine gute Story brauchen, für die eine Bloßstellung von Kirche immer gut ist. Allerdings ist mir aufgefallen, dass sich bisher derartige Reaktionen noch in Grenzen hielten. Ich führe das auch darauf zurück, dass die Vision tatsächlich schon als Sauerteig in die Gesellschaft hineingewirkt hat. Und so gibt es auch von außerhalb der Kirche viel Erstaunen, Wundern und auch Anerkennung für den Erfolg einladenden Christseins von heute. Ich deute es so, dass viele, die sich gestern noch gerne den Mund zerrissen oder als Abergeister profiliert haben, im Innersten jetzt doch beeindruckt sind, dass es allen Beschwörungen zum Trotz mit der Kirche aufwärts gehen kann, und das ganz anders, als es so viele vermeintliche Propheten von gestern gebetsmühlenartig meinten. Mehr Anpassung an das Andere, Esoterik und Weltethos waren gerade nicht der Weg, vielmehr zuerst die Besinnung auf die eigene Mitte mit ihren gelebten Kerninhalten. Und was das Kreuzzugsargument betrifft: Das ist inhaltlich natürlich voll daneben. Es geht um keine gewaltsamen Krieger und Schlachten, die zu schlagen sind. Es geht bei der Parallele allein um die Frage, welche Motivation Menschen am nachhaltigsten prägt. Dass es die tiefe gemeinsame Überzeugung für eine große Sache ist, das ist die Gemeinsamkeit mit der Armee. Und dass es mit dieser Vision wirklich eine gute Sache ist, also nicht Verführung und Despotie. Was in einer demokratisch legitimierten Armee die Begeisterung für die demokratische Ordnung ist, die verbindet, ist hier nun das gemeinsame Bekenntnis und die Vision, dieses Bekenntnis wieder einladend gewinnend in der Gesellschaft zu implementieren. Ich denke schon, dass die Presseabteilung das gut kommuniziert. Mein guter Freund Karl mischt da auch kräftig mit, und der ist ein Profi. Wie es dann aber außerhalb des Bistums aufgenommen wird, also, was nachher als Schlagzeile da herauskommt, das bleibt abzuwarten. Aber vielleicht schwappt das neue Medienethos aus dem Bereich des Bistums Utopia ja noch über in die anderen Teile der Republik und darüber hinaus …"

(Noch keine) Schlussrede

Da sich unsere Runde nun offensichtlich dem Ende zu-
neigte, wagte es *Jan* jetzt noch schnell mit einer kurzen
Bemerkung, bevor es zu spät war: „Ich kannte bisher ja
nur von Thomas die Vorgeschichte der neuen Kultur und
habe allein diese und jene Phänomene des neuen Kirche-
Seins hier im Bistum erlebt. Daraus entstand bei mir das
Gefühl einer großen Sache, von der ich dann auch meinem
Freund hier berichtet habe. Heute habe ich so viele tiefgründige Facetten aus den verschiedenen Perspektiven
mitbekommen. Dafür bin ich sehr dankbar. Das bewegt
mich und lässt mich hoffen und fragen, wie diese Kultur
nun auch woanders Fuß fassen kann, sowohl in anderen
Bistümern als auch überkonfessionell. Was für mich als
einfacher Christ heute neu bewusst geworden ist: Letztlich
herrscht im Bistum Utopia ein neues Bewusstsein des
Christ- und Kirche-Seins. Natürlich gibt es viele Faktoren
und Maßnahmen, die das ermöglicht haben, so etwa die
große Schulungsoffensive oder die pastoralen Kerngruppen vor Ort oder die neuen Zeichen von Bescheidenheit,
christliche Tugenden und Mut zur Offensive, veränderte
Richtlinien und Praxis der Personalauswahl, neue inhaltliche Schwerpunktsetzungen in der Verkündigung, neu entdeckte Wege, Transzendenzerfahrungen zu ermöglichen,
und auch ein wieder unbeschwerter Zugang zur Moral,
nicht zuletzt das Vorbild des Bischofs und seine kluge
Strategie, die Umsetzung der Vision zu planen und inzwischen möglichst viele Menschen mitzunehmen. Die neue

Vertrauenskultur lebt auch daraus, dass nunmehr inner-
kirchlich glaubwürdig im Sinne der Botschaft Jesu miteinander umgegangen wird. Das, was der Welt gepredigt
wird, wird nunmehr auch in der Kultur des kirchlichen
Miteinanders gelebt. Das strahlt nach innen und außen aus.
Ich spüre das selbst in vielen Begegnungen. Die Menschen
haben auch gespürt, dass es Martin wirklich zuerst um die
Umsetzung der Vision ging, und das nicht, um selbst in
der Gunst anderer Mächtiger zu steigen, sondern allein um
der Sache willen. Für alle ersichtlich war es ja auch, dass
er sich nicht überregional an machtstrategischen Spielen
beteiligt hat. Das hat manche irritiert, bei vielen aber große
Anerkennung ausgelöst. Immerhin hatte er wohl auch deshalb für die Idee des Bistumsfinanzausgleichs viele Amtsbrüder an seiner Seite gehabt. All das schafft im Bekenntnis zur Mitte unseres Glaubens einen starken Geist des
Miteinanders, der gerade in der Vielfalt der individuellen
Perspektiven eine große Freude an der Freiheit im Glauben schenkt.

Mit dem Wegfall der Kirchensteuer hat nun der Steuerbe-
rater keinen Grund mehr, zum Kirchenaustritt zu raten.
Und auch denjenigen, die angeblich selbstbestimmt ihr
Geld sparen wollten, um es dann jenseits der Kirche anderen sozialen Institutionen zu spenden, fehlt nun dadurch
das zwingende Argument zum Austritt. Die neue Kultur
im Bistum Utopia sorgt aber dafür, dass nicht nur solche
oberflächlichen Gründe zum Verbleib oder Wiedereintritt
in die Kirche wirken, sondern dass die Menschen aus innerer Leidenschaft wieder ja sagen zu dieser Kirche, und
deshalb dieser Kirche – auch durch das Zeichen ihrer freiwilligen Spende – nicht länger weniger Gutes zutrauen als
dem Umwelt-, Tierschutz- oder Menschenrechtsverein.
Die Kirche ist keine NGO wie alle anderen. Menschen

fühlen sich von der Kirche nicht allein durch den sichtbaren sozialen Beitrag für das Gemeinwohl angesprochen,
sondern auch von glaubwürdigen Menschen in glaubwürdigen Kontexten, in geöffneten Türen zur Transzendenz,
die gewinnend jeden einladen. Es gibt eine neue ausstrahlende Vertrauenskultur, eine neue Nähe zwischen Leitung
und Christen vor Ort. Da ist einerseits die durch Amtsträger und verfasste Kirche ausstrahlende Bescheidenheit.
Sie stärkt auch Vertrauen in die Glaubens- und Gestal-
tungskraft aller Christen hier. Das ermutigt zu mündigem
und kreativ gelebtem Kirche-Sein vor Ort. Da ist andererseits bei den Glaubenden die Überwindung der lange stö-
renden Dienstleistungsmentalität, mit der die Menschen
früher für ihre bezahlten Kirchensteuern auch entsprechende Leistungen in Gemeinden oder auch von der Leitung erwarteten. Die Menschen wissen darum, dass auch
die Amtsträger der Kirche nur Menschen sind und vertrauen ihnen, dass sie ihr Bestes geben. Und das tun sie
auch. Und wenn einmal nicht, so lassen sie sich das auch
offen sagen ohne Frust oder Abwehr. Denn es geht ja in
erster Linie um die Verwirklichung der gemeinsamen Vision, und nicht um den individuellen Lorbeerkranz. So ist
also Schritt für Schritt immer mehr eine Mentalität des Zu-
sammenhalts gewachsen, deren Gemeinsamkeit das verbindende glaubende Vertrauen in Jesus Christus ist. Christen von heute hier im Bistum verinnerlichen gemeinsam
diese große Hoffnung, haben Mut und setzen auf Charak-
terstärke mehr als auf Äußerlichkeiten, Mehrheitsmeinun-
gen, Fassaden, Gehabe und einschüchternde Drohgebär-
den. Dieser Geist verbindet, strahlt von innen nach außen
und wieder nach innen zurück. Das ist wieder die wirklich
christliche anstatt esoterische Selbstfindung. Dieser Geist

unterscheidet das Christ- und Kirche-Sein heute von einem bloßen guten Menschsein heute ohne ein solches Bekenntnis. Das macht den wesentlichen Unterschied aus. Das provoziert viele und zieht auch viele an. Erst kommt das neue Sein, dann die neue Kultur, das ist der Weg dieses guten Wandels."

Micha und Thomas stimmten zu, und Micha wollte schon zu einer Antwort anheben, da wurde er aber gleich von Gabi gestoppt. Mit Blick auf die Uhr wies sie höflich aber bestimmt darauf hin, dass es schon Zeit für das Vespergebet war. Es sei ja auch noch etwas Zeit zum freien Austausch über alles gleich beim Abendessen. Jan aber war völlig begeistert und wollte mich gleich weiter überschütten mit seinen euphorischen Kommentaren. Doch danach war mir jetzt noch nicht so recht zumute. Denn bei mir waren noch einige Fragen offen geblieben zu dem Gehörten, dem Nicht-Gehörten und dem Erlebten… Die musste und wollte ich erstmal in Ruhe sortieren. Gabi merkte das offensichtlich, musste aber nun als Moderator wirklich die Zeit im Blick halten. So beendete sie jetzt den offiziellen Teil des Austauschs und entschuldigte sich bei uns, dass wir leider zum weiteren Austausch heute keine Zeit mehr hätten und mit möglichen Fragen heute nicht mehr zum Zuge kommen könnten. Sie fotografierte schnell noch die Stichworte auf den Flipcharts und versprach, diese an Thomas zu senden, der daraus eine Gesamtschau für alle machen wollte. Auch Bischof Martin sollte dieses Extrakt erhalten und wir, wenn wir damit vertraulich umgingen. Gabi kam anschließend zu mir und bedauerte, dass nun gar keine Zeit mehr war, um mit uns über Mission und Vision zu diskutieren. Sie bot mir aber an, dass ich mich mit meinen fragenden Gedanken dazu gerne an sie wenden könnte. Dann gingen wir gemeinsam zum Vespergebet.

Das war ein sehr schöner Abschluss, in dem sich erste fragende oder euphorische Reaktionen in der Ruhe des gemeinsamen Gebets setzen konnten. Das anschließende Abendessen war dann eher ein lockerer Austausch darüber, wie es wohl weiter geht, wann ein mögliches nächstes Treffen sein könnte und über diese und jene privaten Begebenheiten, die die Vier und wir noch miteinander teilen wollten.

Gabis gewinnende Einladung vor der Vesper war der Anstoß für mich, meine Gedanken in diesem Büchlein niederzuschreiben. Ich hatte mir auch bei dem Treffen im Kloster schon viele Notizen gemacht. Dann bekam ich später per Post die Fotos von den Flipcharts dazu. Und die Vorgeschichte mit Jan würde ich mit dessen Hilfe schon irgendwie rekonstruieren können. Das dachte und hoffte ich, als ich zu schreiben begann. Das Ergebnis sind jetzt diese Zeilen hier über das Bistum Utopia heute und die Geschichte von der Vision, die dort jetzt real sei oder ist. Ich habe dieses Buch hier zuerst für meinen Austausch mit Gabi geschrieben und bin schon sehr gespannt, was sie dazu sagt. Bald will ich sie treffen, wenn sie es gelesen hat. Und vielleicht zieht diese Vision von Utopia dann doch noch aus ihrer Mitte weitere Kreise ins morgen. Ich halte auch schon Ausschau nach solchen möglichen Visionären und deren Missionaren.

---

[1] Bonhoeffer, D.: Widerstand und Ergebung, 15. Auflage, Gütersloh 1994: 240.
[2] Alle diese Zitate sind Antworten aus einer realen Befragung auch außerhalb des Bistums Utopia, die der Verfasser der hier vorgelegten beiden Dialoge bei jungen Erwachsenen durchgeführt hat. Offenbar wirkt die Vision also auch schon bei uns in der Realität heute … Vgl. Nass, E. (2012): Vision Mensch-Mission Hoffnung, Paderborn 2012.

[3] Leader to Leader Institute (Hg.): Be – Know – Do. Leadership The Army Way, San Francisco 2004.

KirchenZukunft konkret
hrsg. von Prof. Dr. Dr. Michael N. Ebertz (Freiburg)

Michael N. Ebertz; Meinhard Schmidt-Degenhard (Hg.)
Was glauben die Hessen?
Horizonte religiösen Lebens
Bd. 10, 2014, 200 S., 24,90 €, br., ISBN 978-3-643-12809-6

Norbert Ammermann (Hg.)
„Wie schön sind Deine Zelte" – Kirche vernetzt denken und gestalten
Studien zum Milieuansatz in Kirchengemeinden in Münster-Kinderhaus, Olfen, Senden und Osnabrück
Bd. 9, 2018, ca. 200 S., ca. 19,90 €, br., ISBN 978-3-643-12047-2

Michael N. Ebertz; Günter Lehner (Hg.)
Kirche am Weg – Kirchen in Bewegung
Bd. 8, 2012, 208 S., 19,90 €, br., ISBN 978-3-643-11894-3

Michael N. Ebertz; Monika Eberhardt; Anna Lang
Kirchenaustritt als Prozess: Gehen oder bleiben?
Eine empirisch gewonnene Typologie
Bd. 7, 2012, 280 S., 19,90 €, br., ISBN 978-3-643-11836-3

Klaus P. Fischer
Kirchenkrise und Gotteskrise
Katholische Kirche zwischen Vergangenheit und Zukunft. Mit einem Geleitwort von Herbert Vorgrimler
Bd. 6, 2012, ca. 96 S., ca. 19,90 €, br., ISBN 978-3-643-11615-4

Gottfried Leder
Auf neue Art Kirche sein ... ?
Laienhafte Anmerkungen
Bd. 5, 2008, 168 S., 14,90 €, br., ISBN 978-3-8258-1179-2

Eckhard Bieger; Wolfgang Fischer; Jutta Mügge; Elmar Nass
Pastoral im Sinus-Land
Impulse aus der Praxis/für die Praxis
Bd. 4, 2., erw. Aufl. 2008, 168 S., 17,90 €, br., ISBN 978-3-8258-0986-7

Franz Meurer; Peter Otten; Silvana Becker (Hg.)
Ort Macht Heil
Ein Lese- und Praxisbuch über lebensraumorientierte Pastoral in Köln HöVi (Höhenberg-Vingst)
Bd. 3, 2007, 296 S., 17,90 €, br., ISBN 978-3-8258-8238-9

Petro Müller
Eine kompakte Theologie der Gemeinde
Bd. 2, 2007, 152 S., 14,90 €, br., ISBN 978-3-8258-0432-9

Waltraud Polenz; Hedi Werner; Thomas Hußmann; Helmut Kovermann; Michael J. Rainer (Hg.)
Heilig Geist-Gemeinde Münster: „Lebendige Steine – geistiges Haus"?!
Impressionen und Impulse zur Gemeindeentwicklung im Anschluß an das 75. Jubiläum 2004
Bd. 1, 2006, 200 S., 14,90 €, br., ISBN 3-8258-8158-x

LIT Verlag Berlin – Münster – Wien – Zürich – London
Auslieferung Deutschland / Österreich / Schweiz: siehe Impressumsseite

Theologie: Forschung und Wissenschaft

Georg Kraus, Hans Peter Hurka, Erwin Koller (Hg.)

Aufbruch aus der Erstarrung

Konzilstexte vom Kirchenvolk neu kommentiert.
Mit einem Geleitwort von Hans Küng

Theologie: Forschung und Wissenschaft

LIT

Georg Kraus; Hans-Peter Hurka; Erwin Koller (Hg.)
Aufbruch aus der Erstarrung
Konzilstexte vom Kirchenvolk neu kommentiert. Mit einem Geleitwort von Hans Küng
Papst Johannes XXIII. sah die Aufgabe des Zweiten Vatikanischen Konzils (1962–65) im *Aggiornamento*, in der Verheutigung unseres Glaubens. Damit löste er einen epochalen Aufbruch in der katholischen Kirche aus. In den letzten 40 Jahren ist dieser Prozess leider ins Stocken geraten und weit herum erstarrt. Trotz vollmundiger Bekenntnisse wurden Intentionen und Impulse des Konzils ignoriert, blockiert oder nicht zeitgerecht weitergeführt. Aber der vom Konzil betonte Glaubenssinn des Volkes Gottes drängt gerade im Blick auf das 50-Jahre-Jubiläum auf ein *Nuovo Aggiornamento* für eine *Kirche in der Welt von heute*. So hat die Wiener Basisgruppe *Wir sind Kirche* die Initiative ergriffen und eine Revision der 16 Konzilsdokumente angeregt. Internationale Gruppen und Personen haben die Konzilstexte kritisch überprüft und neu kommentiert, um die Zeichen der heutigen Zeit in die Dokumente des Konzils einzubringen und konkrete Strukturreformen für heute und morgen in der katholischen Kirche zu urgieren.
Bd. 50, 2015, 332 S., 24,90 €, br., ISBN 978-3-643-12802-7

LIT Verlag Berlin – Münster – Wien – Zürich – London
Auslieferung Deutschland / Österreich / Schweiz: siehe Impressumsseite

Werkstatt Theologie
Praxisorientierte Studien und Diskurse
hrsg. von Prof. Dr. Ulrike Bechmann (Graz), Univ.-Prof. Dr. Rainer Bucher (Graz),
Prof. Dr. Rainer Krockauer (Aachen) und Prof. Dr. Johann Pock (Wien)

Rainer Krockauer; Karl Weber (Hg.)
Mehrwert Mensch
Impulse von Joseph Kardinal Cardijn für Kirche und Gesellschaft
Bd. 23, 2017, 196 S., 24,90 €, br., ISBN 978-3-643-13162-1

Ulrike Bechmann; Rainer Bucher; Rainer Krockauer; Johann Pock (Hg.)
Abfall
Theologisch-kritische Reflexionen über Müll, Entsorgung und Verschwendung
Bd. 22, 2015, 362 S., 29,90 €, br., ISBN 978-3-643-50547-7

Helmut Eder
Kirche als pastorales Netzwerk
Chancen und Konsequenzen einer operativen Kirchenkonzeption
Bd. 21, 2012, 344 S., 34,90 €, br., ISBN 978-3-643-50369-5

Johann Pock; Birgit Hoyer; Michael Schüßler (Hg.)
Ausgesetzt
Exklusionsdynamiken und Exposureprozesse in der Praktischen Theologie
Bd. 20, 2012, 336 S., 29,90 €, br., ISBN 978-3-643-50356-5

Maria Elisabeth Aigner; Ursula Rapp (Hg.)
Klara. Klar anders!
Mentoring für Wissenschafterinnen
Bd. 19, 2011, 144 S., 19,90 €, br., ISBN 978-3-643-50294-0

Johann Pock; Ulrich Feeser-Lichterfeld (Hg.)
Trauerrede in postmoderner Trauerkultur
Bd. 18, 2011, 144 S., 19,90 €, br., ISBN 978-3-643-50284-1

Maria Elisabeth Aigner; Rainer Bucher; Ingrid Hable; Hans-Walter Ruckenbauer (Hg.)
Räume des Aufatmens
Pastoralpsychologie im Risiko der Anerkennung. Festschrift zu Ehren von Karl Heinz Ladenhauf
Bd. 17, 2010, 656 S., 54,90 €, br., ISBN 978-3-643-50200-1

Johann Pock; Ulrike Bechmann; Rainer Krockauer; Christoph Lienkamp (Hg.)
Pastoral und Geld
Theologische, gesellschaftliche und kirchliche Herausforderungen
Bd. 16, 2011, 272 S., 24,90 €, br., ISBN 978-3-643-50198-1

Dieter Richarz
Kein (Arbeits-)Platz mehr im Bistum
Finanzmisere und Identitätskrise der katholischen Kirche am Beispiel der Diözese Aachen
Bd. 15, 2010, 400 S., 29,90 €, br., ISBN 978-3-643-10497-7

Rainer Bucher; Johann Pock (Hg.)
Klerus und Pastoral
Bd. 14, 2010, 384 S., 24,90 €, br., ISBN 978-3-643-50056-4

Maria Elisabeth Aigner; Johann Pock (Hg.)
Geschlecht quer gedacht
Widerstandspotenziale und Gestaltungsmöglichkeiten in kirchlicher Praxis
Bd. 13, 2009, 320 S., 29,90 €, br., ISBN 978-3-8258-1654-4

LIT Verlag Berlin – Münster – Wien – Zürich – London
Auslieferung Deutschland / Österreich / Schweiz: siehe Impressumsseite

Religion – Geschichte – Gesellschaft
Fundamentaltheologische Studien

hrsg. von Johann Baptist Metz (Münster / Wien), Johann Reikerstorfer (Wien)
und Jürgen Werbick (Münster)

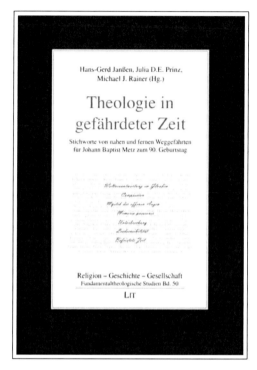

Hans-Gerd Janßen; Julia D. E. Prinz; Michael J. Rainer ?
Theologie in gefährdeter Zeit
Stichworte von nahen und fernen Weggefährten für Johann Baptist Metz zum
90. Geburtstag

Johann Baptist Metz (* 5. August 1928) hat seine Theologie im intensiven Austausch mit Philosophie, Geschichte, Rechts-, Politik- und Sozialtheorie, Jüdischem Denken und Welt-Literatur & Kunst gewonnen und entfaltet – und so nicht nur in der theologischen Diskussion prägende Spuren hinterlassen. Seine Gottesrede lässt sich nicht aus den Katastrophen in Geschichte und Gesellschaft herauslösen, sondern bleibt im Kern herausgefordert angesichts der weltweit steigenden Gefährdungen: interkulturell, sozial, politisch, ökonomisch, ökologisch … !
Dieser Band führt 150 kompakte Stellungnahmen zusammen, die Zeit-Zeichen setzen: Die Beiträger_innen loten aus, in wieweit sie der Neuen Politischen Theologie und J.B. Metz als Person prägende Inspirationen und bleibende Impulse für ihre eigene Sicht auf Philosophie, Theologie, Geschichte, Gesellschaft, Recht, Politik, Bildung und Kunst verdanken: eine ungewöhnliche Festschrift voller Überraschungen und weiterführender Anstöße.

Bd. 50, 2018, 596 S., 39,90 €, br., ISBN 978-3-643-14106-4

LIT Verlag Berlin – Münster – Wien – Zürich – London
Auslieferung Deutschland / Österreich / Schweiz: siehe Impressumsseite